Histoire des gauchers

« Des gens à l'envers »

— Qui est-ce ? lui demandai-je.
Et le diable répondit :
— Sauf votre respect, ce sont les gauchers […], des gens à l'envers dont on se demande même s'il s'agit vraiment de gens.

Francisco de Quevedo, 1608

Cet ouvrage a reçu une aide à l'écriture
du Centre National du Livre.

PIERRE-MICHEL BERTRAND

Histoire des gauchers

« Des gens à l'envers »

TROISIÈME ÉDITION
REVUE ET AUGMENTÉE

AUZAS ÉDITEURS
IMAGO

DU MÊME AUTEUR

Le Portrait de Van Eyck, Paris, Hermann, 1997.

Dictionnaire des gauchers, Paris, Imago, 2004 (trad.en italien).

Le Portrait de Van Eyck. L'énigme du tableau de Londres, Paris, Hermann, 2006.

Des silences lointaines, avec Ph. Leclerc, Cherbourg, Isolète, (à paraître).

ISBN : 978-2-84952-064-2

7 rue Suger, 75006 Paris
Tél : 01-46-33-15-33
e-mail : info@editions-imago.fr
Site internet : www.editions-imago.fr

Préface
à la nouvelle édition

> « J'aime le microscope, et je m'en sers. Nous lui devons une grande partie des progrès récents des sciences naturelles. En histoire, il a ses dangers. C'est de faire croire que des mousses ou des moisissures sont de hautes forêts, de voir le moindre insecte [...] à la grosseur des Alpes. Tous les personnages de ce pauvre temps-là se sont amplifiés dans nos micrographes historiques [1]. »

Il ne faut pas prendre à la légère cette mise en garde de Jules Michelet. En effet, tout historien, comme tout chercheur en sciences humaines, est guetté par un piège grossier, celui de surestimer l'importance de sa spécialité et, par là même, de ne rien considérer qu'au travers de ce prisme déformant. Je reste pour ma part bien conscient que l'histoire des gauchers s'inscrit dans la *petite histoire*, et il n'est pas dans mon intention de lui prêter « la grosseur des Alpes ». Cela dit, j'entends qu'on lui reconnaisse tout de même quelque hauteur et, puisque l'occasion se présente, je veux ici m'en expliquer.

Si minoritaires soient-ils, si atypiques d'aucuns les jugeront encore, les gauchers ne forment pas pour cela une espèce à part ; non plus qu'une ethnie, une communauté, une caste ou tout autre groupe sociologiquement distinct. Ce sont des spécimens humains très ordinaires, que rien, ni origine, ni train de vie, ni mœurs, ni rang social, ni croyance religieuse, ni pouvoir, ni savoir, ni éducation, ni appartenance quelconque, ni vice et ni vertu particulière n'a jamais distingué du commun... si ce n'est leur tendance à utiliser la « mauvaise main ». Pour l'historien, se pencher sur le cas des gauchers consiste donc moins à se focaliser sur leur singularité qu'à tâcher de mettre au jour la façon dont ils ont été perçus et traités par la collectivité. Je serais en cela tenté de dire que l'histoire des gauchers est aussi, sinon d'abord, celle des droitiers. Car ce dont il est surtout question ce sont des arguments allégués et des moyens mis jadis en œuvre par la majorité droitière pour porter tort à cette minorité qui dérangeait tant l'ordre établi. Dis-moi qui tu persécutes, je te dirai qui tu es…

On voit par là que l'histoire des gauchers déborde le cadre dans lequel on pourrait la croire cantonnée et qu'elle touche très directement à l'histoire des mentalités en général. J'ai d'ailleurs la vanité de croire que l'unanimité critique que mon livre a suscitée tient précisément de ce qu'il répond à des interrogations qui n'ont rien, si je puis dire, de communautariste.

Il est vrai que notre champ de vision s'est beaucoup élargi ces dernières décennies. De même que les taxinomistes considèrent désormais les variations de l'espèce non plus comme des écarts à la norme, mais comme des réalités naturelles à part entière [2], de même les historiens tendent de plus en plus, en y braquant leurs « micrographes » (pour reprendre le terme de Michelet), à rendre leur dignité à ces *gens de peu* qui n'ont, certes, jamais *fait* l'Histoire (et son fameux grand H), mais qui l'ont pourtant habitée, parfois bousculée, souvent soufferte. Eux aussi nous apprennent beaucoup sur leur époque, et leur témoignage, pour humble qu'il soit, ne s'en avère pas moins passionnant. Les gauchers sont de ceux-là. Autrefois mal aimés, opprimés, déclassés, ils n'ont eu de cesse, à leur corps défendant, de nous tendre ce miroir où nous refusions de nous reconnaître. S'intéresser aujourd'hui à leur sort est peut-être leur rendre justice ; mais c'est surtout s'interroger sur un aspect méconnu de notre patrimoine mental. C'est tâcher de savoir qui nous fûmes pour mieux comprendre qui nous sommes devenus. Voilà, d'ailleurs, me semble-t-il, la seule légitimité de l'histoire… la *grande* comme la *petite*.

NOTES

1. Jules Michelet, *Histoire de France*, t. V, Paris, J. Rouff, s.d., p. 338.

2. Voir Stephan Jay Gould, *Le Sourire du flamant rose. Réflexions sur l'histoire naturelle*, Paris, Seuil, 1985, p. 152 sq.

Introduction

Pour moi, la droiterie est héréditaire, innée, instinctive et... fatale. Il est probable qu'elle ira prédominant de plus en plus sur la gaucherie.
Fortuné Mazel, 1892.

Chacun en aura sans doute fait le constat : d'année en année, les gauchers sont toujours plus nombreux. Il n'est aujourd'hui pas une classe d'école qui n'en compte au moins deux ou trois, pas une salle de bibliothèque ou de restaurant, pas un atelier, pas un bureau, pas un comptoir de café où il ne soit possible d'en remarquer (les remarque-t-on encore, d'ailleurs ?), pas une famille qui n'en soit « préservée ». Près de deux personnes sur dix sont gauchères, ce qui équivaut pour la seule Communauté européenne à quelque quatre-vingt-dix millions de sujets... Une minorité décidément bien considérable.

La cause de cette expansion de la gent gauchère réside bien sûr dans la permissivité croissante dont notre société fait preuve à son égard depuis l'après-guerre. Ce qui était encore considéré comme un stigmate pathologique il y a quelques décennies se révèle en définitive n'être rien d'autre qu'une variété anodine de la complexion humaine. Il n'y a pas plus d'anomalie à être gaucher qu'à être blanc, jaune ou noir, grand ou petit, gros ou maigre, blond, brun ou roux, chauve, imberbe, homosexuel ou hétérosexuel. La nature, dit-on, a horreur du vide ; il semble bien qu'elle ne goûte guère l'uniformité non plus. On ne saurait que s'en réjouir.

Mais qu'en pensait-on autrefois ? Comment, en des époques que l'on tient volontiers pour plus ostracistes et coercitives que la nôtre, considérait-on la gaucherie ? Nul, semble-t-il, n'est en mesure de le dire [1].

En règle générale, tout le monde en convient, les gauchers ont par tradition fait l'objet d'une grande hostilité [2]. En effet, comme on le verra dans la première partie de notre ouvrage, il fut toujours et partout admis que les mains répercutaient symboliquement les dualités du monde moral. La droite, c'étaient le bien, le pur, le vrai ; la gauche, c'étaient le mal, l'impur, l'erreur. En conséquence, est-on tenté d'en conclure, se montrer gaucher ce ne devait pas être seulement se démarquer de la norme physiologique, ce devait être aussi manifester par le corps — révélateur de l'âme dans la tradition judéo-chrétienne — son manque de *droiture*. Un gaucher ne pouvait qu'avoir *sinistre* réputation (du latin *sinister, gauche*).

L'hypothèse n'est pas fausse, bien sûr, mais elle est loin de rendre compte de tous les aspects du problème. Au vrai, les choses semblent avoir été plus nuancées qu'on se plaît à le dire. Bien que très généralisée, la défiance n'a pas été la seule réaction provoquée par la minorité des *esclanchiers* parmi la classe dominante des *destriers* (termes d'ancien français pour désigner *gauchers* et *droitiers*). À l'examen, on s'aperçoit que ces derniers ont presque sans cesse été partagés entre trois sortes de sentiments : l'hostilité, la tolérance (ou l'indifférence) et l'estime. Ces sentiments ne s'inscrivent pas, comme on pourrait s'y attendre, dans une évolution linéaire. Le processus de libéralisation de la gaucherie, achevé depuis peu sous nos latitudes, a en effet connu de constantes fluctuations, enregistrant tantôt des avancées, tantôt des régressions, tantôt encore des périodes de transition ou de lente diffusion des idées (conformément au schéma classique de l'évolution des mœurs). Ainsi l'élan de permissivité qui s'est rapidement imposé en Europe, à la fin des années 1950, succédait-il à une phase particulièrement intolérante, dont l'apogée paraît se situer dans le dernier tiers du XIXe siècle. Cette période faisait elle-même suite à l'époque des Lumières où une critique en règle de l'hégémonie droitière s'était pourtant fait jour. Pour des raisons précises qu'on tentera d'expliciter, le passage du Moyen Âge à la Renaissance constitue également une charnière importante en cela qu'il marque l'affirmation d'interdits et d'obligations qui n'avaient sans doute pas cours par le passé.

Encore le phénomène du flux et du reflux sociologique ne suffirait-il pas à expliquer le paradoxe du statut des gauchers au cours des âges. La mise en regard des textes montre en effet que défiance et admiration pouvaient souvent aller de paire. À une même époque et dans une même sphère culturelle, tel auteur aura pu s'étouffer d'indignation de ce qu'on osât utiliser sa main gauche lors du repas, quand tel autre aura été jusqu'à prétendre que le gaucher est bien plus doué que le commun des hommes. En outre, on le constatera, le discours laudatif n'est pas toujours exempt d'*a priori* discriminatoires et diffère parfois assez peu du discours de mépris. Enfin, il s'avère que les mœurs pouvaient, en la matière, beaucoup varier d'un point de l'Occident à l'autre. Chaque pays a en effet ses propres traditions, mais surtout sa propre histoire politique et culturelle et l'on sait combien le sort des minorités est tributaire de ces facteurs externes qui font les particularismes nationaux[3].

Pour résumer, l'histoire des gauchers ne suit pas une orientation précise dont leur récente émancipation constituerait le terme, mais offre plusieurs phases hétérogènes, sinon contradictoires, elles-mêmes marquées de multiples à-coups, ralentissements et accélérations. Afin de mieux sérier les questions, nous avons donc choisi de réaliser une étude typologique, non pas chronologique. Après un long préambule où nous tâcherons de reconstituer l'arrière-plan culturel sur lequel l'histoire des gauchers s'inscrit, nous articulerons nos recherches en trois parties : 1. Les gauchers méprisés, 2. Les gauchers tolérés, 3. Les gauchers admirés. Ces trois parties feront elles-mêmes l'objet de subdivisions destinées à développer indépendamment un point précis de la question. Chacun de ces chapitres se devra d'être lu dans la perspective que lui apportent tous les autres, pour la raison qu'il n'éclaire qu'une seule facette d'une réalité aux multiples intrications.

Il eût certes été plus simple, et dans une certaine mesure plus confortable pour l'esprit, que les choses se fussent inscrites de façon progressive dans le temps et homogène dans l'espace — chaque chapitre se contentant d'enregistrer chaque étape successive tendue vers une même finalité. Mais l'histoire, notamment l'histoire des mentalités, est souvent ainsi faite de ces miroitements kaléidoscopiques. C'est ce qui fait sa difficulté, comme son intérêt.

NOTES

1. À notre connaissance, en effet, il n'existe sur le sujet des gauchers aucune étude d'ensemble respectant les méthodes de la recherche historique. Dans tous les ouvrages (quelque huit cents titres répertoriés par H. Hécaen, *Les Gauchers,* Paris, PUF, 1984), la question est en général vite survolée, dans le cadre de petits chapitres

bien pauvrement documentés. L'essai de M. Barsley (*The Left-handed book. An investigation into the sinister history of left-handedness,* Londres, Souvenir Press, 1966), malgré son titre prometteur, n'échappe pas à la règle. Mentionnons toutefois l'étude de L. J. Harris (« Left-handedness : early theories, facts, and fancies », in J. Herron, éd., *Neuropsychology of left-handedness,* New York, Academic Press, 1980, pp. 3-78), qui nous fut très précieuse bien qu'elle ne couvre pour l'essentiel que le XIXe siècle. Mentionnons aussi l'article de M. Gendreau-Massaloux (« Le gaucher selon Quevedo : un homme à l'envers », in J. Lafond & A. Redondo, dir., *L'Image du monde renversé et ses représentations littéraires et paralittéraires du XVIe siècle au milieu du XVIIe,* Colloque internat., Tours, 1977, Paris, Vrin, 1979, pp. 73-81) qui offre des pistes originales, notamment dans le domaine espagnol, et sans lequel notre ouvrage aurait présenté d'importantes lacunes. J'ai enfin récemment acquis un gros ouvrage de J. B. Sattler, spécialiste allemande des gauchers : *Links und Rechts in der Wahrnehmung des Menschen. Zur Geschichte der Linkshändigkeit* (2000). Pour ce que j'ai pu en juger, la question historique n'y est traitée que de façon marginale, l'auteur s'attachant surtout aux aspects psychophysiologiques et symboliques (de nombreuses pages sur la valeur esthétique et la signification des côtés droit et gauche dans l'art). Pour être honnête, il me faut cependant avouer que certains éléments auront pu m'échapper, n'ayant eu ni le temps ni les moyens d'en entreprendre la traduction.

2. « Les gauchers ont été longtemps considérés comme des êtres à part : selon les époques et les lieux, ils furent envisagés comme des trublions, des tarés, des malfaiteurs, des sorciers, des hérétiques, des impies… ; plus tard, ils devinrent des cas sociaux, des malades » (H. de Montrond, *Être gaucher,* Paris, Richaudeau, Albin Michel, 1993, p. 152).

3. Ce sont d'ailleurs ces disparités, jointes au problème de l'accessibilité des sources, qui nous amèneront à porter l'essentiel de nos investigations vers la France, tout d'abord, puis vers les nations voisines — principalement anglo-saxonnes, allemande, italienne, belge et espagnole.

Première partie

LA BONNE MAIN ET LA MAUVAISE MAIN

Quant à savoir pourquoi la main droite a précisément fait l'objet d'élection, c'est là une question insoluble…

Thomas Carlyle, 1870.

Dans notre monde moderne, qui se targue volontiers d'être libéral et permissif, la discrimination entre la droite et la gauche est un trait culturel toujours vivace. Que ne qualifiait-on, hier encore, la main droite de « bonne main », celle-là même avec laquelle on se doit exclusivement de faire son salut, de se dire bonjour, d'effectuer son signe de croix, de prêter serment (« levez la main droite et dites : "je le jure" »). Que n'assure-t-on à propos de quelqu'un de méchante humeur qu'il s'est « levé du pied gauche ». Que ne qualifie-t-on un homme de confiance de « bras droit ». Que ne dit-on de celui-ci, malhabile et emprunté, qu'il est « gauche » (ou qu'il fait tout « de travers ») ; de celui-là, au contraire précis dans ses gestes, qu'il est « adroit » ; de cet autre, enfin, que c'est un « sinistre individu » (du latin *sinister,* gauche) au prétexte qu'il manque de « droiture morale » ou qu'il a dévié du « droit chemin ». Que n'attribue-t-on par ailleurs l'épithète de « gauchie » aussi bien à une pièce de bois déformée par l'humidité qu'à une idée travestie par la malveillance. Que ne parle-t-on d'une région « sinistrée » par le chômage ou les intempéries. Que ne dit-on familièrement de quelqu'un qui vient de mourir qu'il a « passé l'arme à gauche », de celui qui s'est enrichi sans vergogne qu'il a beaucoup « mis à gauche » ou de celui qui se trouve dans une position fâcheuse qu'il est « sur le pied gauche ». Que ne qualifie-t-on encore de « mariage de la main gauche » le concubinage. Que ne dit-on enfin d'un enfant naturel qu'il est « issu du côté gauche ».

Ces lieux communs langagiers (présents, soit dit par parenthèse, dans la plupart des autres langues indo-européennes [1]) ne sont évidemment pas fortuits, mais constituent les survivances d'habitudes de vie périmées, de catégories mentales séculaires qui procédaient toutes d'un même postulat : la gauche vaut moins que la droite. Il ne saurait entrer dans le cadre de ce chapitre d'établir un panorama détaillé des multiples croyances, coutumes, règles de la vie quotidienne, façons d'être, de dire, d'agir et de penser d'autrefois qui obéissaient à cette ancienne loi. Un ouvrage entier y suffirait à peine. Nous nous contenterons ici de donner quelques clefs utiles à l'intelligence des chapitres qui suivront, consacrés spécifiquement à l'histoire des gauchers.

I. POURQUOI LES HOMMES SONT-ILS DROITIERS ?

La question de l'origine de la droiterie — ou plutôt celle de la prééminence droitière — est une question aussi importante que difficile. Pour espérer y apporter un semblant de réponse, il faut remonter aux origines mêmes de nos civilisations, lorsque se sont élaborées nos structures mentales collectives, celles qui déterminent encore nos pensées et nos actions aujourd'hui. Trois scénarios sont alors possibles, non pas contradictoires, mais plus ou moins complémentaires.

La coutume du guerrier

Xavier Bichat (1771-1802) fut sans doute le premier à suggérer que la droiterie était peut-être liée aux techniques de combat[2]. Les guerriers préhistoriques se seraient, en effet, rendu compte que les blessures infligées à gauche de la poitrine, du côté du cœur, étaient plus mortelles que celles infligées au côté droit. Pour protéger leur cœur, ils auraient alors placé le bouclier sur le bras gauche, laissant à la main droite le soin de manier la lance — laquelle, au surplus, se trouvait ainsi dirigée vers le côté vulnérable de l'adversaire. La coutume se serait transmise de génération en génération, pendant des milliers d'années. Sachant, comme le dit Bichat, que « l'habitude d'agir perfectionne l'action », cette coutume aurait causé, par atavisme, un déséquilibre d'adresse et de force entre la main droite et la main gauche.

Comme le fait remarquer très justement Henry Hécaen, cette

théorie séduisante se heurte à certaines difficultés, notamment en ce qu'elle ne rend pas compte de ce que les femmes, qui n'ont sans doute jamais manié les armes (maternité oblige), sont devenues tout aussi droitières que les hommes. On peut supposer néanmoins que la main droite, cette main du guerrier victorieux, du chasseur expert, aura fait, dès les origines, l'objet de soins, de rituels et d'incantations dont la main gauche, auxiliaire passive, n'aura pas eu besoin (on bénit les armes, non pas les boucliers). La dextre se serait ainsi imposée à tous, femmes et enfants compris, comme la « bonne main », la mieux à même d'assurer la survie de la tribu. Elle aurait alors été, même dans des circonstances pacifiques, plus volontiers sollicitée que la main gauche, se procurant ainsi une plénitude de vie propice à son meilleur développement.

La course du soleil

Certains ont été amenés à rechercher l'origine de la prééminence droitière dans les anciens mythes cosmologiques[3]. Il apparaîtrait en effet que les cultes religieux primitifs étaient héliotropiques, c'est-à-dire essentiellement dédiés au soleil. Les prières que le croyant adressait à la divinité étaient dirigées vers l'est, à l'horizon duquel l'astre du jour émergeait pour dissiper les ténèbres et ses innombrables dangers[4]. La face tournée vers l'orient, ledit croyant avait ainsi toujours le sud à main droite et le nord à main gauche, ce qui l'amena insensiblement à concevoir le monde sur lequel il vivait comme étant partagé en deux seules régions : celle de droite et celle de gauche. Cette imbrication de l'orientation gauche-droite dans l'orientation nord-sud finit par empreindre sa conception générale de l'espace, même après que ses connaissances géographiques et cosmologiques se furent affinées. À telle enseigne que dans nombre de civilisations un même vocable devait servir à désigner à la fois un des côtés du corps et un des deux points cardinaux. Ainsi, en hébreu, *sem'ol* signifie-t-il *main gauche* et *nord,* et *yâmîn main droite* et *sud* (de même que *kedem : devant/est,* et *achor : derrière/ouest)*. En celtique, *tuath* est employé pour dire conjointement *gauche* et *nord*. En latin, on trouve parfois l'adjectif *sinister* pour *exposé au nord*. Le sanscrit *dakshina,* tout comme l'irlandais *dess* sont employés pour *droite* et *sud*. Encore aujourd'hui, les habitants de l'île de Sein usent des expressions *ar mor dehou (la mer de droite)* et *ar mor klei (la mer de gauche)* pour indiquer respectivement les parties méridionale et septentrionale de l'océan. Pareillement, à Ouessant, *an tu dehou (le côté droit)* désigne la région sud de l'archipel et *an tu kleiz (le côté gauche)* la région nord [5]. Les Gallois appelaient jadis le sud de leur pays *Deheubarth,* c'est-à-dire la *partie à main droite* [6]. En arabe, *yamîne (droite)* tire son étymologie de la racine *yimn,* qui a donné son nom au Yémen, le pays du sud ; inversement, la Syrie, qui se situe au nord, se dit *Sâm,* terme dérivant de *su'm (malchance, mauvais augure)* et *mas'amat,* que le Coran utilise pour désigner la *main gauche* [7].

L'homme primitif marquait donc une propension certaine à considérer la topographie du monde à l'aune de son propre schéma corporel. Ce faisant, il constatait que ce soleil qu'il vénérait obliquait toujours dans sa course du côté droit pour jamais n'emprunter le côté gauche (le soleil se lève à l'est, croît par le sud et décline à l'ouest). Ces deux repères représentèrent alors pour lui les deux pôles antagonistes du monde surnaturel : la droite était la source de la lumière et de la chaleur, donc le siège des forces bienfaisantes ; la gauche, proie de l'ombre, de la nuit et des frimas, négligée du dieu-soleil, fut associée aux forces maléfiques [8]. Admettant que son corps, correspondance microscopique du Grand Tout, rééditait cette dualité, il en vint finalement à valoriser sa main droite et dévaloriser sa main gauche. Par la suite, dans le cadre des religions monothéistes, on perpétua la thèse que l'univers, sa conformation, ses phénomènes et ses lois, d'une invariable régularité, étaient la manifestation de Dieu, la norme éternelle et indéfectible de sa volonté. Tandis que les régions à main droite, baignées de soleil, allaient gagner de plein droit les faveurs du Très-Haut, les contrées situées à main gauche, plongées dans les ténèbres inquiétantes, allaient devenir le domaine d'élection du malin [9]. Témoin ce texte de sainte Hildegarde de Bingen au XIIe siècle :

> « Dieu a donc tourné le visage [...] d'Adam en direction de l'est, quand il l'éveilla et le dressa. Sa main droite désigne les rivages du midi, ceux de la béatitude, sa main gauche ces ténèbres extérieures qui ont un nom : aquilon [10]. »

Pour Hildegarde, l'opposition main droite/main gauche symbolisait on ne peut mieux l'opposition entre le bien et le mal :

« Avec l'aide de la grâce divine, la science mauvaise se trouve dans l'homme supplantée par la bonne, de même que la main gauche est dominée par la droite [11]. »

C'est ainsi que l'espace religieux, pur produit des cultes solaires primitifs, a sans doute, sinon rendu l'humanité droitière, tout au moins favorisé, précisé, stabilisé chez elle cette inclination. Le cours des astres aurait en quelque sorte orienté le cours de notre vie [12].

La loi de polarité

Le troisième scénario, magistralement décrit par l'anthropologue Robert Hertz en 1909, est complémentaire des deux précédents.

Hertz est bien conscient que la suprématie de la main droite, presque universellement attestée, est directement conditionnée par les représentations collectives. Selon lui, l'armature intellectuelle des premières civilisations était dominée par la loi dite de *polarité,* en vertu de laquelle l'univers entier se divisait en couples de contraires. Dès qu'il s'est ouvert à la conscience religieuse, l'homme a vu dans les alternances, les contrastes et les antinomies du monde physique (jour/nuit, masculin/féminin, eau/feu, terre/ciel, naissance/mort, etc.) comme du monde social (licite/illicite, dedans/dehors, travail/repos, joie/peine, etc.) l'expression d'un dualisme immanent à toutes choses. Il a alors imaginé deux grandes catégories opposées sur lesquelles sont venues s'agréger, transmuées en valeurs positives et négatives, toutes ces polarités : le sacré et le profane (pur et impur, bien et mal). Ainsi fait, « la société, l'univers entier [avaient] un côté sacré, noble, précieux et un autre, profane et commun, un côté mâle, fort, actif et un autre, femelle, faible, passif, ou, en deux mots, un côté droit et un côté gauche [13] ». Comment imaginer un seul instant, se demande Hertz, que le corps humain, ce microcosme, ait pu échapper à pareille loi ?

« Il y a là, si l'on y réfléchit, une impossibilité : une telle exception ne serait pas seulement une inexplicable anomalie, elle ruinerait toute l'économie du monde spirituel. Car l'homme est au centre de la création ; c'est à lui de manipuler, pour les diriger au mieux, les forces redoutables qui font vivre et qui font mourir. Est-il concevable que toutes ces choses et ces pouvoirs, séparés et contraires, qui s'excluent les uns les autres, viennent se confondre abominablement dans la main du prêtre ou de l'artisan ? C'est une nécessité vitale que chacune des deux mains "ignore ce que l'autre fait" [*Mt* VI:3] : le précepte évangélique ne fait qu'appliquer à une circonstance spéciale cette loi d'incompatibilité des contraires, qui vaut pour tout le monde religieux. Si l'asymétrie organique n'avait pas existé, il aurait fallu l'inventer[14]. »

C'est ainsi, continue Hertz, que la main droite et la main gauche auraient elles aussi été englobées dans ce système manichéen. Prétextant une prédisposition physiologique « presque insignifiante », la droiterie, les hommes auraient naturellement été amenés à admettre que leurs mains s'opposaient en dignité autant qu'elles différaient en adresse. La main droite n'était plus seulement la plus forte et la plus habile ; elle était la plus vertueuse.

L'idéal droitier

Il est probable qu'on ne connaîtra jamais avec exactitude les ressorts profonds qui ont poussé l'homme à privilégier sa main droite à sa main gauche. Les différents scénarios entrevus laissent cependant à penser que le nœud de la question se situe moins du côté du physiologique que du côté du symbolique. L'homme n'est probablement pas devenu droitier par nécessité fonctionnelle — même si l'hypothèse d'une influence organique concourante n'est pas à exclure —, mais par soumission à une règle qu'il aura lui-même édictée. Dès les origines, en même temps qu'elles se différenciaient dans le schéma corporel, la main droite et la main gauche s'opposaient en valeur, par-delà l'expérience individuelle, dans la structure même de la pensée symbolique et du culte religieux. La supériorité de la main droite résultait d'une cause transcendante, supposant l'action de forces extérieures, auxquelles l'homme, par le sentiment du divin qui l'habitait, s'est instinctivement soumis. La prééminence droitière n'aura donc pas été conçue comme un phénomène naturel, mais comme un idéal sur lequel il convenait de régler sa conduite d'humble mortel. L'homme n'avait pas une main droite et une main gauche, mais une « bonne main » et une « mauvaise main » et se sera employé autant que faire se pouvait à privilégier l'usage de la première.

Le chapitre qui suit doit nous permettre d'examiner quelques-unes des principales répercussions de cette discrimination sur nos idéologies et pratiques d'Occidentaux.

II. LES RÈGLES DE LA DEXTROCRATIE

Les préjugés religieux

On a vu ci-dessus que les systèmes de croyances primitifs sont sans doute en partie à l'origine de la prééminence tant physiologique que morale de la main droite dans la plupart des civilisations. Examinons maintenant dans quelle mesure la Bible, matrice de notre culture occidentale, aura pu prolonger la tradition.

Les Écritures recèlent de nombreux passages où, au dire même de saint Augustin, « la droite est prise en bonne part ou en bien, en justice, et la gauche en mauvaise part, en mal ou en injustice [15] ». « Le cœur du sage est dans sa main droite et le cœur de l'insensé est dans sa main gauche », lit-on par exemple dans le livre de l'Ecclésiaste (X:2). On apprend aussi dans les Psaumes que les impies ont « une droite de parjure » (Ps CXLIV:8 et 11) et, dans Jonas, que les hommes de peu de foi, tels les Ninivites, ne savent pas « discerner leur main droite d'avec leur main gauche » (Jon IV:11). Par deux fois, la Genèse nous éclaire sur la valeur de ces aphorismes. Ainsi le nom même de Benjamin, fondateur de la douzième tribu d'Israël, fils du patriarche Jacob et de Rachel, est-il en soi révélateur. L'accouchement ayant été très difficile, Rachel, qui devait en mourir, désira appeler son enfant Ben-Oni, « fils de ma douleur » ; mais Jacob en décida autrement : ce devait être Benjamin, littéralement « fils de la droite » (Ben-Yâmîn) (Gn XXXV:18). Pourquoi cela ? Parce que Benjamin allait à la fois être l'enfant préféré de son père (Gn XLII:4) et le « Bien-aimé du Seigneur » (Dt XXXIII:12). Il était donc naturel qu'il eût un nom spécifiant qu'il bénéficiait de grâces particulières, qu'il était, en quelque sorte, né sous les auspices de la dextre.

Au XLVIIIe chapitre, le même livre de la Genèse nous relate une autre anecdote, bien singulière celle-là, sur les croyances concernant la latéralité. Joseph amène ses deux enfants, Manassé et Ephraïm, à Jacob, son père mourant, afin qu'il les bénisse. Suivant la coutume qui veut que l'aîné d'une fratrie soit l'objet d'une plus

1. *Opinio*, France, milieu du XVIe siècle. Gravure sur bois (11,6 x 8,6 cm).

Marque typographique de Jean et Barthélemy Macé, in Francisco Georgio, *Promptuarium rerum et theologicarum, et philosophicarum,* Paris, Jean Macé, 1564 (page de titre, BNF). On voit ici une femme assise au pied d'un arbre, brandissant dans la main droite une figurine de la Victoire tandis qu'en contrebas un serpent, symbole de péché, s'enroule le long de son bras gauche. Selon le même antagonisme, alors que son pied droit repose avec aplomb sur un socle de pierre, le gauche cherche vainement l'équilibre sur une sphère enflammée. Le titre indique *Opinio,* c'est-à-dire l'*Opinion,* ou, plutôt, la *Réputation*. Dans le pourtour de la vignette, le graveur a porté la devise : *Dextra vincit/Læva perimit*, « La main droite donne la victoire/la main gauche provoque la défaite. » On remarque enfin que toute la partie de la ramure de l'arbre située du côté de la main gauche est desséchée. Sur une branche morte, un écriteau prévient : *A sinistra caveto*, « Prends garde à la gauche ! »

grande faveur, Joseph place Manassé à la droite de Jacob puis Éphraïm, le puîné, à sa gauche. Or le patriarche, contre toute attente, croise les bras pour venir poser sa dextre sur Ephraïm.

> « Mais Joseph, voyant que son père avait mis sa main droite sur la tête d'Ephraïm, en eut de la peine ; et prenant la main de son père, il tâcha de la lever de dessus la tête d'Ephraïm, pour la mettre sur la tête de Manassé, en disant à son père : “Vos mains ne sont pas bien, mon père ; car celui-ci est l'aîné. Mettez votre main droite sur sa tête.” Mais refusant de le faire, Jacob lui dit : “Je le sais bien, mon fils, je le sais bien : celui-ci sera aussi chef des peuples, et sa race se multipliera ; mais son frère qui est plus jeune sera plus grand que lui, et sa prospérité se multipliera dans les nations.” » (Gn XLVIII:17-19).

Ce texte est fort éloquent : la bénédiction de la main droite est plus honorifique que celle de la main gauche. Mais là n'est pas le plus intéressant. Il y apparaît que la différence de valeur entre les mains est plus qu'une simple convention destinée, le cas échéant, à consacrer une prééminence déjà acquise (en l'occurrence celle de la primogéniture) ; la bénédiction de la dextre est un *acte ordonnateur,* sanctifiant, qui confère la primauté à celui qui la reçoit. Manassé, en dépit des prérogatives dues à l'antériorité de sa naissance, allait rester dominé par son frère cadet, puisque ce dernier, honoré par la bénédiction droitière de l'aïeul, devenait l'héritier présomptif[16]. D'une certaine façon, Ephraïm, à l'instar de Benjamin, est aussi un « fils de la droite » ; il a reçu cette puissance dextrale qui assure à ceux qu'elle touche une haute destinée, même lorsque leur rang social (dans les deux cas celui du puîné) ne les y prédispose pas.

De prime abord, il semble qu'il y ait au moins un personnage de la Bible pour contredire cette règle de la puissance dextrale. Il s'agit d'Éhoud, guerrier benjaminite, qui débarrassa un jour le peuple d'Israël de ses ennemis. Le récit de son exploit, qu'on trouve dans le livre des Juges (III:15-26), est très réaliste, pour ne pas dire très cru, et quoique l'Ancien Testament fasse souvent l'effet d'une éprouvante litanie meurtrière, le fait de guerre d'Éhoud s'y distingue néanmoins par le soin apporté dans le détail morbide. Si ce récit nous intéresse, c'est que le héros s'est servi de la main gauche pour accomplir sa mission, à savoir le meurtre d'Églon, roi de Moab, qui occupait Jéricho et menaçait les tribus israélites.

« Les enfants d'Israël envoyèrent par lui des présents à Églon, roi de Moab. Éhoud se fit faire une dague à deux tranchants, qui avait une garde de la longueur de la paume de la main, et il la mit sous sa casaque à son côté droit. Et il offrit ses présents à Églon, roi de Moab. Or Églon était extrêmement gros. Et Éhoud, lui ayant offert ses présents, s'en retourna avec ses compagnons qui étaient venus avec lui. Puis, étant retourné de Galgala, où étaient les idoles, il dit au roi :"J'ai un mot à vous dire en secret, ô prince." Le roi ayant fait signe qu'on se tût, et tous ceux qui étaient auprès de sa personne étant sortis, Éhoud s'approcha du roi qui était seul assis dans sa chambre d'été, et il lui dit :"J'ai à vous dire une parole de la part de Dieu." Aussitôt le roi se leva de son trône. Et Éhoud ayant porté la main gauche à la dague qu'il avait à son côté droit, la tira, et la lui enfonça si avant dans le ventre, que la poignée y entra tout entière avec le fer, et se trouva serrée par la grande quantité de graisse qui se rejoignit pardessus. Éhoud ne retira donc point sa dague ; mais, après avoir donné le coup, il la laissa dans le corps ; et aussitôt les excréments qui étaient dans le ventre s'écoulèrent par les conduits naturels. Mais Éhoud, ayant fermé à clef avec grand soin les portes de la chambre, sortit par la porte de derrière. » (Jg III:16-24).

Il ressort de ce texte que la fixation du glaive à la hanche droite, d'une part, et l'usage de la main gauche pour assener le coup, d'autre part, furent des facteurs déterminants pour la réussite de l'opération : l'effet de surprise était ainsi ménagé et réduisait les possibilités de parade chez Églon. C'eût donc été une main gauche qui aurait libéré Israël des envahisseurs. Cependant, il se pourrait bien qu'aux yeux du chroniqueur biblique l'héroïsme d'Éhoud ne parvenait pas à la hauteur de son ignominie. La façon très abrupte dont est relaté son exploit en fait foi. « L'utilisation de la ruse et de la dissimulation, remarque Dominique Pignon, n'est pas le fait d'un homme normal, droitier et juste, mais de quelqu'un de différent et dont la singularité est rappelée à plusieurs reprises dans son histoire. » La main gauche d'Éhoud, « criminelle et rusée », est l'instrument « d'une exécution cruelle et peut-être perverse[17] » (la dague s'enfonce jusqu'à la garde et demeure dans le corps de la victime souillée d'excréments).

Un exemple similaire à celui d'Éhoud figure dans le IIe livre de Samuel, chapitre XX. Joab, tombé en disgrâce, se voit démettre par David de son poste de chef d'armée au profit d'Amasa. Fomentant sa vengeance, le général déchu parvient à approcher, près de la ville de Gabaon, celui qu'il considère comme son usurpateur :

> « Joab était revêtu d'un habillement étroit qui lui était juste sur le corps, et par-dessus il avait son épée pendue au côté dans un fourreau de telle sorte qu'on pouvait la tirer, et en frapper en un moment. Joab dit donc à Amasa :"Bonjour, mon frère"; et il prit de sa main droite le menton d'Amasa pour le baiser. Et comme Amasa ne prenait pas garde à l'épée qu'avait Joab, Joab l'en frappa dans le côté : les entrailles aussitôt lui sortirent du corps ; et sans qu'il fût besoin d'un second coup, il tomba mort. » (2Sm XX:8-10).

C'est donc à nouveau par dissimulation, disons même par fourberie, que le crime est commis. À nouveau, c'est à la main gauche qu'il incombe de frapper (puisque la droite tient le menton de la victime) et, à nouveau encore, un détail graveleux (les entrailles surgissantes) nous est infligé. Manifestement, ce n'est pas seulement par contraste avec l'honorable dextre que la main gauche tient sa malfaisante réputation dans le système de valeurs hébraïque... C'est aussi par un manque notoire de *droiture*[18].

De nombreux passages très marquants figurent aussi dans le Nouveau Testament, notamment chez Matthieu (chap. V-VII), dans le célèbre *Sermon sur la montagne*, où le Christ délivre à ses disciples et à la foule qui l'ont suivi l'essentiel de son enseignement. Là, Jésus indique en six points les articles de la Loi des Prophètes qui doivent non seulement être scrupuleusement respectés, mais améliorés, portés à leur perfection. Or, au commandement sur l'adultère, Jésus condamne à la fois le péché et la tentation de pécher, même non suivie de l'acte. Il fait en quelque sorte un appel à la probité, à la discipline la plus ferme ; et d'ajouter :

> « Et si votre main droite vous scandalise, coupez-la et jetez-la loin de vous ; car il vaut mieux pour vous qu'un des membres de votre corps périsse, que si tout votre corps était jeté dans l'enfer. » (Mt V:30).

Cette sentence s'inscrit parfaitement dans le système symbolique alors en vigueur : c'est bel et bien en fonction du bon ou du mauvais usage de la droite que doit se jouer le destin des hommes. Saint Jérôme (ca 347-420), interprétant le passage en question, n'en laissait rien douter :

> « La main droite [...] figure les premiers mouvements de la volonté et de la sensibilité qui tendent à nous faire réaliser en acte ce que nous avons conçu en pensée. Prenons donc garde que la meilleure partie de nous-mêmes ne se laisse aller rapidement au vice. En effet, si [...] notre main droite vient à buter, combien en sera-t-il plus pour notre gauche ! Si l'âme se laisse aller, combien davantage le corps plus enclin au péché [19] ! »

Pour gagner les faveurs du Très-Haut, aucun sacrifice, même le plus coûteux (la main droite, « la meilleure partie de nous-mêmes »), n'est à exclure. La main gauche, pour sa part, se devra d'être laissée « toujours en oubli [20] », conformément à une autre recommandation évangélique. Effectivement, toujours dans le même *Sermon sur la montagne,* Jésus avait exigé de ses disciples que, pour l'aumône, leur « main gauche ignore ce que fait la droite » (Mt VI:3). Le message est clair : il s'agit cette fois de s'abstenir de faire ses « bonnes œuvres devant les hommes pour en être regardés » (VI:1), de ne « point sonner la trompette [...] comme font les hypocrites dans les synagogues et dans les rues pour être honorés des hommes » (VI:2)... bref, de ne pas faire montre de cette ostentation vaniteuse dont seule la main gauche est capable. C'est donc à la main droite, authentiquement bienfaitrice et désintéressée, qu'il revient de faire l'aumône, à l'insu de sa sinistre compagne [21]. Cette dernière, pécheresse par nature, ne rentre pas en ligne de compte. Tout croyant se doit de la mépriser, ne serait-ce que symboliquement.

Pareilles considérations, bien sûr, ne témoignent rien d'autre que des traditions qui sévissaient au Moyen Orient il y a quelque deux mille ans. Jésus de Nazareth, pour se mieux faire comprendre de son auditoire, n'avait fait qu'employer une tournure imagée accessible à tous (celle-là même qui figure dans l'Ecclésiaste : « Le cœur du sage est dans sa main droite et le cœur de l'insensé est dans sa main gauche »). Dans vos œuvres, prescrivait-il, soyez humbles, miséricordieux et discrets ; familièrement parlant, préférez votre main droite à votre main gauche. La portée philosophique de cette métaphore n'avait rien de très extraordinaire... le seul problème, si l'on ose dire, est qu'elle était proférée par le Christ lui-même et qu'elle allait à ce titre être exportée de par le monde, répétée, traduite, apprise, déclamée, commentée, bref portée durant des siècles à la connaissance de millions et de millions d'hommes, pourtant étrangers aux mœurs juives auxquelles la métaphore en question se rattachait. On imagine aisément combien cette médiatisation aura exercé une influence décisive dans la discrimination traditionnellement opérée dans nos sociétés anciennes entre la main gauche et la main droite. Non seulement cette dernière s'imposait physiologiquement comme la « bonne main », non seulement elle tenait le premier rôle en matière de sociabilité (« C'est bien de notre main droite que nous nous servons dans les cas insignes, les choses respectables, et là où nous avons besoin de toute notre force » disait Jean Damascène [22]), mais elle bénéficiait d'une primauté sur la main gauche décrétée par Dieu lui-même.

Les Évangiles ne préviennent-ils pas, d'ailleurs, que lorsqu'il reviendra sur terre pour juger les hommes, Dieu, par l'intermédiaire de son Fils, opérera une séparation entre ceux qui auront gagné les faveurs célestes et ceux qui auront mérité les châtiments infernaux ?

> « Or quand le fils de l'homme viendra dans sa majesté accompagné de tous ses anges, il siégera sur le trône de sa gloire. Et toutes les nations étant assemblées devant lui, il séparera les uns d'avec les autres, comme un berger sépare les brebis d'avec les boucs ; et il placera les brebis à sa droite, et les boucs à sa gauche. Alors le Roi dira à ceux qui seront à sa droite : "Venez, vous qui avez été bénis par mon Père, possédez le royaume qui vous a été préparé dès le commencement du monde" [...]. Il dira ensuite à ceux qui seront à la gauche : "Retirez-vous de moi, maudits ; allez au feu éternel" [23]. »

Le Jugement dernier offre en l'occurrence un modèle de ségrégation latérale d'une parfaite lisibilité. La main droite du Christ (lui-même assis « à la droite du Père » après la résurrection [24]) récompensera les « brebis », c'est-à-dire les hommes de foi qui auront docilement respecté les préceptes évangéliques ; sa main gauche sanctionnera les « boucs », c'est-à-dire tous ceux qui se seront au contraire montrés rétifs à ces mêmes préceptes. Pour les croyants, il ne peut que s'agir d'une exhortation adressée à l'humanité : à chacun d'y régler sa conduite ici-bas ; à chacun de privilégier la main droite sur la main gauche pour espérer s'attirer le moment venu les faveurs de la dextre divine. C'est exactement ce discours que tient Bernard de Clairvaux (1090-1153) :

2. Église Sainte-Foy de Conques, détail du tympan du porche ouest (XIe-XIIe). La gestuelle du Christ exprime la division de l'humanité qui doit avoir lieu le jour du Jugement dernier. De la main droite levée, il invite les élus à rejoindre le paradis céleste ; de la main gauche abaissée, il chasse les damnés vers les entrailles de l'enfer.

« Ô bon Jésus ! soyez toujours à ma droite et ne quittez jamais cette main : car je sais qu'ainsi nulle adversité ne pourra me nuire et nulle iniquité ne dominera en moi. Qu'on [...] me couvre d'injures et d'opprobres tant que l'on voudra, j'expose volontiers tout ce qui est représenté par la gauche, pourvu que vous gardiez mon âme et que vous restiez le défenseur de ma main droite. Tandis que notre âme réside dans notre droite, nos biens temporels sont signifiés par notre gauche [...]. D'ailleurs, prenez bien garde, *vous qui avez tant de soin pour le côté gauche et qui négligez le droit,* qu'un jour vous ne trouviez votre place avec les boucs du côté que vous avez tant aimé[25]. »

Le langage

Pour espérer saisir les présupposés qui guidaient les sensibilités et les comportements des hommes d'autrefois, il nous faut étudier leur propre vocabulaire. Cela est d'autant plus nécessaire que notre civilisation occidentale s'est en partie construite sur la toute-puissance du langage *(le logos)*. Fût-ce au prix d'étymologies fautives, de rapprochements hasardeux, ou parfois même de calembours, un Isidore de Séville (ca 560-636), par exemple, prétendait que le mot participe fondamentalement de la réalité qu'il désigne, que la vérité réside dans le verbe ; on a pu dire ainsi qu'au Moyen Âge celui qui savait « le sens du mot » connaissait « la nature de la chose[26] ».

• DROITE

L'adjectif latin *dexter* revêtait deux principaux sens : *à droite* et *propice, favorable*. *Dextra,* c'était la *main droite,* mais aussi, de façon figurée, le *secours,* l'*amitié,* le *cadeau*. De nombreuses locutions évoquent parfaitement l'idée de loyauté ou de bons auspices attachée à la main droite. Citons pour exemples :

– *Libertatem in dextris portatis,* « vous portez votre liberté dans vos mains » (Salvien) ;

– *Dextram porrigere,* « tendre une main secourable » (Tacite) ;

– *Jungere dextras,* « témoigner d'une amitié réciproque » (Virgile) ;

– *Cedo dextram !*, « ta main, je te prie ! » (Terence) ;

– *Dextram aliqui offerre,* « souhaiter la bienvenue » (Quinte-Curce).

En latin médiéval, *dextrare* c'était à la fois *jurer, dresser* et *préparer ; dextratus,* c'était *tenu par serment ; dextras dare* signifiait *s'en remettre au pouvoir de quelqu'un*. Le substantif *dexter* désignait l'espace autour d'une église bénéficiant du droit d'asile. Autre expression éloquente : lorsque le dénommé Atton acheva la décoration de l'église romane de Saint-Pierre de Bovara, il grava sur la façade l'épigraphe : [...] *sua dextra templum fecit*[27]. Quant à ceux à qui tout souriait, on disait d'eux dans l'Allemagne médiévale qu'ils étaient venus au monde avec « de l'or dans la main droite » *(sunt alii dextris aurum nascendo tenentes)*[28].

Notons que si l'étymon *dexteritas (habileté)* a donné le français *dextérité, dexter* n'a pas donné *droite*. En effet, ce mot et tous ses dérivés (le *droit,* celui des lois, de l'autorité ou de la taxe — les adjectifs *droit,* au sens rectiligne, et *droit,* au sens moral — les vocables *adroit, direct, endroit, dresser,* etc.) proviennent du latin *directus (en ligne droite, sans détour)*. Jusqu'au XVIe siècle, le français avait *dextre* (ou *destre*) pour *qui est à droite*. La positivité de la *main dextre* n'en restait pas moins reconnue : *par ma destre !*, lançait-on lorsqu'on jurait de sa bonne foi ou de sa détermination[29] ; ou bien *Volonters, dame, par ceste meie destre !*, lorsqu'il s'agissait de faire montre de son sens de l'honneur et de la courtoisie[30]. Autres exemples : *adestrer* quelqu'un, c'était *l'accompagner pour l'aider*[31], *estre dessous sa destre,* c'était *lui obéir* et *aller à sa destre, l'emporter sur lui*[32].

• GAUCHE

De son côté, la gauche semble avoir perpétuellement charrié des idées de malheur, de déloyauté, de vice et d'inconséquence. Originellement, elle possède trois désignations latines :

— *sinister* (*sinistra* pour *main gauche*), qui prenait aussi les sens de *malheureux, contraire, hostile, pervers, méchant* et *de travers ;*

— *scævus* (fortuitement paronyme de *sævus, furieux, cruel*), qui s'employait en outre au sens de *maladroit, funeste* et *malavisé ;*

— *lævus* (*læva* pour *main gauche*), dont le sens figuré était non seulement *maladroit,* mais *malheureux, menaçant* et *stupide* (*O ego lævus !*, « quel sot je fais ! »), et que les lexicographes du Moyen Âge allaient rapprocher de *levis (faible, dérisoire)*[33].

Construits autour de ces vocables, on repère divers termes et locutions, tous plus ou moins péjoratifs : *scævitas (malheur), sinisteritas (maladresse), sinistrum (méchanceté), lævo tempore (à contretemps), sinister rumor (rumeur malveillante), sinistra fama (mauvaise réputation),* etc.

En latin médiéval, *sinisteritas* est devenu le *malheur. Sinistrare,* ce voulait dire non seulement *être à gauche,* mais aussi *être défavorable. Scævus,* c'était, au dire d'Isidore de Séville, « vicieux en plus que d'être gauche » *(sinister atque perversus)* [34]. La locution *sinistrante fortuna* équivalait à nos expressions modernes *par un accident fatal* ou *par un fâcheux concours de circonstances.* Enfin, *sinistrum* signifiait *préjudice ; scævum,* le *crime,* la *faute ; scævus, mutilé, endommagé.*

En moyen français, le mot *senestre, gauche,* était synonyme de *fâcheux* [35]. *Sinistrer* quelque chose voulait dire le *manquer,* le *gâter. Mettre à senestre,* ce n'était pas seulement *mettre à gauche,* mais *négliger* (par insuffisance ou par affront). *Faire cauche seniestre* à quelqu'un, c'était lui *jouer un mauvais tour.*

Pour désigner la gauche, on employait également les mots *esclanche* (ou *esclenche*) [36] et *clanche,* qui sont à rapprocher du wallon *clinche,* du flamand *slink,* eux-mêmes dérivés du germanique *slucken (s'affaiblir).* Ils ont donné *esclanchi* (ou *esclanchier*), pour *gaucher. Avoir main clanche* signifiait *se montrer avare* [37]. Par extension, l'expression *n'estre pas esclenchier* signifiait *montrer de l'ardeur* [38] ou *faire preuve de libéralités.* La *main pote,* la main gauche, est sans doute à rapprocher de l'adjectif *put (sale, infect, mauvais, méchant).* À la fin du XVIIe siècle, il semble qu'il était encore d'usage, dans certains milieux, de dire *la pute* pour *la main gauche* [39] !

Si les mêmes valeurs dépréciatives entachent notre mot *gauche* moderne, celui-ci ne tient son étymologie d'aucun des précédents vocables. *Gauche* provient de l'ancien verbe *gauchir,* lui-même altération de *guenchir,* c'est-à-dire *ruser, obliquer, faire des détours* [40]. La première attestation de *guauche* remonte au début du XIIIe siècle ; sa définition n'a alors pas trait à la latéralité, mais à l'idée d'imperfection *(mal fait, de travers).* Ainsi donc, comme *droite* avec *dextre, gauche* s'est substitué à l'ancien français *senestre* en héritant des connotations primitives. Le mot *gauche,* en effet, comme on le rappelait ci-dessus, s'emploie encore aujourd'hui dans son acception *sinistre* [41].

Par le seul arbitraire du langage, on déniait parfois à la main gauche tout droit de cité. Une vieille tradition voulait ainsi que celle-ci tirât son nom latin *(sinistra)* de *sine dextra,* c'est-à-dire *sans main droite* [42]. C'était une manière de falote abalourdie, un appendice inutile qui ne se définissait que par la négative :

> « Main gauche : autant dire sans dextre, ou main qui laisse faire la dextre [43]. »

L'absence de personnalité de la main gauche était telle qu'on la désignait aussi parfois comme la *main manque* [44]. Ce traitement par le mépris allait perdurer jusqu'à l'époque moderne. En 1614, Pierre Dinet consacrait ainsi un chapitre entier de ses *Hiéroglyphiques* à la symbolique des mains [45]. Or, fait singulier, après avoir mentionné en quelques courtes lignes que les deux mains assemblées représentaient « l'art, l'ouvrage et l'œuvre », il n'allait plus s'intéresser qu'à la main droite. Tantôt « symbole d'amitié », tantôt « signal de faveur », tantôt « grâce et amour », tantôt « symbole de la foi », ou bien « indice de libéralité », ou encore image de « la paix », la dextre allait se voir attribuer tous les qualificatifs élogieux, sans qu'à aucun moment, même en mauvaise part, il ne soit question de la main gauche. Cette dernière était-elle à ce point *innommable* qu'on n'estimât pas même utile de la nommer ? D'aucuns en étaient effectivement persuadés :

> « Qui parle de la Main est toujours présumé parler de la droite, qui est la Main laborieuse ; & non pas de la gauche, qui est la Main oyseuse [46]. »

Tout au plus concédait-on à la « main oiseuse » la faveur — sans doute très imméritée — d'effectuer les basses besognes. Ainsi prétendait-on parfois que la *main gauche* se dit *læva* en latin pour la bonne raison qu'elle n'a jamais servi qu'à lever et porter les charges *(levare)* [47]... corvée grossière qui laisse bien sûr à l'adroite droite l'apanage des ouvrages subtils, attendu que « la dextre est plus légère et plus habile que la main gauche [48] ». Une expression proverbiale du XVIIe siècle exprime bien cette idée selon laquelle la main gauche n'a souvent eu d'utilité que dans cette sorte de médiocre indolence : « attendre de la main gauche », à savoir « manger toujours de la main droite en attendant les absents [49] » (le Christ n'avait-il pas demandé, d'ailleurs, que la main gauche « ignore » ce que fait la droite ?).

L'art poétique, qui consiste précisément à rendre la quintessence du langage, à dévoiler tous les sens cachés des mots, a bien sûr très souvent joué de la symbolique d'opposition que recèle le couple main droite/main gauche. Lorsque Roger de Collerye (1470-1540) en appelle à la compassion de son « Trescher Seigneur », c'est en ces termes :

« Infortuné je suis et povre prestre,
Privé des biens de ce monde terrestre
Se ne prenez de mon faict soing et cure,
Trescher Seigneur.
Ne mectez pas mon cas à la senestre
Enterinez ma requeste à la dextre [50]. »

Joachim du Bellay écrit pour sa part en 1558 :

« Je voye les deux chemins, et de mal, et de bien :
Je sçay que la vertu m'appelle à la main dextre,
Et toutefois il fault que je tourne à senestre
Pour suivre un traistre espoir, qui m'a fait du tout sien [51]. »

Enfin, lorsque Pierre de Ronsard (1524-1585) s'apitoie sur sa triste destinée, il demande :

« Et quel demon d'une senestre main [d'une main gauche]
Berça mon corps quand le ciel me fit naistre [52] ? »

Mais il propose cette épitaphe à sa propre postérité :

« Ronsard, afin que le siecle avenir
De temps en temps se puisse souvenir
[...]
De la main dextre apand à vostre autel
L'humble present de son livre immortel [53]. »

Il ressort de ce rapide examen que les mots mêmes ont toujours été insidieusement partiaux. « Droite » et « gauche » sont des termes qu'on ne s'est jamais contenté d'employer pour définir, mais pour juger et qui, par conséquent, présentaient une constante polysémie. Tout ce qui entrait sous la dénomination *droite,* c'est-à-dire tout ce qui se situait à main droite, tout ce qui était effectué avec la main droite, était jugé bénéfique, respectable et honorant. En outre, le mot *droit* servait systématiquement à exprimer des idées positives de rectitude, d'intégrité, de norme, de noblesse. À l'opposé, le mot *gauche* évoquait la plupart des idées contraires, et tout ce qui pouvait avoir trait à la main gauche était ressenti comme désagréable. Par tradition, désigner la main gauche était implicitement la bafouer, la ravaler dans sa bassesse.

Cette discrimination langagière n'est évidemment qu'une résultante de l'idéologie. Les mots, quoi qu'en aient pu dire nos vieux philosophes, n'ont pas de valeur intrinsèque, mais n'ont de sens que conventionnel. Autrement dit, ils ne sont que l'expression d'une réalité qui les dépasse, sinon qui les précède. Si *droit* a toujours été synonyme de *juste* et *heureux,* c'est que toute bonne action n'a jamais pu se concevoir autrement que réalisée avec la dextre. À l'inverse, si *gauche* a toujours eu cette connotation plus ou moins répugnante, c'est que la main située de ce côté-là du corps cristallisait tous les tabous et toutes les craintes de la société.

Les rites et les croyances de la vie quotidienne

L'aspect *sinistre* du côté gauche en général et de la main gauche en particulier semble, en effet, avoir été un des préjugés les plus profondément ancrés dans les schémas de pensée occidentaux. On ne saurait dénombrer ici toutes les pratiques magico-religieuses, toutes les superstitions, toutes les coutumes, toutes les légendes et, de façon plus générale, toutes les ritualisations du quotidien auxquelles cet ostracisme a donné lieu. Il paraît toutefois évident que, où que l'on porte son regard, vers quelque époque, vers quelque domaine de la culture savante et de la culture populaire que ce soit, la chose revient avec une insistance remarquable et selon une typologie immuable : à la main droite, au côté droit du corps, toutes les vertus ; du côté de la *mauvaise main,* toutes les perversités.

Cette dualité symbolique a pris très tôt une place importante dans notre culture. Qu'il suffise ici de citer Jean Cassien, au début du ve siècle, pour s'en persuader :

> « Il n'est pas un juste qui se puisse passer de ce que nous appelons la main gauche ; mais la vertu parfaite se reconnaît à ce signe que l'une et l'autre lui sont une main droite, tant elle en sait faire bon

usage. Essayons de nous faire mieux comprendre. Le juste a sa main droite : c'est le succès spirituel [...]. Mais il a semblablement sa main gauche. Le tourbillon des passions le saisit ; les feux de la concupiscence allument les désirs de la chair ; les passions déchaînent les ardeurs de la colère ; la superbe et la vaine gloire le gonflent et l'émeuvent. La tristesse qui opère la mort l'abat ; la paresse lui donne l'assaut avec toutes ses machines de guerre, et l'ébranle [...]. Lorsque le moine se sent battu de ces flots, qu'il reconnaisse que l'attaque vient de la gauche[54] ! »

Pierre Chrysologue, archevêque de Ravenne (406-450), sera plus concis que Cassien, mais non moins radical que lui dans sa diatribe contre la main gauche :

> « De même que les vertus sont situées en nous du côté droit, de même les vices le sont à notre gauche [...]. Hypocrisie, ruse, simulation, fraude, mensonge, arrogance, orgueil, vanité, sont situés en nous et touchent à notre gauche[55]. »

De tels propos nécessitent peu de commentaires : l'homme de bien se doit de conformer sa conduite sur l'asymétrie de son corps. La main droite est habile, la main gauche ne l'est pas ; il s'ensuit que la première recèle les qualités humaines, la seconde les défauts. L'équation pourra paraître bien simpliste. Elle n'en a pas moins déterminé la vie quotidienne des hommes pendant des dizaines de générations.

Ainsi, avant que l'écrit ne revête la valeur légalisatrice qu'on lui connaît aujourd'hui, le geste avait, avec la parole, force de loi. Longtemps, toute cérémonie publique ou privée, toute action à valeur sacramentelle ou juridique a obéi à des codes gestuels et comportementaux très précis dont nul n'aurait songé à faire l'économie. Or il est frappant de constater à quel point les rôles de la main droite et de la main gauche étaient généralement répartis afin de donner à la première l'avantage sur la seconde. Il est notoire, par exemple, que le monde de la chevalerie féodale était très formaliste en matière de latéralité. On sait que, durant les joutes, la main gauche se contentait de tenir l'écu défensif, alors que la droite portait l'arme d'hast offensive[56]. De même, tandis qu'il revenait à la main droite l'honneur de tenir l'épée en combat loyal[57], c'était à la gauche, exécutrice des basses œuvres, qu'il

3. Harold prêtant serment. *Tapisserie de Bayeux,* fin du XIe siècle, Bayeux.

incombait d'achever l'adversaire terrassé. La dague utilisée pour cette besogne, mise à la ceinture au côté droit [58], portait d'ailleurs le nom de *main gauche* [59]. Il est également bien connu que la monture du preux chevalier se nommait le *destrier* [60]. L'animal tirait cette fière appellation du fait qu'il était (noblesse de fonction oblige) toujours tenu de la main droite par l'écuyer [61]. Autre détail, presque banal dans sa conformité aux mœurs du temps : lorsque Roland, à l'article de la mort, s'inquiète des péchés qu'il aura pu commettre, *sun destre guant a Deu en puroffrit* [62], « il offre son gant droit à Dieu ». Comme l'ont noté les spécialistes de l'époque féodale, le gant droit, « en un temps où la droite et la gauche s'opposaient comme la norme et l'anormal, le bien et le mal [63] », était un symbole traditionnel du pouvoir. Le rite consistant à le remettre à un tiers est typique du code de la chevalerie et apparaît à de multiples reprises dans les chansons de geste médiévales [64], dans des situations d'investiture, d'allégeance, d'hommage, de témoignage de loyauté, ou encore, comme dans l'exemple cité ci-dessus, d'expiation. Cette démonstration d'honneur fait sans doute écho à la règle de droit romain qui réclamait — et qui réclame encore — que la prestation de serment se fasse de la main droite :

> « La main destre leva adonques
> La dame et dist :"Trestout ainsi
> Com tu l'as dit, je te l'otri [je te le jure]" [65]. »

Remarquons d'ailleurs que serments et proclamations pouvaient se faire de différentes façons : main levée, paume vers l'avant — main posée sur la Bible ou sur des reliques sacrées — main sur le cœur. Mais, dans tous les cas, le geste incombait à la dextre [66]. Le non-respect de cette loi eût constitué un grave manquement, une transgression scandaleuse. Ainsi, comme cela a été quelquefois suggéré avec raison [67], le fait qu'Harold, dans la scène centrale de la célèbre *Tapisserie de Bayeux* (ill. 3), prête serment d'allégeance à Guillaume Ier en posant la main gauche sur un reliquaire [68] le désigne probablement comme parjure, et préfigure le sort funeste qui l'attend à la bataille d'Hastings [69].

Autre exemple d'infraction caractérisée à la règle dextrale : dans cette miniature du milieu du XIVe siècle (ill. 4), tandis que Charlemagne salue Ganelon de la main droite, comme il se doit,

4. Ganelon et Charlemagne. *Roman de Fierabras*. Milieu du XIVe siècle, Londres, British Museum, ms. fr. Egerton 3028, f° 110.

Ganelon, dont le profil busqué et le débord du cadre dénotent la mauvaiseté, selon les codes de l'iconographie médiévale, salue Charlemagne de la main gauche, la main *sinistre*. Ce geste préfigure sa trahison par laquelle Roland trouvera la mort.

Ganelon lui rend son salut en levant la main gauche. Les personnages, et l'épisode légendaire qu'ils illustrent, sont suffisamment connus pour que semblable inversion soit créditée d'une intention symbolique. Ganelon, parangon du scélérat, bafoue les codes imprescriptibles de l'honneur en saluant son roi de la « mauvaise main ». Toute l'intrigue de la *Chanson de Roland* est inscrite dans ce geste ostensiblement subversif. Suite à la trahison de Ganelon, le neveu de Charlemagne trouvera la mort de la façon tragique que l'on sait [70].

La signification de telles scènes était à l'époque beaucoup plus évidente qu'elle ne l'est pour nous, qui avons délaissé la plupart des coutumes auxquelles elles se rattachent. À qui viendrait aujourd'hui l'idée que la scélératesse soit incompatible avec la droiterie, ou plutôt avec la *dignité dextrale* ? Or ce type de raisonnement était des plus naturels par le passé. En témoigne la fameuse flétrissure, cette peine infamante dérivant du droit romain qui consistait jusqu'au début du XIXᵉ siècle à marquer au fer rouge l'épaule droite du condamné [71]. C'était là, bien sûr, outre une façon commode de matriculer les criminels (les fiches anthropométriques et les casiers judiciaires n'ayant pas encore cours), une manière de les dégrader symboliquement, de les mettre au ban de la communauté des hommes de bien, c'est-à-dire des hommes de la droite. En vertu de la même logique ostraciste, les crimes les plus graves, tels le parricide ou le sacrilège, étaient punis par le châtiment du poing droit tranché. Cette mutilation, d'une barbarie d'autant plus inconcevable qu'elle précédait généralement la mise à mort, était très commune au Moyen Âge [72] et perdura dans certaines nations d'Europe jusqu'à l'époque moderne [73]. Plus encore que dans le cas de la flétrissure, la volonté d'avilir le condamné par ce moyen est sans équivoque. En 1608, Francisco de Quevedo prétendait ainsi que le châtiment du poing droit tranché trouvait moins sa valeur punitive dans le supplice que dans la dégradation morale provoquée par l'usage forcé de la main gauche [74]. On sera sans doute étonné d'apprendre que, bien qu'abolie le 23 avril 1832 (en même temps que la flétrissure et le carcan), cette manière radicale de prononcer la déchéance sociale était encore pratiquée dans la France de la IIᵉ République. En 1850, un arrêt de la cour d'assises du département de l'Allier condamnait ainsi « à la peine de mort et à avoir le poignet droit coupé, la nommée Henriette Inder, de la commune de Lezout, arrondissement de Gannat, convaincue d'avoir assassiné ses père et mère [...] et ses deux sœurs [75] ».

La primauté de la main droite sur la main gauche a constitué le postulat d'une multitude d'autres rites de la vie quotidienne. Là encore, répétons-le, il nous serait vraisemblablement impossible d'en dresser l'inventaire détaillé. Quelques exemples parmi les plus courants nous suffiront à évoquer l'importance que cette primauté droitière revêtait autrefois dans les rapports humains. Ainsi, la civilité, c'est-à-dire les normes de paraître de la « bonne société » qui s'établissent dès la fin du XVIe siècle, a-t-elle toujours réclamé que le côté droit du corps en général et la main droite en particulier fussent symboles du respect que l'on portait à autrui. S'il est encore de règle aujourd'hui de tendre la main droite pour donner le bonjour, par le passé les convenances étaient autrement plus compliquées :

> « Il y a plusieurs facons de faire la reverence, selon les pays ou on se trouve et les coustumes d'iceux. Mais les Françoys ployent seulement le genouil droyt, se tenans autrement plus nost [?] droyctz que enclinés, avec un doux contournement et mouvement du corps ; et ostant le bonet de la main droyte le tenans ouvert par le dedens, l'abaissent au mesme costé droyt [76]. »

> « Lors qu'on salue quelqu'un, il faut prendre son chapeau avec la main droicte, et l'oster entierement de dessus la teste [77]. »

> « Lors qu'on veut saluër quelqu'un, et luy faire une profonde reverence : comme pour baiser la main, il faut avoir alors la main nuë, et il suffit pour cela d'oster le gand de la main droicte, c'est aussi ce que la bien-seance veut qu'on fasse avant de donner ou de recevoir quelque chose [78]. »

C'est néanmoins en matière de préséance que les exemples sont les plus abondants et les plus significatifs. Une coutume immémoriale [79], dont on semble ne s'être affranchi que très récemment, voulait notamment que la place de droite (le « haut bout ») fût plus honorante que la place de gauche (le « bas bout »). Lorsque deux personnes se tenaient côte à côte, soit en marchant, soit en étant assises, il était convenu que la personne supérieure — ou celle à qui l'on voulait faire honneur — se tînt à main droite de la personne inférieure. Ainsi le stipule Antoine de Courtin dans son *Traité de la civilité* en 1673 :

> « Si on est obligé de mener une Dame à l'Eglise ou ailleurs, il faut la conduire en la soutenant de la main droite, selon la disposition du haut du pavé ou du haut bout, & avoir le gand à la main [80]. »

La règle du « haut bout » était à ce point impérieuse qu'elle donnait lieu parfois à des contorsions protocolaires assez pittoresques :

> « Que si c'est dans un jardin, il faut se mettre à *main gauche* de la personne, & avoir soin sans affectation de regagner cette place à tous les tournans. Que si on est trois à se promener, le milieu est le lieu d'honneur, & partant celuy de la personne qualifiée : la droite est le second : & la gauche est le troisième. D'où vient que le haut bout dans un jardin & ailleurs où l'usage n'a rien déterminé, est la droite de la personne qualifiée [...]. Que si la personne qualifiée s'asseoit pour se reposer, il ne faudroit point s'asseoir auprés d'elle qu'elle ne nous y conviast, & en ce cas-là on doit prendre le bas-bout, c'estadire sa gauche en laissant un espace raisonnable entre deux [...]. Que si on rencontre dans les ruës teste à teste une personne de qualité, il faut prendre le bas où est le ruisseau : s'il n'y a point de haut ny de bas dans un chemin, il faut se poster en sorte que nous passions *sous sa main gauche pour luy laisser la main droite libre* : & cela se doit aussi observer dans la rencontre des carosses [81]. »

On mesure ici l'importance du rôle que la différence de dignité entre la main droite et la main gauche aura pu jouer dans les relations sociales. La prééminence de la main droite était plus qu'une simple convenance ; elle constituait un principe *réglementateur* servant à établir le commerce entre les gens, à organiser entre eux les rapports de hiérarchie et à cadrer leurs comportements en fonction des droits et des devoirs de chacun. Dans une large mesure, elle a constitué un facteur d'équilibre social. Elle garantissait à sa façon la pérennité de l'ordre établi.

5. Hugo Van der Goes, *Le Péché originel,*
ca 1480 (huile sur bois, haut. 35 cm), Vienne, Kunsthistorisches Museum.

III. LA SUBVERSION GAUCHÈRE

On vient de voir à quel point la croyance en une différence de dignité entre la main droite et la main gauche a pu au cours des âges marquer de son empreinte les sensibilités, les réflexions, les comportements et, plus généralement, l'imaginaire des hommes. Dans leur vision sinon manichéenne à tout le moins dualiste d'un monde mû par le combat que se livrent les forces du Bien et du Mal, ceux-ci semblent avoir perpétuellement appréhendé le phénomène de la latéralité comme une émanation sensible du monde spirituel. À la main droite les honneurs, les prérogatives, les vertus ; à la main gauche les disgrâces, les seconds rôles, les turpitudes de ce bas monde : tel est, à quelques nuances près, un des lieux communs les plus récurrents du système de valeurs occidental jusqu'à une époque assez récente. Carl Gustav Jung, qui a souvent relevé les liens étroits que les sciences occultes entretenaient avec ces croyances [82], prétendait que, par opposition au côté droit de la rationalité et de la sociabilité, le côté gauche du corps incarnait, psychanalytiquement parlant, « le côté sombre » de la psyché, celui de « l'inconscient » et de « l'instinctuel [83] ». En voulant dompter ces forces inquiétantes qui sommeillent en lui, l'homme aura donc fait en sorte que sa main droite prime sur sa main gauche. Si l'on nous permet ces néologismes, nous dirions que la société européenne traditionnelle était, dans la plupart de ses sphères, authentiquement *dextrocrate* et *sénestrophobe*.

C'est dans cet environnement culturel, sur cette toile de fond dont nous venons de restituer la trame grossière, qu'il nous faut considérer la question des gauchers. En s'affirmant adeptes de la « mauvaise main », ces individus se plaçaient en porte à faux avec les équilibres fondamentaux de la condition humaine ; ils semblaient mépriser par leur complexion et leur comportement l'ordre élémentaire du monde, de ce monde que Dieu lui-même avait voulu dextral.

Le tableau d'Hugo van der Goes, à la fin du XVe siècle, représentant *Le Péché originel* (ill. 5), nous en donnera une ultime et parfaite illustration. Là, les figures d'Adam et Ève sont représentées presque de front dans un paysage idyllique. La femme, dont les courbes du corps ne sont pas sans évoquer celles de l'iguane tentateur tapi derrière l'arbre du Bien et du Mal, tend la main gauche pour cueillir la pomme qui provoquera la chute du genre humain. Or il est surprenant de constater qu'elle va littéralement *chercher* cette pomme du côté gauche. On a presque le sentiment devant ce geste que la faute consiste moins à cueillir le fruit défendu qu'à céder à la tentation de la gauche. On se confortera dans cette idée en notant que le paysage offre un très net contraste : du côté d'Adam et Ève, il se déploie en hauteur, sous un ciel azuré, dans des teintes vertes luxuriantes ; de l'autre côté, celui qu'occupe le tentateur, la ligne d'horizon est nettement surbaissée, le terrain descend et la végétation revêt des coloris mordorés sous un ciel jaunâtre. Nous avons donc ici un arrière-plan dichotome, ou plutôt deux arrière-plans différents, comme deux mondes opposés dont l'arbre du bien et du mal marquerait la frontière [84]. En déjetant ainsi la « mauvaise main » pour commettre son forfait, Ève empiète au sens physique du terme une zone qui lui était étrangère. Elle a pénétré du côté gauche, celui du Malin. La pomme qui y sera cueillie sera ramenée à droite et donnée à Adam dans la main gauche. Tout en bas, comme en contrepoint, le monstre reptilien laisse subrepticement aller sa queue de l'autre côté de l'arbre. Cette compénétration des espaces droit et gauche symbolise la coexistence désormais inéluctable du Bien et du Mal sur la terre. Auparavant, dans la pureté de l'Éden, tout, pourrait-on dire, n'était que droite. Le péché originel, péché de gaucher, a marqué l'introduction du *sinistre* dans la topographie spirituelle du monde [85].

Bien sûr, une telle image ne présente qu'un faible intérêt ethnographique. L'art est artifice, invention avant que d'être transposition objective du réel, et l'on ne saurait par sa seule entremise décrypter les valeurs d'une société. Par sa mise en scène suggestive, le tableau de Van der Goes n'en procède pas moins, très directement, d'une conception qui semble ne s'être jamais démentie au fil du temps : la gaucherie met en péril l'idéal de vie qu'incarne la main droite. Elle est une *déviation* du corps qui révèle une *déviance* du comportement. Elle est, en un mot, subversive.

Jusqu'à quel point l'ordre établi se sera-t-il senti menacé par l'affront des « gens à l'envers » ? Jusqu'à quel point aura-t-il cherché à s'en préserver et par quels moyens ? C'est ce que nous nous proposons d'examiner maintenant.

NOTES

1. Il nous est impossible, faute de place et de compétences, de réaliser ici une étude linguistique approfondie. Les lecteurs désireux d'avoir de plus amples renseignements consulteront avec profit D. Fryklund, *Les Changements de signification des expressions de droite et de gauche dans les langues romanes et spécialement en français,* thèse pour le doctorat ès lettres, Uppsala, 1907 ; A.-J. Verrier, *Gauche, droite. Différentes manières d'exprimer le sens de ces mots en français et dans d'autres langues tant mortes que vivantes,* Angers, 1908 ; C. D. Buck, *Dictionary of selected synonyms in the principal indo-european languages. A contribution to the history of ideas,* Chicago, Univers. Press, 1949 ; J. Hoops, « *Right* and *left* in the germanic languages », *Études germaniques,* V, 2-3, avril-sept. 1950, pp. 81-96 ; P. Chanteraine, « Les noms de la gauche en grec », *Comptes rendus de l'Académie des Inscriptions et Belles Lettres,* 1955, pp. 374-377 ; A. Martinet, *La Linguistique synchronique. Études et recherches,* Paris, PUF, 1970, chap. X:2, pp. 190-200 ; J. van Leeuwen-Turnovcová, *Rechts und links in Europa. Ein beitrag zur semantik und symbolik der geschlechterpolarität,* Berlin, 1990. Nous donnerons néanmoins, à titre anecdotique, quelques indications générales :

— En anglais, le mot *right* est tout aussi mélioratif que le mot *droit* en français. En outre, comme lui, il revêt à la fois un sens spatial et un sens juridique, suscitant ainsi de constants amalgames entre « le côté de la main droite » et « le côté du bon droit ». Sous sa forme adjectivale, *right* signifie tantôt *à droite,* tantôt *équitable, conforme à la morale, exact, approprié,* ou bien *en bonne santé, en bon ordre, en état de marche,* etc. *The right side,* par exemple, peut s'entendre à la fois comme le *côté droit* et le *bon côté.* La positivité du mot *right* est telle qu'il peut même, dans certaines locutions, faire office de superlatif (*the right thing to do, la meilleure chose à faire*). En adverbe, *right* peut se traduire par *tout droit, directement, tout à fait, complètement, bien, correctement, très,* etc. Comme substantif, c'est *le bien, le vrai, la justice, le bon droit, l'ordre,* et tout autre vocable évoquant l'idée de droiture morale. Le verbe *to right* est l'équivalent de notre *remettre à l'endroit,* mais s'emploie pour dire *redresser, arranger, réparer.* Certains termes, qui ont tous quelque rapport avec l'idée de bon droit, sont composés avec le préfixe *right.* Citons : *right-of-way (priorité), right-thinking (sensé), righteous (vertueux), rightfull (légitime).* Avec *right* en terminaison, nous trouvons notamment : *upright (honnête), forthright, downright (franc), outright (complet, absolu, total).* Quant à *left, gauche,* c'est un terme monosémique. Son étymologie est obscure ; néanmoins, on trouvait *lyft* dès le XIIIe siècle, avec le sens *weak, worthless.* Ajoutons que — hasard malheureux — *left* est aussi le participe passé de *to leave, laisser, oublier*... si bien que *the left hand,* ce peut être, si l'on veut, « la main délaissée ».

— En allemand, *die linke (la main gauche),* qui a donné *linkisch (maladroit),* dériverait de *slinken (devenir faible). Links liegen lassen* signifie *laisser tomber, négliger.* L'adjectif *recht, droit,* mais aussi *juste, convenable, propre,* ou *fort, bien, très,* est homonyme du substantif *das recht, le droit, la justice, la raison,* lequel a engendré de nombreux mots exprimant des idées nobles, telles que *rechtglaübig (orthodoxe), rechtlich (honnête), rechtmäszigkeit (légitimité), rechtschaffen (brave)* et même *rechtschreibung* (*orthographe,* littéralement « la droite écriture »). Comme synonyme de *rechte* ([main] *droite*), l'allemand dispose aussi de *die schöne hand (la belle main).*

— Le néerlandais, langue germanique, offre à peu près les mêmes nuances sémantiques que l'allemand. Signalons en outre l'expression *iemand links laten liggen* (littéralement « laisser quelqu'un coucher à gauche »), pour « mépriser » ; on dit aussi d'un individu très maladroit qu'« il a deux mains gauches » *(hÿ heeft twee linkerhanden).*

— Dans le lexique italien, on trouve, pour la *main gauche,* soit la *manca,* c'est-à-dire la *défectueuse* (du verbe *mancare, faire défaut*), soit la *stanca (*la *fatiguée).* Dérivées des locutions latines, *dare la destra (donner la droite)* signifie *saluer* (ou *se marier*) et *congiungere le destre (conjoindre les droites)* signifie *promettre.*

— En espagnol, la *droite* se dit *derecha* ou *diestra. Dar la derecha (donner la droite),* c'est *faire honneur. Derecho,* c'est *droit* (le côté) et *rectiligne.* La *derechura,* c'est la *droiture morale,* la *rectitude. El derecho,* c'est *le droit, l'endroit, la raison, la règle,* etc. *Diestro* signifie également *habile, ingénieux, expérimenté, intelligent,* etc., et se trouve lié à *destreza (adresse, agilité)* et à *adiestrar (guider, enseigner, entraîner).* L'expression *no hacer nada a derechas (ne rien faire à droite)* est l'équivalent de notre *faire tout en dépit du bon sens.* Quelqu'un qui ne ferait *nada a derechas* serait un *cero a la izquierda* (littéralement *un zéro à la main gauche*), c'est-à-dire un *parfait incapable.* Au demeurant, *izquierdear* se traduit par *déraisonner* ou *dégénérer ;* il semble que le mot *izquierda* provienne du basque *esku-erdi, la moitié d'une main,* terme montrant combien la main gauche était déconsidérée. *Siniestro* est l'adjectif signifiant *qui est à gauche,* mais aussi *sinistre, malheureux, funeste, vicieux, méchant, pervers.* En substantif, *el siniestro* c'est *le vice, le mauvais penchant.*

— Le terme sanskrit pour *droite* est *daksina,* dérivé de la racine indo-européenne *daks* (d'où provient le latin *dexter,* qui a donné *dextérité*), qui signifie *agir à la satisfaction de, être capable, être utile, servir, valoir.* Les sens figurés de *daksina* sont : *capable, habile, adroit, franc, sincère, loyal. La droiture, l'honnêteté, la sincérité,* se traduisent par *daksinatva.* Quant à *dâksinya,* c'est à la fois *l'habileté, l'astuce, la bienveillance, la civilité, la politesse.* Si *vâma* signifie *gauche,* il peut vouloir dire aussi « *oblique, courbé, contraire, hostile, opposé, défavorable, cruel, méchant, vil, bas,* et par là se montre le contraire exact du mot *daksina* dans ses principaux sens » (André Bareau, « Norme et latéralité dans la civilisation indienne », in R. Kourilsky & P. Grapin, dir., *Main droite et main gauche. Norme et latéralité,* Paris, PUF, 1968, pp. 157-179 [p. 163]. Tous les exemples sanskrits donnés ici sont tirés de cet auteur). Avec la racine *vâma,* nous trouvons *vâmatva (adversité, disgrâce, opposition), vâmâcâra (celui qui se conduit mal), vâmâçîla (celui qui est de mauvaise humeur* et *celui qui parle mal).*

2. X. Bichat, *Recherches physiologiques sur la vie et la mort,* 1800 ; éd. C. Legallois, Paris, A. Delahays, 1855, p. 9.

3. Je suis particulièrement redevable, pour l'écriture de ce chapitre, à J. Cuillandre,

La Droite et la Gauche dans les poèmes homériques..., Rennes, Imprimeries réunies, 1943 ; J. Chelhod, « Contribution au problème de la prééminence de la droite, d'après le témoignage arabe », *Anthropos,* vol. 59, 1964, pp. 529-545 ; M. de Wolf, « Sur une des formes les plus élémentaires de la symbolisation : les significations de la gauche et de la droite », *Cahiers internationaux de symbolisme,* n°19-20, 1970, pp. 87-112. Il semblerait que le premier tenant de l'hypothèse du culte solaire ait été F. von Meyer, *Ueber der ursprung von rechts und links,* 1873 (non consulté).

4. Cette pratique est demeurée dans nombre de religions. Le christianisme, par exemple, compare sans cesse l'avènement du Messie au lever du soleil qui éclaire l'humanité. La métaphore apparaît fréquemment dans la Bible (Jos I:15 ; Ps XVIII:6 ; Ps LXVII:35 ; Ec VI:5 ; Sg V:6 ; Is XLIV:9-12 ; LX:1-2 ; Jr XXXI:35 ; Ba IV:36 ; V:5 ; Ez VIII:16 ; XI:1 & pass ; Ha III:3 ; Za III:8 ; VI:12 ; Ml IV:2 ; Mt II:2, 9 ; XXIV:27 ; Ap I:16). Toute la tradition théologique médiévale s'y est conformée (cf. les expressions *Sol Iustitiæ, Sol salutis, Sol invictus, Verus Sol, Sol Oriens,* etc., servant à désigner le Christ). Cette assimilation est à l'origine du fait que toutes les cathédrales d'Europe ont le chœur tourné vers l'orient (d'où vient le verbe *orienter*). C'est également elle qui a poussé l'Église à choisir la date du 25 décembre, qui marque le solstice d'hiver à partir duquel l'astre solaire croît dans le ciel, pour célébrer l'anniversaire de la Nativité (sur tous ces points, cf. P.-M. Bertrand, *La Symbolique de la droite et de la gauche au Moyen Âge et au début des Temps modernes. Étude d'anthropologie sociale et d'iconographie,* thèse de doctorat, Univ. de Paris I-Panthéon-Sorbonne, 1998, pp. 106-127).

5. Cf. J. Cuillandre, *La Répartition des aires dans la rose des vents bretonne,* Rennes, 1943, p. 8.

6. Cf. R. S. Loomis, *Arthurian tradition and Chrétien de Troyes,* New York, 1949, p. 71. L'auteur d'estimer en outre (p. 70) que le « reaume d'Outre-Gales » d'où était issu Érec (Chrétien de Troyes, *Érec et Énide,* [ca 1170/75], v. 1874) est sans doute une déformation de *Destregales,* région sud du pays de Galles.

7. Cf. J. Chelhod, « Contribution au problème de la prééminence de la droite », art. cité, p. 535. Selon V. Fritsch (*La Gauche et la Droite. Vérités et illusions du miroir,* Paris, Flammarion, 1967, p. 35), les Égyptiens emploieraient un même mot pour *ouest* et *droite,* ainsi que pour *est* et *gauche*. Cela résulterait du fait que leur orientation privilégiée serait le sud (ainsi sud serait signifié par le mot *face* et nord par un autre qu'on pourrait traduire par *en arrière de la tête*). On sait aussi que, chez les Anciens, l'augure ne se déterminait pas en fonction de données objectives et intangibles (les N.-E.-S.-O. de la rose des vents), mais par rapport à l'observateur, qui pouvait prédire, par exemple, du simple passage à main droite ou à main gauche d'un vol d'oies sauvages, les auspices, favorables ou non, qui allaient sceller son destin (cf. A. Bouché-Leclercq, *Histoire de la divination dans l'Antiquité,* Paris, E. Leroux, 1879-1882, t. I, pp. 136-141 ; J. Cuillandre, *La Droite et la Gauche dans les poèmes homériques..., op. cit.,* ch. V ; O. Nussbaum, « Die bewertung von rechts und links in der römischen liturgie », *Jahrbuch für Antike und Christentum,* 5, 1962, pp. 158-171 (pp. 164-165).

Tite-Live témoigne ainsi clairement de la compénétration naturelle — du moins admise comme telle — existant entre la manualité de celui qui faisait l'augure et l'espace augural interrogé : « Alors, sous la conduite de l'augure [...], Numa se rendit à la citadelle et s'assit sur une pierre face au midi. L'augure prit place à sa gauche, la tête voilée et tenant de la main droite un bâton [...]. De là, embrassant du regard la ville et la campagne, il invoqua les dieux, marqua dans le ciel les régions par une ligne tracée de l'est à l'ouest et spécifia que les régions de droite étaient celles du midi, les régions de gauche celles du nord. » (*Histoire romaine,* éd. J. Bayet & G. Baillet, Paris, Les Belles Lettres, 1985, I:18).

8. Certes, la trajectoire du soleil n'est « droitière » que dans la partie du globe située au nord du tropique du Cancer. Contrairement à ce que pense R. Hertz (« La prééminence de la main droite. Étude sur la polarité religieuse », *Revue philosophique de la France et de l'étranger,* LXVIII, déc. 1909, pp. 553-580, [p. 577]), le fait que « la droite des Australiens et des Maoris coïncide avec notre droite » ne ruine pas cette explication naturiste de la prééminence droitière. Comme le fait très justement remarquer J. Chelhod (« Contribution au problème de la prééminence de la droite », art. cité, pp. 544-545), « les différents foyers des grandes civilisations classiques et peut-être même le berceau de l'humanité se trouvent dans l'hémisphère boréal. C'est de là que seraient partis les grands courants d'émigration qui ont permis à l'homme de s'établir un peu partout sur la terre et d'en peupler les coins les plus reculés. Il semble donc tout à fait normal que des notions solidement établies le suivent dans ses déplacements insensibles à travers la zone septentrionale, et se maintiennent dans le sud, bien qu'elles ne soient plus en conformité avec le nouveau système d'orientation ».

9. « Le soleil jamais ne pénètre en effet en ces zones dans lesquelles le diable fait montre de sa fourberie et de son opposition à Dieu » (Hildegarde de Bingen, *Le Livre des œuvres divines,* éd. B. Gorceix, Paris, Albin Michel, 1989, II:32). Saint Jérôme (*Commentaires sur Zacharie,* IV ; éd. A. Bareille, t. 9) parle du « glacial aquilon, qui représente le diable ». Dans sa *Lettre à Fabiola,* le même vilipende l'idole Béelsephon, incarnation diabolique, qui « est le propriétaire de l'aquilon, du vent le plus froid [...] tout entier à gauche » (*Epistulæ,* LXXVIII:IV [6]). Si, en hébreu, *sem'ol* signifie *gauche* et *nord* à la fois (cf. *supra*), la connotation maléfique est également présente puisque Samael est le prince des démons dans le Talmud (cf. M. Barsley, *The Left-handed book, op. cit.,* p. 15). Certains Anciens, qui différenciaient les cieux en régions, pensaient que le « secteur nord contigu à l'ouest [était] habité par les Fata et les dieux des Enfers » (R. Schilling, Commentaire à Pline l'Ancien, *Histoire naturelle,* Paris, Les Belles Lettres, 1977, p. 217, n. 5). Au dire d'O. Beigbeder, « on note dans l'évolution de l'*Ordo Romanus* qu'à partir du XIe siècle le diacre ou le prêtre chante l'Évangile face au nord, car c'est l'habitation des démons qu'il s'agit de faire reculer. Ce serait aussi, paraît-il, la raison pour laquelle les sacristies sont presque toujours situées à droite de l'autel, au sud, à l'abri des diables » (*Lexique des symboles,* s.l., Éd. Zodiaque, 1969, p. 192). En témoigne cette assertion d'Hugues de Saint-Victor : « Babylone est située vers l'Aquilon, où règnent le froid

perpétuel et l'obscurité, à cause que le soleil n'y touche jamais rien. C'est donc à bon droit que les Assyriens, c'est-à-dire les Babyloniens, désignent les démons puisqu'ils ont choisi de séjourner vers l'Aquilon, et qu'ainsi privés de la lumière et de la vérité ils sont engourdis par la froideur de l'infidélité » (*De scripturis et scriptoribus sacris prænotatiunculæ,* XVI ; éd. J.-P. Migne, *Patrol. lat.* 175, c. 23C). Dans ses *Explications des cérémonies de la messe* (ch. II, pp. 424-425, éd. Berthaumier, Paris, 1854), saint Bonaventure dira que l'Évangile se lit au nord car Jésus doit renverser Lucifer. Au ch. III (p. 428), il rappelle que nord = gauche. Sur le maléfique aquilon dans la tradition médiévale, on pourra voir aussi Guiges II le Chartreux, *Meditationes,* VI:1-13 (« Sources chrét. » 163).

10. Hildegarde de Bingen, *Le Livre des œuvres divines, op. cit.,* III:95.

11. *Ibid.,* IV:48.

12. Nous empruntons cette formule à Jean Brun, *Prendre et comprendre. Essai sur les rapports de la main et de l'esprit,* Paris, 1963, p. 67.

13. R. Hertz, « La prééminence de la main droite », art. cité, p. 562.

14. *Ibid.,* pp. 562-563.

15. Saint Augustin, *Locutionum in Heptatechum libri septem,* I:88 (éd. Barreau).

16. Bien sûr, dans la tradition de l'exégèse médiévale, on a souvent glosé sur cette inversion des mains de la part de Jacob. Ainsi saint Bonaventure (*Explication des cérémonies de la messe, op. cit.,* I) y voyait-il la préfiguration de la prééminence des Nations sur les Juifs. Jésus-Christ, en effet, était juif, mais ce devait être aux peuples idolâtres de se convertir à la foi chrétienne. Les Juifs seraient donc passés de droite à gauche et les Nations de gauche à droite. D'autres exemples chez U. Deitmaring, « Die bedeutung von rechts und links in theologischen und literarischen texten bis um 1200 », *Zeitschrift für deutsches altertum und deutsche literatur,* XCVIII, 1969, pp. 265-292 (p. 275).

17. D. Pignon, *La Main sauvage. Les gauchers et les autres,* Paris, Ramsay, 1987, pp. 61-62.

18. Le pape Grégoire le Grand (ca 540-604), commentant le forfait de Joab dans un livre qu'on reconnaît comme un des piliers de notre morale occidentale, n'en laissait d'ailleurs rien douter : « Ainsi, en effet, Joab tenait de la main droite le menton d'Amas, mais à la dérobée il mit la main gauche à son épée et les entrailles d'Amas se répandirent à terre. Oui, tenir le menton de la main droite, c'est sans doute caresser avec bonté. Mais mettre la main gauche à l'épée, c'est frapper à la dérobée avec malice. » (*Morales sur Job,* éd. A. de Gaumaris & A. Bocognano, « Sources chrét. » 221, XV:11[13]).

19. Saint Jérôme, *Commentaires sur Matthieu,* I:v:29-30, éd. Bareille, t. 9.

20. Saint Jérôme, *Commentaires sur les Psaumes,* CXXXVI, éd. Bareille, t. 12.

21. Voici le commentaire éclairant que fit saint Augustin du passage biblique : « La gauche est donc la convoitise charnelle de l'âme, la droite est la charité spirituelle. Si donc, lorsqu'on fait l'aumône, on mêle à cette œuvre de charité le désir des avantages temporels, et que ce soit là un des motifs qu'on se propose, on fait connaître à la gauche les œuvres de la droite. Si, au contraire, on assiste l'indigent pour un motif de

charité sincère, et avec conscience pure aux yeux de Dieu, en n'ayant pas d'autre but que de plaire à celui qui nous commande de faire l'aumône, la gauche ne sait point ce que fait la droite » (*Sermones,* CXLIX:14, éd. Barreau). Voir aussi In Jonas, VI:3.

22. Saint Jean Damascène, *De fide orthodoxa,* I:11 (éd. J.-P. Migne, *Patrol. gr.* 94, c. 843A).

23. Mt XXV:31-34, 41. O. Nussbaum (« Die bewertung von rechts und links », art. cité, pp. 170-171) a montré que cette séparation latérale des bons et des méchants est une survivance de l'eschatologie antique. On la trouve en effet dans maints textes antérieurs à l'ère chrétienne, notamment chez Platon (*République,* X:614C) et Virgile (*Énéide,* VI:540-543).

24. (Mc XVI:19). L'image du Fils assis à la droite du Père émaille l'ensemble du Nouveau Testament, Évangiles synoptiques (Mt XXII:44 ; XXVI:64 ; Mc XII:36 ; XIV:62 ; XVI:19 ; Lc XX:42 ; XXII:69), Actes des apôtres (Ac II:33, 34 ; V:31 ; VII:55, 56), écrits pauliniens (Rm VIII:34 ; Ep I:20 ; Col III:1 ; He I:3, 13 ; VIII:1 ; X:12 ; XII:2) ou Épîtres catholiques (1Pi III:22). Seuls les écrits johanniques (Évangile, Épîtres et Apocalypse) en sont dépourvus (sur la formule de l'*ad dextram* comme principe fondamental de la confession chrétienne, cf. M. Gourgues, *À la droite de Dieu. Résurrection de Jésus et actualisation du Psaume 110:1 dans le Nouveau Testament,* Paris, Lecoffre, 1978, notamment les pp. 31-32). De façon générale, on s'accorde à dire qu'il s'agit d'une transposition messianique du Psaume CX, 1er verset (« Le Seigneur dit à mon Seigneur : “Asseyez-vous à ma droite”»), signifiant, conformément au caractère honorifique que la Bible accorde à la droite, que « Dieu manifeste sa faveur à l'égard de Jésus en lui procurant l'exaltation dans la gloire et en l'admettant à une participation à son pouvoir et à la seigneurie qu'il exerce tout entière » (*ibid.,* p. 34). L'Ancien Testament regorge en effet de passages dans lesquels la « dextralité » de Yahvé (à savoir tantôt sa main droite, tantôt son côté droit, tantôt encore sa présence à droite du locuteur) est symboliquement désignée comme l'émanation privilégiée de sa puissance, de sa justice, de son action démiurgique ou protectrice et de sa sagesse : Ecq XII:12 ; Ex XV:6, 12 ; Gn XXXV:18, XLVIII:13-18 ; Is XLI:10, 13, XLV:1, XLVIII:13, LXII:8 ; Jb XIV:15, XL:14 ; Jr XXII:24 ; 1Mac VI:58, XI:50 ; 2Mac IV:34, XII:11, XIV:33, XV:15 ; Ps XV:11, XVI:8-11, XX:8, XXVI:10, XLIV:4, XLV:10, XLVIII:11, LIX:5, LXII:8, LXXIII:11, LXXVI:11, LXXIX:18, LXXXVIII:14, XCVII:2, CVII:6, CVIII:30, CIX:6, CXVII:16, CXX:5, CXXXVII:8, CXXXVIII:9 ; Sg V:17 ; 2Sm XX:9 ; Za VI:13. Seule exception : *Za* III:1. Il est bien sûr beaucoup d'autres mentions de la main ou du bras de Dieu sans qu'il y soit indiqué s'il s'agit du droit ou du gauche (ex. : Dt XXXIII:27 ; Ps CXLIII:8 ; Is LXVI:2 ; Ez I:3 ; Jr XXV:15, 17, 28, XXXII:17, 21 ; Jb XXXVI:13 *& pass.*) ; mais, le plus souvent, le caractère « droitier » (puissant) y est fortement sous-entendu. Il faut enfin ajouter à ces passages ceux du Nouveau Testament : Ac II:25 ; Ap I:16, 17, 20, II:1, V:1, 7 ; He I:13 ; Mt XXV:33, 34. Sur la question, cf. U. Deitmaring, « Die bedeutung von rechts und links », art. cité, pp. 267-268 ; F. Cabrol & H. Leclercq, dir., *Dictionnaire d'archéologie chrétienne et de liturgie,* Paris,

Letouzey & Ané, 1907-53, t. IV:2, cc. 1547-1549 ; H. Lesestre, art. « Main », in F. Vigouroux, dir., *Dictionnaire de la Bible,* Paris, Letouzé & Ané, 1895-1912, t. 4, cc. 580-585 ; P. Auvray, « Droite de Dieu », in G. Jacquemet, dir., *Catholicisme. Hier, aujourd'hui, demain,* Paris, Letouzey & Ané, 1948-85, t. III, cc. 1119-1120.

25. Bernard de Clairvaux, *Sermo 7 in Psalmum « Qui habitat »,* 15 (éd. F. Leclercq & B. Rochais, *Sancti Bernardi opera,* Rome, 1966, vol. IV, p. 424).

26. E. de Bruyne, *Études d'esthétique médiévale,* I, Bruges, 1946, p. 75. Voir aussi J. Le Goff, *La Civilisation de l'Occident médiéval,* Paris, Champs-Flammarion, 1997, p. 305. Pour la documentation de ce chapitre, je suis très redevable à F.-P.-E. Pottier, « Sinister », in *Mélanges Gaston Boissier,* Paris, A. Fontemoing, 1903, pp. 405-413 ; D. Fryklund, *Les Changements de signification des expressions de droite et de gauche, op. cit.* ; A. Ernout & A. Meillet, *Dictionnaire étymologique de la langue latine,* Paris, 1934 ; C. D. Buck, *Dictionary of selected synonyms in the principal indo-european languages, op. cit.,* notamment les pp. 864-867 ; Y. Malkiel, « Lexical polarization in romance », *Language,* XXVII:4, oct.-déc. 1951, pp. 485-518 ; J. van Leeuwen-Turnovcová, *Rechts und links in Europa, op. cit.*

27. Cité par E. Castelnuovo, « L'artiste », in J. Le Goff, dir., *L'Homme médiéval,* Paris, Points/Histoire, 1996, p. 255.

28. Cité par Cl. Lecouteux, *Les Monstres dans la littérature allemande du Moyen Âge,* Kümmerle Verlag, 1982, t. III, p. 8.

29. *Chanson de Guillaume* (ca 1200), éd. D. McMillan, Paris, 1949-1950, CXXXIV:2103.

30. *Ibid.,* CLXXXVI:3462. Même expression dans La *Chanson de Roland* (ca 1080), éd. I. Short, Paris, Poche, 1990, IV:47.

31. *Chanson de Guillaume, op. cit.,* II:29, III:33, CXV:1729, CXXXI:1987.

32. *De Renart ne va nus destre / Renart fet tot le monde pestre* (« Personne ne l'emporte sur Renard / Renard trompe tout le monde ») (*Roman de Renard,* IV:23, éd. J. Dufournet, Paris, 1970).

33. Isidore de Séville, *Libri etymologiarum,* éd. J.-P. Migne, *Patrol. lat.* 82, c. 406A ; Hugues de Saint-Victor, *De bestiis et aliis rebus liber tertius,* LX, « De hominis membris ac partibus » (éd. J.-P. Migne, *Patrol. lat.* 177, c. 124D). Cf. U. Deitmaring, « Die bedeutung von rechts und links », art. cité, p. 266.

34. Isidore de Séville, *Libri etymologiarum, op. cit.,* X:253, c. 394B.

35. « Combien quil leur advient [...] moult daventures senestres » (*Libvre des eschés amoureux,* XVe siècle, Paris, BNF, fr. 9197, f°8).

36. Il est curieux de noter que le mot *esclanche* existait encore au XVIIIe siècle, mais désignait une cuisse de mouton ! (*Nouveau dictionnaire de l'Académie françoise,* éd. de 1718 ; Genève, Slatkine *reprints,* 1994).

37. *Cil convient que l'en les retranche, / Por ce qu'il ont vers vous main clanche* (Godefroy de Paris, *Chronique métrique de Philippe-le-Bel* [1300], vv. 768-769, éd. J.-A. Buchon, IX, Paris, 1827).

38. Aujourd'hui, dans le parler familier, on ne dit plus *n'être pas gaucher,* mais

n'être pas manchot... ce qui, étymologiquement parlant, revient à peu près au même (voir ci-après, n. 44).

39. C'est du moins ce qui ressort de cette remarque : « D'autres la nomment [la main gauche] d'un mot sale, que la décence m'empêche de mettre icy » (N. Catherinot, *La Main de Scevola,* 1682, p. 8).

40. Ainsi, lorsque Renard rencontre son compère Isengrin alors qu'il aurait préféré l'éviter, il est dit : *Renars voit bien qu'il ne puet guenchir / Ne nulle part ne puet fuir* (*Roman de Renard, op. cit.*, V:14-15 ; voir aussi II:759). *Por noient guenchisciés ! (Inutile de biaiser !)* crie Alexandre à Porus *(Roman d'Alexandre* [2e moitié du XIIIe s.], III:225:4020, éd. L. Harf-Lancner, Paris, 1994).

41. Selon A. Darmesteter (*La Vie des mots étudiée dans leurs significations,* éd. Paris, 1889, p. 167), *senestre* a été remplacé par *gauche* pour la simple raison qu'il y avait dans ce dernier mot l'idée de « mal tourné ». *Droite* se serait alors logiquement substitué à *destre* parce qu'il était le contraire de *gauche*.

42. Cf. Isidore de Séville, *Libri etymologiarum, op. cit.,* XI:1:68, c. 406A. Voir aussi Raban Maur au IXe siècle (*De universo libri XII,* VI:1 ; éd. J.-P. Migne, *Patrol. lat.* 111, c. 158D) et Hugues de Saint-Victor au XIIe siècle (*De bestiis et aliis rebus liber tertius, op. cit.,* LX).

43. Barthélemy L'Anglais, *Le Propriétaire des choses,* trad. franç., Lyon, M. Hus, 1485, V:28.

44. Du latin *mancus (estropié, mutilé, défaillant)* d'où dérivent *mancino* en italien *(gaucher)* et *manchot* en français.

45. P. Dinet, *Cinq livres des hiéroglyphiques, ou sont contenus les plus rares secrets de la nature, & proprietez de toutes choses,* Paris, J. de Heuqueville, 1614, pp. 534-537.

46. N. Catherinot, *La Main de Scevola, op. cit.,* p. 8.

47. Cf. Isidore de Séville, *Libri etymologiarum, op. cit.,* XI:1:68 & V:31.

48. Barthélemy L'Anglais, *Le Propriétaire des choses, op. cit.,* V:28.

49. A. Oudin, *Curiositez françoises,* Paris, A. de Sommaville, 1640, p. 315. Un proverbe anglais contemporain à celui-ci donne toutefois un certain pouvoir d'action à la main gauche : *To refuse with the right hand and take with the left* (à propos des comportements hypocrites) (M. P. Tilley, *Dictionary of the proverbs in England in the sixteenth and seventeenth centuries,* Ann Arbor, Univ. of Michigan Press, 1950, H100).

50. R. de Collerye, *Rondeaux,* XXXVII (éd. Ch. d'Héricault, Paris, 1855, p. 200).

51. J. du Bellay, *Regrets,* 45, éd. Paris, 1876, p. 30.

52. P. de Ronsard, *Amours,* I:56.

53. P. de Ronsard, « Vœu », in *Les Amours de Cassandre*, éd. Paris, 1986.

54. J. Cassien, *Conférences,* VI:10, éd. E. Pichery, « Sources chrét. » 42.

55. Pierre Chrysologue, *Sermo* IX, éd. J.-P. Migne, *Patrol. lat.* 52, c. 214A.

56. *Mes il tient l'escu a senestre / et le branc d'acier a la destre* (*Li Roman de Claris et Laris,* vv. 1600-1601, éd. J. Alton, Tübingen, 1884). Voir aussi *Chanson de Roland,* CCLXXX:3868 ; *Roman d'Alexandre,* III:224:4005 & 398:6795, etc.

57. Cf., par exemple, *Chanson de Guillaume* (vv. 137, 226, 740, 775, 919, 943, 1114, 1214 & 1502).

58. Cf. V. Gay, *Glossaire archéologique du Moyen Âge et de la Renaissance*, I, Paris, 1887, p. 532.

59. V. Fritsch, *La Gauche et la Droite, op. cit.*, p. 36 ; D. Fryklund, *Les Changements de signification des expressions de droite et de gauche, op. cit.*, p. 104.

60. Le terme est employé dès la fin du XIe siècle, notamment, à de très fréquentes reprises, dans la *Chanson de Roland*. On distinguait alors le destrier du palefroi (cheval de promenade) et du roncin (cheval de charge). Il semblerait au demeurant que le palefroi, pourvu qu'il fût de haute race, pouvait se tenir également à main droite (cf. Chrétien de Troyes, *Le Chevalier au lion*, éd. D. F. Hult, Paris, 1994, vv. 2976 & 3084).

61. « Mes sire Gauvains fu armez, / et si fist a .II. escuiers / Mener an destre .II. destriers » (Chrétien de Troyes, *Le Chevalier de la charrette*, vv. 254-256, éd. Ch. Méla, Paris, 1992). Voir sur ce point V. Gay, *Glossaire archéologique, op. cit.*, I, p. 517 ; L. Gautier, *La Chevalerie*, Paris, 1895, pp. 200 & 722.

62. *Chanson de Roland, op. cit.*, CLXXVI:2389 (*id.* en 2373).

63. Philippe Ménard, « Les gestes et les expressions corporelles dans la *Chanson de Roland* : les attitudes de commandement et de défi », in W. V. Emden & Ph. E. Bennet, éd., *Guillaume d'Orange and the chanson de geste*, 1984, pp. 85-92 (p. 87).

64. Voir sur ce point D. Fryklund, *Les Changements de signification des expressions de droite et de gauche, op. cit.*, pp. 53-55 ; W. M. Hackett, « Le gant de Roland », *Romania*, 1968, pp. 253-256.

65. Chrétien de Troyes, *Le Chevalier au lion, op. cit.*, vv. 6640-6642 (*ibid.* en 5746). Ce rituel est explicitement formulé dans bon nombre de textes juridiques du Moyen Âge ; pour exemple : *Li Livres de Jostice et de Plet* (ca 1260-1270), XIX:xxxiii:2 (éd. T. Rapetti, Paris, 1850, p. 308).

66. Cf. R. Jacob, *Images de la Justice. Essai sur l'iconographie judiciaire du Moyen Âge à l'Âge classique*, Paris, Le Léopard d'or, 1994, pp. 81-87.

67. Cf. E. E. Gudjónson, « Haroad Godwinsons venstre hånd. En kort bemærkning om en detalje i Bayeux-tapetet », *Iconographisk Post*, 4, 1988, pp. 31-35 ; J.-C. Schmitt, *La Raison des gestes dans l'Occident médiéval*, Paris, Gallimard, 1990, p. 16 ; « À la droite du Père », *L'Histoire*, 162, janvier 1993, p. 24 ; « Gesti », in A. M. Romanini, dir., *Enciclopedia dell'arte medievale*, Rome, Istituto della enciclopedia italiana, t. VI, 1995, pp. 588-598 (p. 592).

68. En fait, la posture est assez ambiguë car d'un côté Harold effleure des doigts de la main droite un autre reliquaire — une sorte de *serment du bout des lèvres*. La main gauche (agissant par-derrière) symboliserait plutôt la parole trahie.

69. En effet, en dépit de la parole donnée, Harold s'opposera à Guillaume le Conquérant quand celui-ci viendra conquérir l'Angleterre en 1066. La *Tapisserie de Bayeux* raconte, épisode après épisode, cette épopée.

70. Michel Pastoureau, spécialiste de l'histoire des symboles, faisait remarquer dans un récent essai que la gaucherie était devenue un élément assez fréquent de la

« panoplie emblématique » de Judas à la fin du Moyen Âge. Non contents de doter l'apôtre félon d'une chevelure rousse à connotation infamante, les artistes — principalement ceux des écoles du Nord — se plurent volontiers à le représenter gaucher : « C'est désormais avec sa main gauche qu'il reçoit (puis qu'il rend) la bourse aux trente deniers ; c'est avec la main gauche qu'il cache derrière son dos le poisson volé, qu'il porte à sa bouche la bouchée accusatrice au moment de la Cène, puis qu'il installe la corde pour se pendre lorsque est venu le temps du repentir. » L'auteur d'en arriver à la conclusion que « tous les gauchers sont, à un titre ou à un autre, des personnages mauvais. Et ce qu'il s'agisse de héros de premier plan ou de comparses de troisième ordre, se livrant à quelque occupation infâme ou répréhensible sur les bords ou dans le fond de l'image. Parmi eux, on retrouve la plupart des exclus ou des réprouvés [...]. Mais c'est surtout du côté des non-chrétiens (païens, juifs, musulmans) et du côté de l'enfer (Satan, créatures démoniaques) que se rencontrent ces gauchers dans l'imagerie médiévale : ici les souverains commandent et ordonnent de la main gauche, la mauvaise main, la main fatale ; et c'est de cette même main que leurs soldats ou leurs serviteurs exécutent leurs ordres. L'univers du mal est un univers de gauchers » (M. Pastoureau, « Rouge, jaune et gaucher. Note sur l'iconographie médiévale de Judas », dans *Couleurs, images, symboles. Études d'histoire et d'anthropologie,* Paris, Le Léopard d'or, s.d., p. 79). L'affirmation est sans doute un peu excessive. Dire que « tous les gauchers sont des personnages mauvais » impliquerait en effet que chaque geste dans l'iconographie médiévale, qu'il fût réalisé de la main droite ou de la main gauche, ait eu une signification particulière. Or, croyons-nous, pas plus que le geste droitier n'était l'insigne obligé du héros, le geste gaucher n'était le stigmate exclusif du vilain. Comme nous avons déjà tenté de le démontrer (P.-M. Bertrand, *La Symbolique de la droite et de la gauche, op. cit.*, pp. 357 sq.), les imagiers du Moyen Âge pouvaient assez volontiers attribuer une attitude gauchère à un personnage, pourvu surtout que son identité fût imprécise ou son rôle secondaire (on trouve ainsi plusieurs gauchers anonymes dans la *Tapisserie de Bayeux*). Dans ce cas, les contraintes de la composition étaient souvent déterminantes. Ainsi, lorsque deux personnages ou deux groupes de personnages se situaient en vis-à-vis, le goût de la symétrie (caractéristique de l'esthétique médiévale jusqu'au XIVe siècle) poussait souvent l'artiste à leur donner qui un comportement de droitier, qui un comportement de gaucher. Nous avons vérifié cette règle des dizaines de fois. *Stricto sensu,* ce n'était pas la gaucherie qui distinguait la malfaisance, mais l'identité réputée *sinistre* des personnages, jointe à la façon particulière dont ils étaient mis en scène, qui conféraient son rôle de stigmate infamant à leur gestualité. Michel Pastoureau aurait dû donc écrire que « les personnages mauvais de l'iconographie médiévale utilisent souvent leur main gauche ». La nuance est importante. En effet, comme nous le verrons plus loin, le Moyen Âge s'est sans doute montré plutôt tolérant à l'égard des gauchers. Ce n'était pas la gaucherie comme particularité physiologique qui constituait un symbole négatif, c'était la main gauche (or tout droitier en est doté). Dans les exemples de Ganelon et Harold cités plus haut, l'inversion manuelle ne revêt sa valeur dépréciative que dans le cadre d'une symbolique générale qui la conditionne. Autrement dit, c'est parce que le salut et le serment se doivent d'être réglementairement effectués de la dextre que le fait d'utiliser leur main gauche trahit leur indignité. Les personnages ne sont pas à proprement parler gauchers (un gaucher sait fort bien utiliser sa main droite pour saluer) ; ils se contentent de bafouer ostensiblement les codes *dextraux* de la sociabilité.

71. Sous l'Ancien Régime, la flétrissure consistait en la marque d'une fleur de lis, puis, après 1724, celle d'une lettre relative au crime commis (« V » pour « Voleur », « F » pour « Faussaire », etc.). La coutume fut abolie à la Révolution, mais rétablie par les lois des 23 floréal an X et 12 mai 1806. Elle disparaît définitivement du code pénal avec la loi du 23 avril 1832.

72. Cf. U. Deitmaring, « Die bedeutung von rechts und links », art. cité, p. 274. D'ailleurs, dans la littérature médiévale, la félonie est fréquemment sanctionnée par la mutilation de la main droite. C'est cette main-là, par exemple, que le païen Marsile perd durant la bataille de Roncevaux (*Chanson de Roland*, vv. 1903, 2571, 2701, 2719, 2781, 2795 & 2809). C'est aussi cette main-là que Lancelot coupe d'un violent coup d'épée à l'ignoble Méléagant qui l'avait lâchement emprisonné (Chrétien de Troyes, *Le Chevalier de la charrette*, vv. 7060-7065) et c'est cette main-là, encore, que la fourbe sorcière se voit trancher pour avoir mené le héros du *Roman de Claris et Laris* dans un guet-apens (vv. 16082-16085). Le thème de la main droite coupée apparaît dans quantité d'autres romans arthuriens, tels *Floriant et Florete*, *Meraugis*, *La Folie Tristan*.

73. Cf. J. Hastings, dir., *Encyclopaedia of religion and ethics*, Edinburgh, T. & T. Clark, 1908-26, t. VI, 495B ; M. Gendreau-Massaloux, « Le gaucher selon Quevedo », art. cité, p. 75 ; A. Redondo, « Mutilations et marques corporelles d'infamie dans la Castille du XVIe siècle », in *Le Corps dans la société espagnole des XVIe et XVIIe siècles*, colloque Sorbonne, 1990, pp. 185-199 (pp. 188-189). Pour anecdote, on notera qu'en 1569, pour avoir grièvement blessé son adversaire lors d'une rixe, Cervantès fut condamné à avoir la main droite tranchée. Fuyant l'Espagne et s'engageant dans l'armée conduite par dom Juan d'Autriche contre les Ottomans, il devait perdre — ironie du sort — la main gauche lors de la bataille de Lépante.

74. *Y cuando la justicia manda cortar a uno la mano derecha por una resistencia, es la pena hacerle zurdo, no el golpe*. (F. de Quevedo, *Sueño del infierno*, 1608, éd. J. O. Grosby, in *Sueños y discursos*, Madrid, 1993, p. 230).

75. Rambervillers, impr. Mejeat, 1850.

76. Cl. Hours de Calviac, *La Civile honesteté pour les enfants. Avec la maniere d'aprendre à bien lire, prononcer et escrire : qu'avons mise au commencement*, Paris, R. Breton, 1560, f°14v°.

77. J.-B. de La Salle, *Les Règles de la bienséance et de la civilité chrétienne*, Troyes-Reims, 1703, p. 67.

78. *Ibid.*, p. 71.

79. Cette coutume existait dans la plus lointaine Antiquité (cf. l'histoire biblique de la bénédiction de Jacob citée plus haut). Sa validité au début de l'ère chrétienne nous est attestée par un passage du *Pasteur* où l'Église personnifiée invite l'auteur à

prendre place sur le banc à son côté : « Je voulus m'asseoir à droite, mais elle ne me le permit pas et me fit signe de la main de m'asseoir à gauche. Je réfléchissais et m'affligeais de ce qu'elle ne m'avait pas permis de m'asseoir à droite, quand elle me dit : "Tu t'affliges, Hermas ? À droite, c'est le lieu réservé à d'autres, à ceux qui ont déjà plu au Seigneur et qui ont souffert à cause du Nom. Il s'en faut encore de beaucoup que tu puisses t'asseoir avec eux." » (Hermas, *Le Pasteur* [ca 140], III:i:9, éd. R. Joly, « Sources chrét. » 53).

80. A. de Courtin, *Nouveau Traité de la civilité qui se pratique en France parmi les honnestes gens,* 3e éd., Paris, H. Josset, 1673, pp. 88-89. Le « haut du pavé » désigne ici la partie de la chaussée la plus éloignée du caniveau (qui courait alors au milieu de la rue). Donner le « haut du pavé » à une personne, c'était lui faire honneur en la préservant autant que faire se pouvait des éclaboussures et des odeurs nauséabondes (d'où l'expression moderne « tenir le haut du pavé », avoir le premier rang, faire partie de l'élite).

81. *Ibid.,* pp. 93, 94 & 95 (c'est moi qui souligne).

82. Voir notamment *Psychologie et Alchimie,* éd. Paris, 1970, les pp. 162, 168, 184, 187, 202, 214, 221, 224, 226-227, 244, 250 & 253.

83. C.-G. Jung, *La Psychologie du transfert,* éd. Paris, 1980, pp. 69 & 77.

84. C'est là le type même de ce qu'on appelle en iconographie un *paysage moralisé*.

85. L'assimilation du péché originel à un péché gaucher n'est pas rare dans l'art de la Renaissance. Nous avons repéré plusieurs cas tout aussi flagrants que celui-là (P.-M. Bertrand, *La Symbolique de la droite et de la gauche, op. cit.,* pp. 272-273, 370-373, 376-377, 380-381).

Deuxième partie

LES GAUCHERS MÉPRISÉS

La droiterie est le prix à payer pour une civilisation plus parfaite et de meilleurs talents ; tandis que la gaucherie semble constituer un archaïsme, un retour à l'état primitif. *Medical record,* 20 nov. 1886.

Joséfa Ioteyko était chef des travaux au Laboratoire de psychophysiologie de l'Université de Bruxelles. En 1916, elle publiait dans la très sérieuse *Revue philosophique de la France et de l'étranger* une longue étude sur la « Théorie psychophysiologique de la droiterie ». En voici un extrait :

> « La proportion de gauchers étant seulement de 2,8%, il faut voir dans cette faible proportion la preuve que *la gaucherie doit être considérée comme une anomalie anatomique,* comme une exception. Le gaucher de même que le géant ou le nain *doit rester une exception,* parce que l'espèce tend à se conserver normale. Aussi Galippe admet-il que l'*on est gaucher par hérédité morbide*. Pour lui, *les gauchers s'écartent plus ou moins de la généralité des hommes* pour entrer dans cette classe à laquelle Morel et Magnan ont donné le nom de *dégénérés,* et Lombroso a exprimé la même opinion sous cette forme : *la gaucherie est un caractère atavistique et dégénératif*. Les gauchers [...] ont fréquemment une *hérédité lourde à porter ; la gaucherie coexiste fréquemment avec l'épilepsie, elle est fréquente chez les aliénés, chez les criminels,* et enfin... *on la rencontre aussi chez les génies*. La gaucherie [...] se maintiendra toujours dans les proportions restreintes constatées par les statistiques, et il n'y aura pas de peuples gauchers parce qu'elle n'est, au cours de la vie de l'espèce, qu'*un trouble accidentel en opposition constante avec une fonction normale* [1]. »

Ce texte ahurissant synthétise de manière dogmatique presque tous les lieux communs qui pouvaient encore circuler en ce temps sur le compte des gauchers. Fallait-il que la tradition d'hostilité fût impérieuse pour que les hommes de science s'en fissent de si fervents doctrinaires !

Aujourd'hui, de telles énormités prêtent évidemment à sourire. Il faut toutefois se garder de toute ironie facile et ne pas oublier que chaque époque obéit à des schémas mentaux qui lui sont propres et qu'aucune ne peut vraiment se targuer d'être plus lucide qu'une autre. Si les erreurs de nos pères nous sautent aux yeux, c'est que, n'en doutons pas, nous restons aveugles aux nôtres. Notre intention ici n'est donc pas d'instruire un procès, ni de donner dans la dérision, mais de proposer une typologie des différents propos que nous avons recueillis, pour mettre en lumière, au-delà de leur allure parfois extravagante, la logique culturelle à laquelle ils obéissent.

I. L'ANOMALIE GAUCHÈRE

Ouvrons le *Traité des principes* d'Origène, écrit vers l'an 220. Nous y trouvons ce qui est sans doute, pour l'ère chrétienne, le plus ancien témoignage sur les gauchers qui soit. À un moment donné, Origène commente en effet le fameux verset biblique où Jésus prescrit à ses disciples de tendre la joue gauche en réponse à qui les frapperait sur la joue droite (*Mt* V:39). Cette recommandation l'étonne ; il y décèle une inconséquence :

> « Cela est invraisemblable, car tout homme qui frappe, à moins qu'il ne subisse quelque chose de contraire à la nature, frappe avec la main droite la joue gauche de l'autre [2]. »

On aura évidemment compris que ce « quelque chose de contraire à la nature » désigne la gaucherie. De l'avis d'Origène, comme sans doute de celui de beaucoup de ses contemporains, le fait de préférer sa main gauche à sa main droite ne constitue pas un état possible de la nature humaine (on serait gaucher comme on est blond ou roux, grand ou petit), mais un état qui lui est « contraire » et que « subit » celui qui s'en trouve affecté.

Ouvrons maintenant n'importe quel dictionnaire d'avant les années 1960 et considérons la définition qu'il donne du gaucher : non pas quelqu'un chez qui la main gauche prédomine, mais quelqu'un « qui se sert de la main gauche *au lieu de* se servir de la main droite [3] ». Plus de dix-sept siècles après Origène, le préjugé est toujours bien vivant : le gaucher n'a d'identité propre que par l'irrégularité qu'il présente au regard de la norme droitière. Il est gaucher *à défaut d'être droitier*. Sa particularité n'est rien d'autre qu'une anormalité. Cette conception — quel que soit le jugement de valeur dont elle s'accompagne — constitue le truisme universel, le postulat minimal de tous les discours que nous rencontrerons.

Une discordance

Gaucher de Châtillon, connétable de France et conseiller de Philippe le Bel, vécut de 1250 à 1328. Aussi, en 1632, lorsque le peintre Simon Vouet se vit confier l'exécution de son portrait pour décorer la *Galerie des hommes illustres* de l'actuel Palais Royal [4], nul n'avait plus idée de sa physionomie. Certes, on possédait des biographies [5], peut-être même des archives, mais ces documents étaient d'une bien maigre utilité pour celui à qui incombait de figurer les traits du personnage. Vouet eut alors deux idées. Gaucher de Châtillon ayant vécu soixante-dix-huit ans — longévité remarquable pour l'époque —, il le représenta d'abord en vieillard. Se fiant ensuite à son prénom si particulier, il eut l'idée d'en faire un gaucher (ill. 6). L'idée était peut-être bonne sur un plan artistique, mais elle était mauvaise sur un plan historique. Le prénom *Gaucher* n'avait en effet aucun lien avec la gaucherie ; c'était la forme francisée de *Gaucherius* (ou *Garcherus*), assez courant au Moyen Âge [6]. Rien ne prouvait par conséquent que le connétable de France fût gaucher. Son prénom était en réalité un signe d'appartenance familiale : on ne compte pas moins de cinq Gaucher de Châtillon parmi ses aïeux et quatre autres parmi ses descendants (dont son propre fils). Néanmoins, à l'époque de Vouet, en raison de ce que le prénom était alors tombé en désuétude, l'on pensait à tort que *Gaucher* était une épithète en rapport avec la latéralité. Simon Vouet se crut alors autorisé à prendre au pied de la lettre cette indication et, plutôt que de réaliser le *Portrait de Gaucher de Châtillon,* entreprit en quelque sorte de réaliser celui du *gaucher de Châtillon*. D'aucuns devaient s'enthousiasmer devant la façon dont le peintre était parvenu à rendre cette particularité physiologique :

> « Dans l'attitude de cet Homme Illustre [Vouet] s'est efforcé de représenter la qualité de gaucher, qui lui étoit naturelle, & qu'il avoit apportée avec lui en venant au monde. Il est debout montrant le dos,

6. Simon Vouet, *Portrait de Gaucher de Châtillon*, 1632, (huile sur toile, 218 x 137 cm) Paris, musée du Louvre.

appuyé moins ferme sur le pied droit que sur le pied gauche : la main gauche accoudée sur son côté ; la tête fierement retournée sur l'épaule gauche, & toutes ses actions gauches, si difficiles à exprimer, y sont admirables[7]. »

Mais, pour *admirable* que fût le talent du portraitiste, il n'en restait pas moins que la prétendue gaucherie du modèle constituait aux yeux de tous une note discordante, contrastant fâcheusement avec l'*illustre* fonction de connétable de France. La « qualité de gaucher » dont parle ce texte était en fait plutôt perçue comme… un défaut ; problème dont Vouet était bien conscient et qu'il tenta de résoudre en apposant au bas du tableau cette inscription latine en forme de calembour :

Dictus scæva, sed hoc vitii male congruit illi / Nomen nemo magis dexter ad arma fuit (« On le disait gaucher, mais désignant un défaut, le nom lui convenait mal car nul n'était plus adroit aux armes que lui »).

L'anomalie que constituait la *gaucherie* chez une personne réputée pour sa *dextérité* (ou sa *droiture*) était évidemment assez déconcertante. Comment mentionner la première sans déprécier la seconde ? Certains propos tenus à l'égard de Léonard de Vinci, le plus célèbre des gauchers qui fût jamais, sont à notre sens très révélateurs de ce dilemme. Tous les contemporains s'accordent, en effet, à exalter les dons prodigieux de Léonard. Giorgio Vasari (1511-1574), par exemple, fait ce panégyrique :

« Les influences célestes peuvent faire pleuvoir des dons extraordinaires sur des êtres humains ; c'est un effet de la nature, mais il y a quelque chose de surnaturel dans l'accumulation débordante chez un même homme de la beauté, de la grâce et de la puissance : où qu'il s'exerce, chacun de ses gestes est si divin que tout le monde est éclipsé et on saisit clairement qu'il s'agit d'une faveur divine qui ne doit rien à l'effort humain. Tel fut Léonard de Vinci ; sa beauté physique défiait tout éloge ; dans le moindre de ses actes résidait une grâce infinie. Son talent si complet et si puissant lui permettait de résoudre aisément toutes les difficultés qu'abordait son esprit. Sa force physique considérable était unie à l'adresse, et l'ardeur de son âme le portait toujours à une royale magnanimité[8]. »

Plus loin :

« La nature le combla de tant de faveurs que, partout où il appliquait sa pensée, son intellect, son ardeur, il manifestait quelque chose de surhumain, avec une agilité, une vivacité, une bonté, une beauté, une grâce accomplies et sans égales [9]. »

Une petite restriction vient cependant ternir le tableau :

« Son intelligence de l'art lui fit commencer beaucoup de choses, mais n'en finir aucune, car il lui semblait que *la main ne pourrait atteindre la perfection rêvée* [10]. »

Fait intéressant, la remarque de Vasari recoupe en tout point celle de Sebastiano Serlio (1475-1554), à la même époque :

« Sa main n'arrivait pas à la hauteur de son intelligence [11]. »

La légende selon laquelle Léonard n'avait pas tout à fait les moyens de ses ambitions allait devenir un lieu commun de la critique d'art. Au XVIIIe siècle, Pierre-Jean Mariette disait, par exemple, que lorsque l'artiste voulut peindre le visage du Christ dans la Cène, « sa main ne put jamais rendre sa pensée [12] ».

Qu'entendait-on vraiment signifier par là ? Que l'imagination créatrice du personnage avait atteint un degré tel qu'elle défiait toute concrétisation ? C'est possible. Néanmoins, ne faut-il pas plutôt voir dans cette image de la main impuissante à restituer les constructions de l'esprit une allusion au fait que Léonard de Vinci, tout pétri de talents qu'il fût, souffrait du rédhibitoire handicap d'être gaucher ? En tout état de cause, Eugène Müntz, en 1899, savait à quoi s'en tenir :

« Une sorte d'*infirmité* cependant se mêlait à ces aptitudes extraordinaires : il était gaucher [13]. »

Dans les *Contes de l'Alhambra* (1831), Irving dressait pour sa part le portrait du roi maure Mohammed VII (1395-1450). Ses sujets, prétendait-il, l'avaient surnommé *El Hayzari* (le gaucher), « parce qu'il était, disent les uns, plus habile de sa main gauche que de sa droite, ou bien, disent les autres, parce qu'il avait l'art de tout prendre de travers, autrement dit, d'embrouiller tout ce qu'il touchait[14] ». On ne saurait garantir l'authenticité historique de cette anecdote. Il reste cependant certain qu'elle témoigne, en tant que légende, d'une appréciation réductrice de l'identité gauchère : donner sa faveur à la « mauvaise main » plutôt qu'à la « bonne », c'est immanquablement trahir, pour la *doxa* populaire, sinon son impéritie, du moins son embarras pour assumer le rôle d'élite (« pour peu qu'on fouille dans les annales arabes de Grenade, poursuit Irving, on y verra les calamités publiques qu'il attira ainsi sur lui-même et sur son royaume »)... La *gaucherie* paraît bien incompatible avec la *droiture*.

Une sorte d'infirmité

Lorsqu'il disait qu'« une sorte d'infirmité » ternissait quelque peu les talents de Léonard de Vinci, Müntz, malgré l'admiration qu'il portait au maître italien, cédait à la pression d'un lieu commun très ancien. Dans les *Évangiles des quenouilles,* ce fameux répertoire du folklore médiéval, nous lisons :

> « Quant vous perchevez une personne esclenchie [gauchère], au porter baptisier, il fut premier couchié sur le bras esclenc [gauche], dont il tient son prejudice[15]. »

L'*esclanchier* est donc ici perçu comme quelqu'un dont l'intégrité physique a été mise à mal (un rituel baptismal mal accompli est à l'origine de son handicap). Une conception qui transparaît dans le rapport établi en latin médiéval entre *scæva (main gauche)* et *scævus (mutilé, endommagé)* ainsi qu'entre *sinistra (gauche)* et *sinistrum (préjudice, dommage)* ; dans le double sens de l'ancien français *manc,* à la fois *gauche* et *estropié, défectueux, défaillan*t (du latin *mancus* qui a donné *manchot* en français moderne et *mancino, gaucher,* en italien) ; ainsi que dans l'étymologie du mot espagnol *izquierda* servant à désigner la *main gauche* (du basque *esku-erdi,* « la moitié d'une main »).

Nous avons d'autre part relevé ce mot d'esprit en Espagne au début du XVIIe siècle :

> « Quelqu'un disait que les gauchers boitaient avec leurs mains[16]. »

Cette association de la gaucherie au handicap physique restera longtemps ancrée dans les esprits. Donner sa préférence à la main gauche ne saurait être une disposition naturelle ; c'est un pis-aller, un moyen de pallier la défaillance de la main droite. Bref, le gaucher subit sa gaucherie. Ainsi en fut-il d'Eraste, que la fatalité avait doublement frappé « en le faisant naître pauvre, & affligé d'une foiblesse si grande dans la main droite, qu'il ne pouvoit s'en servir pour écrire. Il surmonta cet obstacle, & parvint à écrire de la main gauche, avec autant d'aisance que de rapidité [17] ». Mais à quoi tient l'infirmité ? Parfois à fort peu de chose : un vice de procédure lors d'un cérémonial (cf. l'enfant couché sur le bras gauche au cours du baptême), un faux mouvement, une mauvaise habitude, une imprudence, une faute d'inattention, etc. En 1885, Louis Jobert relate ainsi le cas d'un certain « monsieur D... », gaucher incorrigible, qui attribue son dérèglement « à ce qu'étant enfant, il avait une bonne gauchère qui lui donnait les objets à tenir avec la main gauche [18] ». Les parents eux-mêmes, s'ils n'y prennent garde, risquent de porter préjudice à leur progéniture :

> « Dans une famille composée de cinq personnes, le père et la mère ne sont pas gauchers. L'aîné des enfants, élevé par une nourrice, n'est pas gaucher ; le deuxième enfant a été gaucher dès son plus jeune âge et l'est resté [...]. Le troisième enfant a été gaucher à l'âge d'un an [...]. C'est la mère elle-même qui a nourri les deux derniers enfants. Elle était très ennuyée de voir gauchers les deux enfants qu'elle entourait des plus grands soins. Je m'aperçus alors qu'elle portait son petit enfant sur le bras gauche ; à la remarque que je lui en fis, elle me répondit qu'elle avait toujours porté sur le bras gauche les deux enfants qu'elle avait nourris. Je lui recommandai alors de porter le petit enfant sur le bras droit. Quelques mois après, cet enfant avait complètement perdu l'habitude de se servir de la main gauche, et est tout à fait droitier aujourd'hui qu'il a déjà dix ans [19]. »

Si quelques précautions élémentaires doivent permettre de se prémunir du mal, celui-ci pourra néanmoins survenir à la suite d'un quelconque accident. C'est la théorie de la gaucherie post-traumatique :

> « [...] il s'agit d'une jeune fille de 23 ans, sans antécédents héréditaires pathologiques, venue au monde d'une façon normale, qui, à

l'âge de 2 ans et demi, fait une chute d'une certaine hauteur ; sous le choc, elle perd connaissance, est prise de convulsions, et l'on voit apparaître chez elle une paralysie du bras et de la jambe droits ; depuis cette époque, elle est gauchère. Il n'y a dans la famille aucun autre cas de gaucherie [20]. »

La commotion qui entraîne la gaucherie n'est pas forcément physique ; elle peut être psychologique. Ainsi l'accroissement soudain du nombre des gauchers observé dans les écoles anglaises, à la fin des années 1920, fut-il parfois interprété comme une conséquence de la guerre : les bombardements auraient pu, disait-on, traumatiser les bébés ou les femmes enceintes et provoquer quelque temps plus tard divers dérèglements dans la population enfantine [21].

Les mêmes effets pourront apparaître à la suite d'une grave maladie :

> « Nous l'avons vue [la gaucherie] apparaître chez une fillette de trois ans, et dans des conditions qui trahissent bien son origine centrale. Cette enfant était atteinte de coqueluche et de varicelle qui se compliquèrent d'abord de broncho-pneumonie, puis d'hémiparésie droite avec exagération des réflexes. La guérison fut rapide [...]. Mais cette enfant qui était droitière était devenue gauchère : elle lançait la balle de la main gauche et lorsqu'on voulut lui apprendre à écrire on eut les plus grandes peines à lui faire employer la main droite [22]. »

La gaucherie va d'ailleurs rarement seule, mais s'accompagne d'un certain nombre d'autres symptômes, preuve de son caractère hautement pernicieux :

> « Nous avons eu l'occasion, dans nos salles, de rencontrer un certain nombre d'enfants gauchers. Or, ce qui m'a frappé, c'est la présence chez tous ces enfants de troubles du développement physique, généralement localisés à une moitié du corps [23]. »

Pour cette raison, une constitution fragile, un tempérament valétudinaire, formeront un terrain favorable à la gaucherie. En fait foi le portrait du peintre français Henri Regnault (1843-1871) à l'âge de trois ans :

« […] faible, maladif et souffreteux, posé à terre sur un tapis, avec un morceau de papier et couché sur le ventre, s'amusa[n]t à dessiner de la main gauche [24]. »

II. LE STIGMATE DE LA GAUCHERIE

Il ressort des quelques exemples mentionnés ci-dessus que la gaucherie a souvent été regardée comme une foncière anomalie. Même si elle n'est pas tenue pour formellement incompatible avec le talent — ainsi qu'on aura l'occasion de le constater par la suite —, elle marque à tout le moins une restriction, une sorte de disgrâce originelle, de bizarrerie ou de malfaçon, qui fait de celui qu'elle affecte un être « s'écartant plus ou moins de la généralité des hommes [25] ». En poussant la logique ostraciste jusqu'au bout, la gaucherie pourra devenir la somatisation d'un état morbide, le signe d'une appartenance familiale honteuse ou d'un statut social dégradant, le stigmate de mœurs déréglées ou l'attribut symbolique d'une conformation physique monstrueuse.

« Gaucher » : une épithète dégradante

En vieux français, *esclenchier* (prononcer éclanchier) avait le sens premier de *gaucher* (la *main esclenche* ou *clenche* étant la *main gauche*). Mais il avait aussi très fréquemment le sens de *malhabile* et *mauvais*. L'expression *n'estre pas esclenchier* signifiait non seulement *faire preuve d'adresse* ou *d'ardeur*, au sens physique [26], mais, au sens moral, *faire preuve de largesse, de générosité, de bonté* [27]. *A contrario,* la gaucherie était assimilée, de façon imagée, à la cupidité, à la mesquinerie, à la méchanceté. Elle pouvait être aussi synonyme de dévoiement, de dépravation. Ainsi, lorsque Gilles li Muisis (1275-1352) énumérait les qualités qui font les bons prêtres, il remarquait que certains d'entre eux étaient loin de les réunir toutes. C'est là, admettait-il, quelque chose de regrettable, mais d'inévitable, tout comme il est inévitable de trouver parmi les droitiers certains individus gauchers :

« Se gent se desnaturent, aussi font aucun priestre ;
On voit priès tous gens user de la main diestre ;

Aucun sont escleukier [gauchers], s'usent de la seniestre :
Ainsi sont priestre boin, et sont priestre pietre [28]. »

Le même rapprochement entre l'immoralité et la gaucherie apparaît dans le *Livre du gouvernement des princes,* au début du XVIe siècle, lorsqu'on prétend que la monogamie est chose naturelle, « tout comme il est naturel aux hommes d'être droitiers, bien qu'il s'en trouve certains qui soient gauchers [29] ».

Par extension, toute chose ou tout phénomène néfaste pouvait être crédité de l'épithète *gaucher.* Ainsi, lorsque le poète Jean de La Taille (ca 1540-1608) se lamentait sur son sort, il composait ces deux vers :

« Quelle estoille gauchere a dessus ma naissance
Versé tout le malheur de sa male [mauvaise] influence [30] ? »

Désespéré à l'idée que celle qu'il aimait fût déjà mariée, Jean de La Jessée (ca 1550-ap. 1598) utilisait la même métaphore :

« Puisque le ciel ingrat et lestoile marâtre,
Qui *gauchère* esclaira votre nativité,
Sous l'aspre joug d'hymen mit votre liberté [31]. »

Autrefois, dans les dialectes des provinces italiennes de Lombardie, d'Émilie et de Toscane, on disait d'une personne jugée indigne de confiance que c'était un gaucher *(A l'è un mancin)* [32]. L'italien a conservé cette péjoration en conférant au mot *mancìno* le double sens de *gaucher* et *voleur. Un colpo mancìno,* c'est *un coup bas.*

Les langues anglaise, irlandaise et leurs dialectes régionaux offrent une multitude d'occurrences concernant le gaucher. Un proverbe anglais du XVIe siècle stipule : *Left-handed luck is ill luck* (« Une chance de gaucher est une malchance ») [33]. Dans des sermons publiés en 1602, William Burton (1575-1645) admoneste les mauvais chrétiens, qu'il qualifie de *gauchers (left-handed Christians)* [34]. En héraldique, la *barre de bâtardise,* celle que portent les enfants illégitimes sur leurs armoiries, se dit *left-handed bar* ou *bar sinister* [35]. *A left-handed compliment* (« un compliment de gaucher ») est une vieille expression anglaise pour qualifier *une flatterie hypocrite* ou *une insulte. A left-handed spanner* (« une clef à molette de gaucher ») est *un prétexte fallacieux* : c'est l'outil imaginaire qu'on dit avoir oublié quelque part pour pouvoir s'éclipser. Par litote, *a left-handed friend* (« un ami gaucher »), c'est *un ennemi* ; *a left-handed blessing* (« une bénédiction gauchère »), c'est *une malédiction* ; *a left-handed diagnosis,* c'est *un mauvais diagnostic ;* faire preuve d'« une prudence de gaucher » *(a left-handed wisdom)*, c'est accumuler les erreurs ; on dit de quelqu'un particulièrement malchanceux dans la vie qu'il a dû être baptisé par un prêtre gaucher *(he must have been baptized by a left-handed priest !)* ; *a two left feet* (un « deux-pieds-gauches » ou « gaucher-des-deux-pieds »), c'est *un empoté.*

Le plus étonnant est sans doute l'abondance lexicographique dont disposent les Britanniques pour désigner le gaucher. La plupart des termes (plusieurs dizaines), comme *one-handed (manchot), skivvery (tire-au-flanc), bang-handed* (*bang,* l'onomatopée), ont une connotation péjorative très marquée. Certains d'entre eux, quoique difficilement traduisibles, relèvent même de la pire vulgarité. Ainsi *cack-handed* (« main-merdeuse » en quelque sorte), *cow-pawed* (« pattu comme une vache »), *wacky-handed* (« main-folle », un peu comme on dirait « patte-folle » pour boiteux)[36].

Dans les dialectes d'Irlande du Nord, on ne dénombre sur le même sujet pas moins de dix-neuf mots différents (autour de deux cents si l'on compte les variantes[37]) ! Là aussi, le caractère dépréciatif est récurrent et un même qualificatif pourra s'appliquer aussi bien à un gaucher qu'à une personne maladroite ou méchante *(clootie, corry-fisted, cuddy, gammy, kathoge, wrang-handed)*.

Bien que son lexique soit en la matière d'une moindre diversité que le lexique britannique[38], il semble néanmoins que la société espagnole ait été porteuse d'une très forte tradition de mépris envers la gaucherie. Un proverbe du XVIIe siècle disait par exemple :

> « Courroux de roux, coup de lance de gaucher. Ils sont cruels[39]. »

Un autre de la même époque :

> « Les gauchers, les chauves et les roux ne devraient pas être de ce monde ; le roux parce qu'il est vermeil, le chauve et le gaucher parce qu'ils sont contrefaits[40]. »

Précisément en ce qu'il se démarquait de la norme, le gaucher possédait bien souvent une réputation des plus sinistres. C'était un être à part, un peu malfaisant, voire maléfique. En 1608, Francisco de Quevedo rapportait ainsi que :

> « Quelqu'un voulant jeter sur un autre une malédiction très grande, immonde et infamante lui dit : "Qu'un coup de lance d'un Maure gaucher te traverse le cœur"[41]. »

Dans un de ses ouvrages, l'écrivain raconte le voyage qu'il a effectué en rêve dans les entrailles de l'enfer, là où le diable fait subir les pires tourments aux hommes. Il aperçoit soudain un groupe de damnés qui, curieusement, ne paraissent faire l'objet d'aucun supplice. Le diable, tenant ces personnages pour très abominables, leur propose même de s'associer à sa besogne.

> « "Qui est-ce ?", lui demandai-je. Et le diable répondit : "Sauf votre respect, ce sont les gauchers, des gens qui ne peuvent rien faire de droit, qui se plaignent de ce qu'ils ne sont pas condamnés comme les autres, et nous, nous demandons si ce sont des hommes ou autre chose, car dans le monde ils ne font que porter malheur ; à tel point que lorsque quelqu'un va pour faire affaire et rencontre en chemin un gaucher, il s'en retourne comme s'il avait rencontré un corbeau ou entendu une chouette [...]. Bref, ce sont des gens à l'envers dont on se demande même s'il s'agit vraiment de gens"[42]. »

Quevedo est également l'auteur d'un intermède théâtral intitulé *El Zurdo alanceador (Le Lancier gaucher)*. Le protagoniste central en est un chevalier de petite noblesse couard et obséquieux, affichant une sexualité ambiguë. C'est en outre — le titre de la pièce l'indique — un gaucher... Bref, c'est, au regard des valeurs chevaleresques et viriles de l'époque, un personnage assez détestable que le dramaturge se fait un devoir de ridiculiser. Même son patronyme lui vaut le mépris de ses interlocuteurs :

> « Je m'appelle don Gonzales. — Eh bien, mon ami, le don me stupéfie, et Gonzales est pire que gaucher[43]. »

« Pire que gaucher », voilà assurément une insulte bien sentie !

Il ressort de ces citations que la gaucherie semble moins avoir eu trait au corps qu'à l'esprit. En vertu d'une logique de métonymie qui caractérise toutes les formes de superstition, il a été admis un peu partout qu'être gaucher ce n'était pas seulement faire usage de la main gauche, c'était aussi trahir sa propension au mal, exprimer par un stigmate physique une manière de *gaucherie morale*.

Scévole de Sainte-Marthe (1536-1623), contemporain de Quevedo, avait eu sans doute à souffrir de pareilles préventions. Son prénom de baptême, *Gaucher,* lui déplaisait car il le trouvait péjoratif ; c'est pourquoi il l'avait latinisé en *Scévole* (par référence à Mucius Scævola, le héros gaucher de l'Antiquité romaine)[44]. Un « camouflage » qui ne trompait personne et qui lui avait valu de la part d'un ami cette plaisante épigramme :

« Tu ne pouvois choisir le iour de ta naissance
Un prénom plus fatal[45]... »

Aussi ledit Gaucher, alias Scévole, avait-il composé un poème dans lequel il déclarait se faire fort de diriger *droitement* sa vie, en dépit de la connotation *sinistre* attachée à son prénom :

« Bien que le sort incrat, quand le ciel me feit naistre,
D'un malheureux presage ait voulu atacher
À ma vie ce nom ennuyeux de Gaucher,
Comme si mes desseins tiroient tous à senestre,
Si veux-ie de ma gauche honorer ta main dextre,
Ie veux tirer à droite, & diligent archer
Sans gauchir à costé mes fleches decocher,
Vers ta main qui se monstre à tous subgets adextre[46]. »

Il est curieux de noter ici que le poète ne se plaint pas d'être gaucher (rien ne dit au demeurant qu'il le fût), mais seulement de porter un prénom « ennuyeux » qui pourrait laisser entendre que ses « desseins tiroient tous à senestre ». Le prénom de *Gaucher* (francisation de *Gaucherus*) n'avait pourtant, on l'a déjà dit, aucun rapport avec la latéralité[47]. Seulement, les préjugés envers la gaucherie étaient à ce point défavorables à cette époque que le simple fait d'y être associé phonétiquement par son état civil pouvait avoir quelque chose d'un peu dégradant.

La crainte superstitieuse que provoquait le gaucher perdura dans nos sociétés occidentales au moins jusqu'à la fin du XIXe siècle. Les mésaventures que connut Georges Clairin lors de son voyage en Bretagne dans les années 1860 en témoignent de pittoresque façon :

> « Nous étions, Regnault et moi, gauchers. Les Bretons s'en aperçurent et conclurent que nous devions être, l'un et l'autre, des suppôts de l'enfer, des fils du Diable [...]. Un jour, je dessinais un ravissant lavoir de pierre, au bord d'une mare. L'une des laveuses se figura que je faisais son portrait ; elle arriva comme une furie et, de toutes ses forces de diablesse, elle me flanqua sur le dos, sur la nuque, des coups de torchon mouillé. Les gens de Treboul nous accusèrent d'empoisonner leurs fontaines[48]. »

Il n'est pas indifférent de noter que la scène se passe dans le Finistère, c'est-à-dire dans une région alors des plus reculées de France et des plus rétives à la civilisation moderne. Si burlesque puisse-t-elle nous paraître aujourd'hui, la réaction de l'irascible lavandière nous fait mesurer la rudesse (pour ne pas dire la brutalité) avec laquelle on pouvait encore traiter les gauchers dans nos vieilles campagnes... Un état de fait dont les conséquences se firent d'ailleurs ressentir plus longtemps qu'on ne pourrait l'imaginer : dans les années 1970, une enquête démographique réalisée par le Laboratoire d'anthropologie biologique de l'Université de Paris VII révélait en effet que la Bretagne offrait, avec l'Auvergne et le Limousin (autres régions de forte tradition rurale), le taux de gauchers le plus bas de France[49].

Un attribut de monstre

Au IIe siècle de notre ère, Suétone brosse un bien répugnant portrait de l'empereur romain Tibère. En plus de lui prêter des mœurs abominables, il le décrit comme un homme « d'une taille dépassant la moyenne [...], le teint blanc, les cheveux plantés assez bas derrière la tête, de sorte qu'ils lui couvraient même la nuque », au visage grêlé par la petite vérole. Il avait aussi « des yeux très grands, qui, chose extraordinaire, voyaient même la nuit et dans les ténèbres ». En outre, il était gaucher :

> « [...] sa main gauche était plus souple et plus forte que l'autre ; les articulations en étaient si fermes, qu'il pouvait percer du doigt une

pomme récemment cueillie et sans tare, et d'une chiquenaude blesser à la tête un enfant ou même un adolescent[50]. »

Ses mœurs dépravées, sa laideur, ses facultés surnaturelles et sa force terrifiante font donc de Tibère une sorte de figure surhumaine, à la limite de la monstruosité. Le détail de la main gauche habile, dont l'étrangeté est volontairement soulignée par la brutalité perverse dont elle est capable, parachève ce portrait méphistophélique.

Franchissons les siècles et ouvrons le roman médiéval de *Mélusine,* à l'endroit où le chevalier Geffroy s'en vient livrer combat à un singulier adversaire du nom de Gedon. Ledit Gedon, écrit le narrateur, était « un suppôt du diable, horrible et monstrueux, un géant, si fort que personne n'osait se mesurer à lui », « une créature diabolique, énorme et hostile » qui terrorisait le pays de Guérande. Détail intéressant : en plus d'être immense et immensément laid, Gedon présentait la particularité d'être gaucher[51].

Plus loin dans l'épopée, Geffroy se rend en Norvège pour affronter cette fois Grymolt, autre « géant immense et monstrueux », souffrant lui aussi d'une certaine anomalie dans la conformation du corps :

> « Le géant se ressentit à nouveau du coup de Geffroy ; il saisit sa branche, la brandit vers le bras droit de Geffroy, car *il était gaucher* et espérait bien l'atteindre ainsi[52]. »

Transportons-nous maintenant à la cour de Charles II d'Espagne dans les années 1680. Eugenia Martínez Vallejo est une fillette qui vit là, sous les lambris dorés du palais royal, au milieu des gentes dames et des beaux messieurs. Elle n'a rien de commun avec les géants mythologiques du roman de *Mélusine,* si ce n'est que tout le monde la nomme *la monstrua*. Elle tient ce sobriquet de son obésité phénoménale (soixante kilos à six ans) et de la difformité de ses membres. La curiosité malsaine qu'elle suscite parmi la cour, où elle n'a été amenée que pour être exhibée, lui vaut d'être portraiturée à deux reprises par le peintre Juan Carreño de Miranda (1614-1685)[53]. Dans un des tableaux, elle pose nue ; dans l'autre, elle pose habillée. Or, à chaque fois, Carreño lui fait tenir fermement un objet dans la main gauche (ici une branche d'arbre qui lui masque le pubis, là un fruit). Comme cela a été parfois suggéré[54], ce détail redoublé est sans doute destiné à ajouter à l'étrangeté physique du modèle. Il s'agirait, conformément à l'antique tradition, d'un attribut de monstre.

Cette connexion entre la gaucherie et l'aberration physiologique n'a rien d'étonnant. Correas ne prétendait-il pas, quelques décennies plus tôt, que les *zurdos* étaient des êtres « contrefaits[55] » ? Ne croyait-on pas également, par association d'idées, que les prières faites à saint Gaucher avaient le pouvoir de guérir tout particulièrement ceux qui souffraient de malformations physiques ?

> « Son tombeau [celui de saint Gaucher] estoit en effet une piscine ; où les affligez de maladies invétérées & incurables trouvoient leur guérison, aussi-tost qu'ils s'y estoient jettez. Les paralytiques, les estropiats, ceux qui avoient quelque bras, ou jambes rompus, secs & arides, ou tomboient du haut mal, lorsqu'ils venoient à s'approcher de ce to[m]beau avec une ferme foy, estoient faits libres de toutes leurs incommoditez[56]. »

À l'époque contemporaine, on continuera à comparer la gaucherie à une monstruosité (« On craint les gauchers comme on craint les êtres anormaux, les monstres, parce qu'ils sont rares dans tous les pays », écrit-on encore… en 1914 ![57]). Mais, on va le voir bientôt, cette monstruosité gauchère sera moins perçue dans son acception physiologique que dans son acception psychique. En vertu de la croyance selon laquelle les difformités du corps révèlent les difformités de l'esprit, privilégier sa main gauche à sa main droite deviendra essentiellement le fait d'une âme contrefaite.

Une hérédité morbide

Une vieille légende écossaise, dont l'origine se perd dans la nuit des temps, prétend que les familles portant le nom de Kerr se distinguent par la gaucherie dont sont atteints la plupart de leurs membres. Un poème traditionnel dit :

But the Kers were aye the deadliest faes,
That e'er to Englishmen were known,
For they were all bred left-handed men,
And fence against them tere was none[58].

(« Mais les Kerr étaient toujours les plus redoutables ennemis / Que les Anglais aient jamais connus / Car tous étaient gauchers / Et il n'y avait personne pour se battre à l'épée contre eux. »)

Le nom de Kerr, attesté au moins depuis le XIVe siècle, proviendrait du gaélique *cearr* (ou *caerr* : à la fois *gauche* et *mauvais*), lui-même dérivé du latin *cerritus, dément*. Il a donné, dans plusieurs dialectes britanniques, les mots *ker-handed* et *carry-handed* pour dire *gaucher*. Infatués de leur particularisme, les Kerr se faisaient jadis, dit-on, bâtir des châteaux en Écosse où les escaliers montaient en tournant vers la gauche, à l'inverse du sens habituel[59].

Cette légende des Kerr porte témoignage de l'ancienneté de la croyance dans le caractère endogène de la gaucherie. Ce n'est cependant que dans le dernier tiers du XIXe siècle que la croyance en question prit la forme d'une vérité scientifique, à la suite des découvertes révolutionnaires de la biologie et de la génétique. À l'époque, en effet, on tend de plus en plus à penser que la gaucherie est un stigmate touchant certaines catégories de l'humanité, tels les débiles mentaux, les criminels, les « races inférieures » (voir ci-après), mais aussi certaines familles. C'est un trait héréditaire, plus ou moins délétère, un caractère atavistique transmissible d'une génération à l'autre. Pour curieuses soient-elles parfois, les lois présidant au phénomène ne sauraient être mises en doute :

« Je prétends que dans la plupart des cas il y a une prédisposition héréditaire à la gaucherie, et qu'aucune méthode éducative, au moins pendant l'enfance, n'est capable d'y rien changer. J'en veux pour preuve le cas de ma propre famille où, depuis trois générations au moins, les fils aînés — en l'occurrence mon grand-père paternel, mon père et moi-même — sont gauchers[60]. »

Les plus grands noms de la science accréditent la thèse de l'origine génétique de la gaucherie. Par exemple, en 1877, Charles Darwin, constatant que son dernier-né se révèle être gaucher, note dans son journal :

« Nul doute que cette disposition est héréditaire — son grand-père, sa mère et l'un de ses frères la partagent avec lui[61]. »

Les médecins savent désormais à quoi s'en tenir. Il en va de la gaucherie comme d'autres maladies : l'hérédité constitue un facteur aggravant. Plus précisément, on est gaucher par « hérédité morbide[62] ». L'expression, qui est tout aussi malsonnante qu'est fâcheuse la réalité qu'elle est censée désigner, fera florès dans les revues savantes. Mais elle ne sera pas sans provoquer dans certains foyers un sentiment légitime d'inquiétude. Notre propre famille est-elle elle-même prédisposée à l'affection ? Si oui, comment briser la fatalité ? Ainsi, dans le *British medical record* du 17 octobre 1885, un témoin confie son désarroi[63]. Sa mère, se souvient-il, était gauchère. Lui se dit ambidextre (une façon d'avouer qu'il a hérité du patrimoine maternel) et admet avec honnêteté en tirer quelque avantage pour son métier de chirurgien. En revanche, il s'alarme de ce que ses quatre enfants marquent eux aussi une prédilection pour la gaucherie, malgré le soin qu'il prend à les en détourner. Que cela signifie-t-il ? Y aurait-il dans cette disposition une sorte de malédiction familiale ?

Les cas spectaculaires colportés alors un peu partout semblent malheureusement le confirmer. Qu'on en juge : monsieur X, qui est droitier, a un frère gaucher dont les cinq enfants sont gauchers. Ce monsieur X épouse madame Y, gauchère, dont le père et les cinq frères et sœurs le sont aussi. De cette « union à risque » ne naîtront pas moins de quatorze enfants, tous gauchers[64] ! Les lois de la génétique sont décidément aussi imprévisibles qu'implacables. De surcroît, précisément en ce qu'il « constitue une tare cérébrale, acquise par l'individu et transmise à la famille[65] », le *mancinisme* (italianisme fondé sur le mot *mancinó, gaucher*), lit-on parfois, se caractérise par son « incurabilité[66] ». Les annales médicales regorgent en effet de cas de gaucheries irréductibles. Il y a plus inquiétant encore : aucune lignée, purement droitière soit-elle, n'est à l'abri de l'épidémie. Il suffira que, par le jeu des alliances, un gaucher s'insinue dans l'arbre généalogique pour que la contamination ait lieu et que la descendance soit menacée d'abâtardissement :

> « Une *souche saine, droitière,* se reproduit selon le type parental génération après génération. Une *erreur se produit* et c'est alors qu'apparaît un *enfant gaucher,* une *brebis galeuse* ou un *idiot*[67]. »

Cette dernière citation montre bien qu'il n'y avait qu'un pas entre la théorie selon laquelle la gaucherie relevait de l'hérédité morbide et celle qui voulait qu'elle constituât une dégénérescence, un vice ou un signe d'infériorité raciale. Bien sûr, nombreux sont ceux qui s'essayèrent à le franchir.

III. LA CARACTÉRISTIQUE DES SOUS-HOMMES

Un signe de dégénérescence ou d'infériorité raciale

La nécessité d'associer dégénérescence et infériorité raciale dans un même chapitre nous est imposée par les sources elles-mêmes. Depuis le dernier tiers du XIXe siècle jusque dans les années 1920, en effet, une certaine forme de rhétorique se fait jour qui utilise le sujet de la gaucherie pour promouvoir insidieusement une idéologie fascisante. La gaucherie est le dénominateur commun de tous les sous-hommes. Elle touche les dégénérés, c'est-à-dire ceux qui ont perdu les qualités de leur race ; mais elle touche aussi, par extension, ceux qui appartiennent à des races inférieures. En outre, pour faire bonne mesure, on compte plus de gauchers chez les femmes que chez les hommes et parmi les classes prolétariennes que parmi les classes dirigeantes.

En 1882, dans une communication donnée à l'Association française pour l'avancement des sciences, le docteur Gaëtan Delaunay énumérait quelques-unes des vérités fondamentales qu'il avait longuement développées quelques années plus tôt dans ses *Études de biologie comparée :*

> « Les races supérieures renferment très peu de gauchers. Au contraire, la gaucherie serait fréquente chez certaines races inférieures. »
>
> La gaucherie est plus fréquente chez le sexe féminin que chez le masculin.
>
> Beaucoup d'idiots sont ambidextres ou gauchers. Beaucoup d'épileptiques sont gauchers.
>
> *Conclusion.* — Dans l'espèce humaine, l'évolution va de la gaucherie à la droiterie, qui caractérise les individus supérieurs[68]. »

Un peu plus tard, dans un style amphigourique qui pourrait prêter à rire s'il ne servait un discours qui n'y incite guère, Victor Galippe se lançait dans la démonstration suivante :

« Chaque fois qu'un homme se singularise par un stigmate physique quelconque (strabisme, taches pigmentaires, gaucherie, doigt supplémentaire, bec-de-lièvre, prognathisme, toute anomalie de la conformation régulière du corps) il peut également présenter des particularités morales et intellectuelles qui le font rentrer dans la catégorie des dégénérés, sans que pour cela il puisse cesser de jouir du privilège d'une aptitude ou d'une faculté prédominante, malgré la déséquilibration mentale que l'on trouve chez la plupart de ces sujets[69]. »

Au tournant du siècle, cette théorie selon laquelle la gaucherie est un « stigmate physiologique de la dégénérescence » était partout répandue. On l'enseignait dans les écoles de médecine, on la déclinait à pleines pages dans les revues scientifiques et les thèses de doctorat[70]. Ses effets pervers ne se firent sentir toutefois qu'un peu plus tard, après que Cesare Lombroso, criminologue de grand renom, lui eut accordé une portée sociologique plus large. En 1903, en effet, Lombroso prétendait que la « sénestralité » *(left-sidedness),* c'est-à-dire la sensibilité prépondérante du côté gauche, indépendamment de la préférence manuelle, était un phénomène plus généralisé qu'il n'y paraissait puisqu'il touchait quelque 26% de la « population normale ». Cependant, précisait-il, des études mettaient en lumière qu'avec un taux de 44% cette particularité psychophysiologique constituait « presque la règle » *(sic)* chez les sujets atteints de troubles de la personnalité[71]. L'auteur d'estimer alors que la « sénestralité » en question dénotait une stagnation, sinon une régression de l'évolution mentale :

« Étant donné que l'asymétrie corporelle s'accroît à mesure que le sujet se développe et que le cerveau fait partie des organes qui se développent le plus, celui-ci devient de plus en plus asymétrique à force de travail. Ainsi, à mesure que l'individu civilisé se perfectionne, il présente une latéralité à droite toujours plus grande, en comparaison de l'individu demeuré à l'état de sauvage. Le même constat vaut pour les hommes par rapport aux femmes et pour les adultes par rapport aux enfants. Cela explique aussi pourquoi les femmes et les races primitives, même lorsqu'elles ne sont pas à proprement parler gauchères, présentent néanmoins une certaine inclination à la gaucherie [...]. Cela explique également pourquoi, dans les temps anciens et encore de nos jours chez certains peuples peu civilisés, tel le peuple arabe, l'écriture court généralement de droite à gauche, semblablement à celle des enfants avant qu'on ne les reprenne [72]. »

Le racisme insidieux du discours de Lombroso fit des émules. En 1913, par exemple, dans les pages d'un magazine anglais très populaire, un certain E. T. Brewster admettait, en se réclamant du savant italien, que la valorisation du côté gauche était en tout état de cause « beaucoup plus fréquente dans les classes sociales inférieures que dans les classes supérieures, chez les nègres que chez les blancs et chez les sauvages que dans les races civilisées [73] ». À la même époque, l'Allemand Stiers qualifiait la gaucherie de « dégénérescence » et prétendait que les gauchers étaient « les survivants d'un type d'organisation en voie d'extinction [74] ». À preuve, disait-il, la fréquence d'une latéralité inversée chez les épileptiques (assimilés alors aux hystériques) et les arriérés. En 1916, la Belge Ioteyko s'inscrivait dans le droit fil de ses prédécesseurs en estimant pour sa part que « le gaucher de même que le géant ou le nain [devait] rester une exception, parce que l'espèce tend à se conserver normale [75] ».

Dans un article de 1919 publié dans une revue allemande de psychiatrie, Rudolf Ganter s'employa à vérifier ces thèses douteuses [76]. Les statistiques réalisées par ses soins donnaient 21,9% de gauchers chez les épileptiques et 18,7% chez les faibles d'esprit (contre 2 à 6% dans une population saine). Démonstration était ainsi faite que gaucherie et déficience mentale ou aliénation avaient bel et bien partie liée. Ce qui allait bientôt permettre à certains d'affirmer que « tout enfant gaucher, sans exception aucune, souffre d'un retard dans le développement mental [77] » et de préconiser l'usage de la main droite pour provoquer « un progrès scolaire et un accroissement de l'intelligence [78] ».

Pour étayer sa démonstration, Rudolf Ganter, dans le même article, entreprit de recenser les malades internés en asile psychiatrique ayant au moins un membre de leur famille gaucher. Il obtenait les chiffres suivants :

Épileptiques	45,9%
Débiles mentaux	45,8%

(d'après Ganter, 1919).

Près d'un aliéné sur deux connaissait un gaucher dans son entourage ! Un constat qui, par son énorme absurdité, son caractère cynique et fallacieux, révèle surtout à quel point les préjugés négatifs envers la gaucherie avaient pu aveugler la raison de son auteur.

De toutes ces études pseudo-scientifiques qui se comptent par dizaines en cette Belle Époque (bien mal nommée, d'ailleurs, en ce qui concerne l'histoire des gauchers), nous retiendrons particulièrement celle de sir James Crichton-Browne en 1907, véritable morceau d'anthologie du burlesque involontaire. En voici un extrait :

> « J'ignore ce qu'il en est exactement en ce moment, mais je peux certifier qu'il n'y a pas si longtemps, parmi la magistrature, l'épiscopat et le Parlement anglais, il n'y avait pas un seul cas de gaucherie ou d'ambidextrie. J'affirme aussi qu'à l'heure actuelle il n'est, sans la moindre exception, ni de membre de l'Académie royale de Londres, ni de membre associé de l'Académie royale de Londres, ni de membre de l'Académie royale d'Écosse et ni de membre associé de l'Académie royale d'Écosse qui soit gaucher ou ambidextre. À l'inverse, il est clair que cette particularité est extrêmement fréquente chez les débiles mentaux [79]. »

À preuve, continue l'auteur, ces quelque 50% de gauchers dénombrés à la *Darenth Idiot School* de Londres parmi les pensionnaires microcéphales — personnes atteintes d'une anomalie crânienne générant un volume du cerveau réduit.

Pour le moins fantaisistes soient-ils, ces divers propos n'en sont pas moins susceptibles, aujourd'hui encore, d'insinuer dans nos esprits un trouble certain. Car même à supposer qu'elles aient été réalisées sans véritable rigueur scientifique, les statistiques alléguées par tous ces auteurs n'en révèlent pas moins une réalité peu discutable, celle du plus grand nombre de gauchers parmi la population mentalement déficiente que parmi la population dite normale. Que faut-il en conclure ? En fait, l'explication de ce phénomène est d'une déconcertante simplicité et il paraît à cet égard inconcevable que personne, ou presque, n'y ait songé : si les enfants attardés s'avéraient plus souvent enclins à la gaucherie que les autres, c'est précisément en raison de leur incapacité foncière à s'adapter. Chez eux, la gaucherie n'était pas, au départ, plus fréquente, mais, lorsqu'elle existait, il était impossible de la corriger. Quand un enfant bien équilibré et normalement doué parvenait tant bien que mal à se soumettre à la tyrannie droitière (devenant *ipso facto* droitier pour les statisticiens), un enfant gaucher souffrant de carences physiques, psychologiques ou intellectuelles n'y pouvait mais. C'était déjà beaucoup lui demander que d'acquérir quelque compétence avec le peu de moyens que la vie lui avait offerts. Contraindre sa nature était au-dessus de ses forces. Gaucher, il était né, gaucher, il allait vivre. En conséquence de quoi, ce n'était pas le pourcentage de gaucherie chez les déficients mentaux qui était anormalement haut ; c'était celui chez les gens ordinaires (quelque 3%) qui était anormalement bas en raison de la pression sociale exercée [80]. On saisit par là l'incroyable paralogisme qui a poussé des savants à établir un rapport de causalité entre gaucherie et idiotie. Leur raisonnement était comparable à celui qui consisterait à déduire du fait qu'il s'y trouve de nombreux malades que les hôpitaux sont des lieux dangereux pour la santé.

Il est pourtant assez surprenant de constater à quel point ce type de raisonnement eut la vie dure. À la veille de la Seconde Guerre mondiale, il parasitait encore la pensée médicale la plus autorisée. Ainsi, à l'hiver 1934, lors d'une séance de la Société de médecine légale de France, le neuropsychiatre Jacques Roubinovitch, haute figure de la communauté savante parisienne [81], déclarait *ex cathedra :*

> « Dans le milieu très particulier d'enfants anormaux que j'observe, j'ai constaté que la gaucherie est infiniment plus fréquente chez ces enfants que chez les enfants de nos écoles ordinaires. Mais tandis que la gaucherie est très rare chez les sourds-muets, qui sont plutôt naturellement droitiers, chez les enfants arriérés, débiles, etc., la gaucherie est beaucoup plus fréquente que la droiterie. Par conséquent, j'estime que la gaucherie est plutôt un fait d'anomalie constitutionnelle et congénitale qu'un fait de négligence éducative [82]. »

Quelque temps plus tard, le savant anglais Cyril Burt, un des fondateurs de la statistique psychologique, publiait de son côté les résultats d'une enquête menée auprès de cinq mille garçons et filles [83]. Il en ressortait avec netteté que le taux de gaucherie coïncidait en proportion inverse avec le degré d'intelligence. En d'autres termes, plus l'arriération mentale était importante, plus la gaucherie était fréquente.

	Normaux	Arriérés	Débiles
Garçons	5,8%	9,6%	13,5%
Filles	3,7%	6,0%	10,3%
Ensemble	4,8%	7,8%	11,9%

Rapport entre gaucherie
et niveau mental (d'après Burt, 1938).

Aux yeux de l'auteur, cette parfaite congruence des courbes mettait non seulement en lumière la « corrélation » existant entre gaucherie et déficience mentale, mais démontrait *ipso facto* « l'incidence » de la première sur la seconde [84]. La prédominance manuelle à gauche, sans devoir être considérée comme la cause unique, constituait de toute évidence un terrain favorable à l'apparition de troubles psychomoteurs. D'ailleurs, Burt avait eu maintes fois l'occasion de le vérifier chez ses patients :

> « Les enfants gauchers éprouvent assez fréquemment de grandes difficultés dans presque toutes les formes de coordination musculaire délicates. Ceci est particulièrement vrai pour ceux que j'ai qualifiés d'*ambisénestres :* ils louchent, bégayent, traînent les pieds, pataugent comme des phoques hors de l'eau. Empotés dans la vie quotidienne et balourds dans leurs jeux, ce sont de véritables incompétents, des propres à rien ; et il est évident que leur inaptitude généralisée provient tout autant de leur caractère instable que de leur manque d'intelligence. Pour la plupart d'entre eux, le contrôle et l'équilibre nerveux sont manifestement pauvres dans tous les domaines : des tics, des spasmes, des manies bizarres et incoercibles, des obsessions mineures de toutes sortes sont continûment observés [85]. »

Tous les gauchers qui nous lisent se seront bien sûr reconnus dans ce portrait si pénétrant...

Un facteur criminogène

En 1850, près de Bagnols-sur-Cèze, dans le département du Gard, un sordide fait divers plongeait dans la stupeur tous les habitants de la région. Douze membres d'une même famille, hommes, femmes et enfants, étaient retrouvés assassinés dans des conditions épouvantables :

> « Tous [...] étaient étendus morts au milieu de la cuisine. Les douze cadavres entièrement nus, étaient (surtout ceux des hommes) couverts de plaies et de contusions qui attestaient une résistance désespérée, et l'on voyait que ce massacre avait dû être exécuté avec une sorte de symétrie et un sang-froid infernal qui en redoublaient l'horreur. On les avait rangés côte à côte et *tous* avaient la gorge coupée !! Les médecins appelés à l'examen des corps constatèrent que toutes ces blessures, faites au moyen d'un instrument parfaitement tranchant, au même endroit et de manière à donner une mort certaine, devaient partir d'une main *unique, ferme, exercée* !! De plus, divers indices leur firent penser que tous ces coups meurtriers avaient été portés en se servant de la main gauche [86]. »

Les gendarmes mirent bientôt la main sur une bande de malandrins qui furent traduits en justice et condamnés à la peine capitale.

> « La conviction des jurés sur la culpabilité de celui que l'accusation présentait comme le chef de cette bande exterminatrice, acheva de se former par ces deux circonstances prouvées dans le cours des débats et qui confirmaient les étranges remarques des médecins. Il se nommait Gaspard, et avait seul coupé le cou à toutes les victimes. Ce monstre *avait autrefois exercé la chirurgie, et il était gaucher* [87] *!!!* »

Sauvagerie, perversité, gaucherie : le triptyque recèle une cohérence interne qui n'aura alors probablement échappé à personne. Détail d'ailleurs assez révélateur, ce fait divers n'allait pas être inscrit dans les annales judiciaires comme « Les douze meurtres de Bagnols-sur-Cèze », « Le chirurgien criminel », « L'assassinat de la famille untel », etc., mais comme *Les crimes de Gaspard le gaucher.*

Dans presque toutes les listes de « gauchers célèbres » que nous connaissons figurent deux noms : celui de Jack l'Éventreur, dont les crimes sadiques firent trembler d'effroi l'Angleterre victorienne à l'automne 1888, et celui de Billy the Kid (1859-1881), figure emblématique des *outlaws* du Far West. Pourtant, c'est certain, ni l'un ni l'autre ne furent gauchers.

En effet, selon le rapport d'un médecin légiste, tous les meurtres imputés à Jack l'Éventreur ont été, à l'exception d'un seul, perpétrés avec la main droite [88]. Quant à Billy the Kid, la légende de sa gaucherie — popularisée par le western d'Arthur Penn *The Left-handed Gun* (1957) — provenait de ce que le portrait sur son avis de recherche était un daguerréotype inversé, montrant ainsi le personnage muni d'un colt au côté gauche [89]. Dès lors qu'il est historiquement avéré que pas plus Jack l'Éventreur que Billy the Kid n'étaient gauchers, comment se fait-il que la rumeur publique s'obstine encore aujourd'hui à les présenter comme tels ? Nous avons une hypothèse à formuler.

Influencée par les travaux de Darwin sur la sélection naturelle et plus généralement par le courant positiviste, la criminologie, c'est-à-dire l'étude scientifique du fait criminel, vit le jour dans le dernier tiers du XIXe siècle (soit précisément à l'époque où Jack l'Éventreur et Billy the Kid défrayaient la chronique). Cette discipline connut un essor rapide en Europe où elle gagna de nombreux adeptes et donna lieu à de multiples congrès jusqu'à la veille de la Première Guerre mondiale. Après quoi elle cessa d'exister en tant que telle pour former une branche du droit pénal, de la psychiatrie ou de la sociologie.

Le fondateur et la figure de proue de la criminologie était l'Italien Cesare Lombroso (1836-1909), professeur de médecine légale à l'université de Turin, dont on a pu apprécier ci-avant les considérations vaguement racistes que lui inspirait la gaucherie. Sa longue pratique de l'examen anthropométrique, médical et psychiatrique l'avait amené à postuler que le crime était moins un phénomène lié à des facteurs circonstanciels (tel le crime passionnel) que la conséquence d'une déviance psychiatrique congénitale. Il existait selon lui un type d'individu prédisposé au crime, un « *criminel-né* », incarnant par atavisme un degré archaïque de l'évolution humaine ou en accusant une dégénérescence. Largement partagée par les contemporains, cette doctrine du déterminisme biologique de la délinquance fut sans aucun doute des plus préjudiciables pour les gauchers. En effet, dans un ouvrage de 1876, *L'Uomo delinquente* (bientôt traduit en différentes langues), Lombroso entreprit de dresser une typologie des malfaiteurs, de recenser les traits, physiques, psychologiques, sociologiques, qui leur étaient spécifiques. Or, parmi ces traits, il décela le « mancinisme », à savoir « une espèce de gaucherie » généralisée, affectant à la fois les membres et les sens. La forte concentration de gauchers que le savant italien relevait au pénitencier de Turin apportait la preuve de ce qu'il avançait [90] :

Criminels d'occasion . . .	9 sur 96 soit 9,4%
Criminels-nés	28 sur 145 soit 19,3%
Escrocs, faussaires	10 sur 34 soit 29,0%
Voleurs	19 sur 141 soit 13,5%
Assassins	4 sur 52 soit 7,7%
Délinquants sexuels	1 sur 10 soit 10,0%
Femmes criminelles	10 sur 44 soit 22,7%

Le pourcentage des gauchers dans la population générale avoisinant alors les 3%, il s'ensuivait que le « mancinisme » pouvait atteindre dans la population carcérale des taux jusqu'à dix fois supérieurs à la normale ! Autrement dit, il était « évident » que les gens malhonnêtes étaient « plus souvent gauchers que les gens honnêtes [91] ». « Je ne prétends pas, concluait Lombroso, que tous les gauchers sont des malfrats, mais je dis que la gaucherie, associée à beaucoup d'autres facteurs, peut favoriser les pires travers de l'espèce humaine [92]. »

Évidemment, une analyse aussi grossière est aujourd'hui irrecevable. On aurait cependant tort de la mettre au rang de ces théories pittoresques dont le XIXe siècle était prodigue, en cela que son influence sur les mentalités de l'époque fut considérable. En 1900, un critique constatait ainsi que Lombroso était « l'un des hommes les plus universellement connus qui soient aujourd'hui : aux yeux du commun des lecteurs, il passe pour un grand savant. Son nom est rattaché à différentes idées qui courent les rues et sont répétées par une foule de gens qui n'ont jamais ouvert un de ses livres [...]. La presse, qui a la prétention de représenter l'opinion publique, répand largement les idées de Lombroso ; on les entend proférer du haut de la tribune parlementaire, les orateurs de meeting les hurlent [93] ».

Ce que dénonçait à juste raison ce critique, c'est que les théories de Lombroso tiraient leur immense popularité de ce qu'elles flattaient le sens commun. Grâce à elles, les préjugés les plus archaïques, dont la fameuse assimilation *gaucher = malfaisant,* étaient hissés au rang de vérités scientifiques. La *vox populi* gagnait soudain le droit de se prévaloir de sa clairvoyance et d'être à ce titre saluée par la communauté savante. En fait foi cette note inouïe du professeur Lannelongue, de l'Académie de médecine, en 1905 :

« La théorie, que j'appelle *pathologique,* de la gaucherie montre mieux que toute autre les relations qui existent entre cette anomalie physique et les anomalies d'ordre moral, telles que la criminalité, la folie, l'épilepsie et l'idiotie, auxquelles elle est souvent associée [...]. Quand le peuple se méfie d'un gaucher et le traite d'homme *sinistre*, il ne fait qu'exagérer et généraliser un fait vrai au fond et que, seule, une longue observation pouvait faire connaître et confirmer[94]. »

Quelques années auparavant, Henri Joly, dans son panorama de *La France criminelle*, rendait compte de sa visite à la maison de correction de la Petite Roquette. À l'évidence, lui aussi s'était laissé convaincre par les thèses de Lombroso :

« Je m'étais attendu à trouver beaucoup d'enfants arriérés, déformés, atypiques (comme dit l'école italienne) [...]. — Y a-t-il beaucoup de gauchers, demandais-je au directeur et aux instituteurs[95] ? »

À l'instar de Joly et Lannelongue, des dizaines d'épigones, associant pêle-mêle criminalité, misère sociale et psychiatrie, allaient sans scrupule relayer les thèses démagogiques de Lombroso, leur offrant une audience internationale. Ce qui n'était peut-être à l'origine qu'une hypothèse de travail, destinée à un petit cercle de spécialistes, va devenir un lieu commun de la littérature médicale[96]. Détail significatif : même la fiction s'en mêle. En 1929, en effet, à Paris, on joue une pièce de Bayard Veiller, *Le Procès de Mary Dugan,* dans laquelle l'avocat Jimmy Dugan démontre à la cour que l'assassin était gaucher. Le dernier acte se clôt par un coup de théâtre propre à faire frémir d'horreur le public :

« Dugan : Voulez-vous examiner ce couteau. Vous ne l'avez jamais vu ?

West : Je l'ai vu ici, dans la salle d'audience.

Dugan : Eh bien, je vous prie de l'examiner. Tenez ! (Il le lance. Entièrement pris au dépourvu, West se penche et l'attrape de la main gauche. Toutes les femmes se lèvent. Agitation intense. Dugan, qui l'observe de près, bondit et lui saisit le poignet gauche, tendant la main qui tient toujours le couteau. Mme Rice pousse un cri sauvage. Dugan s'approche de West.) J'offre comme preuve l'amant gaucher de Gertrude Rice et le couteau avec lequel il a commis le meurtre. »

On terminera sur le sujet criminel avec un certain Jean Adam, auteur d'une thèse sur *Les Gauchers en médecine légale,* soutenue en 1935 à la Faculté de médecine de Paris. Prévenons d'emblée que les propos de l'auteur n'ont rien de scandaleux. Ils ne font que rapporter, *a priori* sans arrière-pensée, des faits qui se veulent objectifs. Or c'est précisément en cela qu'ils sont symptomatiques de l'état d'esprit qui pouvait alors régner. Se référant sans cesse aux travaux de Lombroso, Adam examine de nombreux cas tirés des annales du crime où les penchants homicides des gauchers tendent à se confirmer. Un long chapitre de sa thèse est consacré à démontrer qu'un meurtre perpétré par un gaucher diffère d'un meurtre « classique » de droitier. En effet, lorsqu'il commet son forfait, le criminel gaucher se trahit presque immanquablement :

> « C'est ainsi qu'en 1806, Astley Cooper[97], arrivant à Deptford, au moment où un homme venait d'y être frappé d'un coup de pistolet, déclara que, d'après la direction de la blessure et la disposition des localités, il croyait que le coup avait été frappé par un gaucher. *Il n'en existait qu'un dans les environs,* c'était l'ami du défunt qu'on ne soupçonnait pas et dont la culpabilité fut ensuite démontrée[98]. »

Le gaucher, archétype du félon — un auteur de l'époque rappelait que, dans l'inconscient collectif, la main gauche était « la main du traître qui poignarde lâchement[99] » — marque son crime de sa fatale empreinte. En plus de lui être un signe infamant, l'anomalie physiologique dont il souffre va le dénoncer à l'enquêteur. À prendre connaissance des faits divers détaillés par Jean Adam, le lecteur éprouve le sentiment confus que perversité et gaucherie font cause commune. Rarement, le double sens du mot « sinistre » n'aura pris une telle force :

> « L'assassin peut encore trouver l'individu qu'il va frapper endormi et lui porter des coups amenant une mort presque subite. Dans ces cas surtout l'étude approfondie de la blessure, quant à sa direction, sera de la plus haute importance. C'est ainsi que dans l'autopsie [de l'affaire x], cet examen a permis aux savants experts de Lyon de présumer que l'assassin avait dû frapper avec la main gauche[100]. »

De la lâcheté on passe à l'hypocrisie :

> « Si [...] un gaucher, après s'être frappé soi-même, prétendait avoir été la victime d'un ou plusieurs agresseurs, la situation des blessures au côté gauche donnera, au premier examen, un appui aux dires de la vic-

time. C'est alors que le médecin légiste devra être bien prévenu qu'un certain nombre d'hommes sont gauchers, alors même que leurs voisins ou les personnes qui les entourent ignoreraient cette particularité [101]. »

De l'hypocrisie on passe à l'abjection :

« Enfin il faut noter minutieusement l'état des lieux et du cadavre, rechercher les traces de violence soit dans les objets environnants, soit sur la victime elle-même ; examiner si cette dernière porte des plaies de défense, et enfin enregistrer soigneusement les empreintes, les taches et les coups d'ongle. Ces derniers seront surtout très importants dans les cas de strangulation ou d'asphyxie par pression de la main sur la bouche et sur le nez. C'est ainsi que sur le cadavre d'un enfant nouveau-né, mort par strangulation, M. Tourdes retrouva à la partie antérieure du cou les traces de cinq doigts, disposées de telle manière que la main gauche devait forcément les avoir produites. La mère était gauchère, et cette particularité devint *une des preuves accablantes* du crime, qui fut avoué [102]. »

On le voit, la légende fautive de la gaucherie de Jack l'Éventreur et de Billy the Kid, toujours aussi vivace après tant d'années, repose sur des préjugés que les scientifiques ont soigneusement entretenus dans l'opinion publique. Aujourd'hui encore, plus ou moins consciemment, le gaucher incarne mieux que quiconque cette part d'ombre de l'âme humaine, cette « inquiétante étrangeté » *(unheimliche)* dont parlait Freud [103].

Une déviance

Précisément, s'il n'avait été l'ami de Freud pendant quinze ans, le médecin berlinois Wilhelm Fliess (1858-1928) fût sans doute tombé dans l'oubli. En tout état de cause, ni sa théorie sur *La Névrose nasale* — dans laquelle il établissait une corrélation entre le nez et les organes génitaux féminins — ni son explication de la bisexualité ne lui auraient valu de figurer au panthéon de la science. Nous nous devons néanmoins de ne pas passer sous silence certaines de ses convictions dans la mesure où elles ont participé pleinement au climat d'intolérance à l'égard des gauchers qui régnait un peu partout à son époque.

Fliess était peut-être scientifique de formation, mais il manifestait un grand goût pour les sciences occultes. En cela il connaissait vraisemblablement la spéculation hermétique selon laquelle l'opposition entre la droite et la gauche répercute l'opposition primordiale entre les sexes masculin et féminin [104]. Le sujet avait au demeurant fait l'objet en 1861 d'un célèbre essai de l'anthropologue germanique Johann Jakob Bachofen [105]. Se piquant de maîtriser les outils de la psychanalyse — science encore très balbutiante à cette époque, il est vrai — Fliess vit dans ce mythe de la « latéralité sexuelle » un moyen d'interpréter certaines manifestations névrotiques. Selon lui, tout individu, qu'il soit homme ou femme, révèle symboliquement par le côté gauche de son corps les caractères du sexe qui lui est opposé. En toute bonne logique, un individu sain, correctement sexualisé, est droitier. En revanche, celui qui inclinera à utiliser sa main gauche plutôt que sa main droite pourra être considéré comme un inverti, et vice versa :

> « Là où il y a gaucherie, le caractère sexuel opposé semble prévaloir. Non seulement cette affirmation est toujours juste, mais son inverse l'est également : lorsqu'une femme est virile ou qu'un homme ressemble à une femme, nous trouvons une prévalence du côté gauche. Celui qui sait cela possède la baguette de sourcier pour dépister la gaucherie. Ce diagnostic est infaillible [106]. »

Aux yeux de Fliess, la différence entre la droiterie et la gaucherie rendrait ainsi compte de la différence entre l'hétérosexualité et l'homosexualité. Quand on sait que l'homosexualité constituait alors un délit passible de prison — en vertu d'une disposition de la loi prussienne qui ne sera abrogée qu'en 1969 —, on devine bien que cette théorie ne pouvait que renforcer la gaucherie dans son statut de déviance. Lombroso et ses émules avaient fait de cette particularité un stigmate de dégénérescence, d'arriération mentale, de délinquance, de dérèglement psychique, d'infériorité raciale. Il ne restait plus qu'à introduire l'idée de perversion sexuelle pour que le tableau fût complet. La psychanalyse (disons plutôt son avatar) arrivait à point nommé. L'assertion qui suit montre d'ailleurs sans ambiguïté que Fliess s'inscrivait dans le droit fil de ses prédécesseurs et que son discours n'était ni plus ni moins qu'un vulgaire discours d'exclusion, ne reculant devant aucun raccourci démagogique :

« Puisque cette dégénérescence [la gaucherie] consiste en un décalage des qualités masculines et féminines, on comprend pourquoi la prostitution authentique et la criminalité qui ne font qu'un avec elle englobent un nombre si élevé de gauchers [107]. »

En définitive, de tels propos ne faisaient que reproduire, sous une forme à peine déguisée, les préventions traditionnelles de la société puritaine du XIXᵉ siècle. Auront-ils en cela séduit le psychanalyste autrichien Wilhelm Stekel (1868-1940) ? On n'ose le croire. Toujours est-il que dans son *Interprétation des rêves,* publiée peu après les travaux de Fliess, celui-ci proposait une analyse très proche de celle de son collègue :

« Le chemin de droite signifie toujours la route du bien, le chemin de gauche la route du crime. Ainsi seront à gauche l'homosexualité, l'inceste, la perversion ; à droite, le mariage, les relations avec une prostituée, etc. Ceci en tenant compte de la morale du rêveur [108]. »

La mise en parallèle de la théorie de Fliess avec celle de Stekel met en lumière l'existence d'une échelle de valeurs à forte connotation sexiste. La fréquentation des prostituées est peut-être réprouvée par la société, mais ne l'est pas par la morale naturelle, en cela qu'elle constitue l'assouvissement d'une pulsion légitime de l'homme normalement constitué. Elle se situe donc, au même titre que le mariage, du côté droit, celui de la norme, de la convenance. En revanche, la prostitution féminine, la pédérastie et autres déviances sexuelles, ressortissent à la gauche et à la gaucherie. Le discours antigaucher rejoint ici le discours misogyne et homophobe.

Bien que Freud lui-même en ait dénoncé l'inanité (et l'on saura bientôt pourquoi), des raisonnements si schématiques étaient bien faits pour plaire et rencontrèrent à cet égard un accueil des plus favorables dans l'opinion publique, toujours encline, comme on le sait, à assimiler les nouveautés pour peu qu'elles la confortent dans ses préjugés. C'est probablement à eux, par exemple, que l'on doit les expressions allemandes *linksgewebt, linksgestrickt, linksgewichst,* et les expressions anglaises *left-handed, bent,* servant il y a encore quelques années à désigner allusivement ceux dont l'*orientation* sexuelle différait de la norme [109]. C'est également à Fliess et à Stekel que l'on doit l'existence de certaines théories fumeuses sur l'intersexualité — autre nom de l'hermaphrodisme —, dont Grégorio Marañon s'était fait le spécialiste dans les années 1930. Selon cet auteur, diverses grandes figures de l'histoire, comme Tibère, Léonard de Vinci et Louis II de Bavière, souffraient de ce qu'il appelait une « timidité sexuelle », c'est-à-dire une « anormalité de l'instinct » consistant en une foncière incapacité à assumer les caractères de la virilité (sorte d'homosexualité latente). Or, ces personnages étant gauchers, Marañon fut naturellement amené, moyennant quelques contorsions dialectiques, à laisser entendre que « l'intersexualité est plus fréquente chez les gauchers que chez les gens normaux [110] »... Bien entendu, pareil débat, sur les mérites comparés des gauchers et des homosexuels, ne pouvait que tourner autour de la notion d'*anormalité*.

IV. LA HAUTE ÉPOQUE DE L'INTOLÉRANCE

Même en tenant compte des effets de trompe-l'œil induits par la profusion des matériaux dont nous disposons pour cette période, un constat s'impose : toutes nations d'Europe confondues, c'est dans les années comprises depuis le dernier tiers du XIXe siècle jusqu'à la Première Guerre mondiale que se sont écrites les pages les plus sombres de l'histoire des gauchers. Autant l'hostilité à leur égard paraît avoir existé de tout temps (encore aurons-nous à nuancer cela dans un prochain chapitre), autant elle ne s'était sans doute encore jamais manifestée aussi ouvertement et de façon aussi orchestrée qu'à cette époque-ci.

Les raisons de ce phénomène sont difficiles à cerner. Il sera néanmoins permis de penser que certains traits de la culture bourgeoise du temps n'y sont peut-être pas étrangers. Mainmise de l'Église sur les comportements familiaux, tendance au puritanisme, glorification de la tutelle paternelle et maritale, culte de la propriété et de l'argent, montée des nationalismes (et exacerbation des sentiments xénophobes qui s'ensuivirent), dénonciation des utopies égalitaires du siècle des Lumières, pouvoir grandissant d'un scientisme dogmatique (faisant la part belle aux théories de la pathologie sociale et du déterminisme biologique) : autant de facteurs ayant sans doute contribué à un goût pour l'ordre et l'uniformité et à un rejet des marginalités de toutes sortes. En tout état de cause, quels que fussent les ressorts profonds du phénomène, il paraît évident que, sous le couvert de l'autorité académique, la société bien-pensante de l'époque déclarait insidieusement son mépris envers les catégories humaines ne correspondant pas à son idéal. Le discours discriminatoire sur les gauchers, à maints égards si fruste, si arbitraire, ne semble bien n'avoir jamais été qu'un prétexte pour établir des amalgames douteux et légitimer une idéologie résolument conservatrice (il est d'ailleurs assez significatif qu'en France le terme de *gauchisme*, qui désignait les opinions politiques de l'opposition parlementaire ait, à partir des années 1860, été appliqué à la particularité des gauchers ; dans une certaine mesure, ces derniers étaient, à l'instar des gauchistes, perçus comme une menace pour l'ordre établi). Placer, comme certains n'ont pas hésité à le faire très explicitement, les races et les classes supérieures sous la dénomination *droitiers* et, à l'opposite, les étrangers, les prolétaires, les schizophrènes, les criminels, les prostituées, les débiles, les pédérastes et autres parias sous la dénomination *gauchers*, c'était schématiser à dessein la réalité, la séparer en deux groupes antagonistes pour y subsumer toutes les variations possibles. Le discours sur les gauchers est l'exemple type du discours réactionnaire et fascisant ; plus précisément, il constitue le point d'ancrage de notre pauvre comédie humaine.

Si l'époque a particulièrement été funeste pour les gauchers, ce n'est toutefois pas seulement en raison de ses dérives obscurantistes ; cela l'est aussi, paradoxalement, de ses valeurs humanistes et républicaines.

Comme on le montrera dans un prochain chapitre, l'école a toujours été un des agents les plus efficaces de la lutte contre la gaucherie, en cela qu'elle imposait aux enfants, quelle que fût leur latéralité, l'utilisation de la main droite pour écrire. Ce faisant, pendant de longs siècles, l'analphabétisme — plaie endémique des couches inférieures de la société, rurales notamment [111] — a constitué, si l'on ose dire, le plus sûr refuge de la gaucherie. En fait foi ce témoignage de la fin du XVIIIe siècle :

> « Dans nos Campagnes, on trouve des Paysans gauchers [...] parce que la nature dans quelques-uns n'est pas tout à fait corrompue par un abus de l'éducation [112]. »

7. *La leçon d'écriture,* École des garçons de Danvillers (Meuse), fin du XIXe siècle (Musée national de l'Education, I.N.R.P., Rouen).

Sur le petit tableau, le maître a indiqué la façon de procéder : « Le porte-plume est tenu entre les trois premiers doigts, sans raideur. Le prendre d'abord entre le dessous du pouce et le côté gauche du majeur, l'index levé. Cela fait, abaisser l'index. La main s'appuie sur l'extrémité des deux derniers doigts légèrement repliés. Le porte-plume doit être tenu, autant que possible, dans la direction de l'épaule. » Tous les écoliers ont alors, comme un seul homme, pris leur porte-plume dans la main droite… malheur à celui qui se serait permis quelque fantaisie gauchère ! On perçoit ici l'action éminemment *normatrice* de l'institution scolaire : classe unisexe, vêtement uniforme, coupe rase réglementaire et conduite droitière imposée à tous, sans égard aux particularités individuelles. Au grand tableau noir, on lit ce fier slogan : « Plus fait douceur que violence. » Il n'empêche que, parmi les vingt écoliers présents dans cette classe, se trouvaient à coup sûr deux gauchers (au moins) pour qui l'obligation de se plier à la règle commune constituait, n'en doutons pas, une manière de *violence*… Paradoxe d'un système éducatif qui, au nom de l'égalitarisme, se montrait inégalitaire.

Or, au cours du siècle suivant, l'instruction publique connut un essor considérable et, bientôt, plus aucune catégorie de la population ne devait échapper à l'action, certes civilisatrice, mais aussi fortement *normatrice* de l'école. Lorsqu'en 1882 celle-ci devenait obligatoire en France, tous les petits gauchers, quels que fussent leur condition sociale et leur lieu d'habitation, allaient, sans exception aucune, passer sous les fourches caudines de la *dextrocratie* et être sommés, au nom de l'égalité, de renoncer à leur inclination première. Un témoignage du temps met bien en lumière le rôle fondamental que l'instruction aura pu jouer dans cette « mise aux normes droitières » de la population :

> « On nous a [...] rapporté l'observation de deux gauchers qui, primitivement, écrivaient de la main gauche, et ce n'est qu'à l'école qu'on les força à écrire *de la manière ordinaire*. C'est, en effet, un *usage immuable* que d'apprendre à écrire de la main droite *exclusivement* ; il en est de même pour certains actes de la vie. Dans beaucoup de familles on ne permet pas aux enfants de se servir de la main gauche à table. On comprend l'importance de cette éducation, qui à la longue rend le membre droit plus habile que le gauche. Nous ne doutons pas que si on laissait le choix de se servir de telle ou telle main à son gré, on rencontrerait plus tard des individus écrivant de la main gauche [113]. »

La seconde moitié du XIXe siècle aura donc permis, par le biais de la massification de l'instruction publique, le triomphe de l'hégémonie droitière. En 1828, un observateur pouvait encore constater :

> « Il n'est *pas rare* de rencontrer des sujets qui apportent en naissant une tendance à exercer davantage leur bras gauche, et qui conservent toute leur vie plus de fermeté et de précision dans les mouvemens du bras gauche que dans ceux du bras droit [114]. »

Moins d'un siècle plus tard, ce constat n'est plus possible. En 1919, un auteur observe ainsi que le gaucher ayant par extraordinaire réussi à conserver pleinement sa disposition congénitale est « une exception *très rare* [115] ». Entre-temps, l'emprise de la morale bourgeoise et l'action coercitive de l'institution scolaire auront eu raison de lui.

V. LA GAUCHERIE PERSÉCUTÉE

La gaucherie ayant été répréhensible moralement, il était inévitable qu'on cherchât à la corriger, du moins à en restreindre les conséquences fâcheuses, à en atténuer les manifestations les plus visibles. Il fallait « rectifier cette anomalie [116] » pour que le gaucher devînt « droitier au moins pour les regards du monde [117] ». C'était là « le prix à payer pour une civilisation plus parfaite et de meilleurs talents [118] ».

L'exemple du fils gaucher de Jacques-Barthélemy Salgues, en 1810, est éloquent. *A priori,* le père pensait « qu'il étoit indifférent de se servir de l'une ou l'autre main », mais, lorsque le bon abbé lui démontra « que la religion et la philosophie exigeoient [...] qu'on renonçât à l'usage de la main gauche », il ordonna sur-le-champ à son fils de se plier à la règle. C'était « un devoir d'obliger [les enfants] à tenir leur cuiller de la main droite [119] », un devoir de salubrité publique. On ne pouvait tolérer ce genre d'offense à l'ordre établi. La manière forte dût-elle être employée, il était impératif de remettre dans le rang tous ceux qui en sortaient.

Ainsi que nous tâcherons de le démontrer plus loin, il paraît à peu près certain que la répression de la gaucherie débute avec les Temps modernes. L'interdit d'utiliser sa main gauche pour les principaux actes de la vie quotidienne fait en effet son apparition dans la seconde moitié du XVIe siècle. Il s'impose ensuite peu à peu dans des sphères toujours plus larges de la société pour devenir une règle quasi universelle de savoir-vivre. Le gaucher devient dès lors un contrevenant qu'il convient de sanctionner. Mais en quoi consistaient les méthodes de redressement ? La documentation nous permettant d'entrevoir des réponses est malheureusement très tardive : témoignages de première main du XIXe siècle, rapports de médecins et de psychologues du début du XXe. Aussi éclairantes soient-elles, ces données doivent être maniées avec précaution, en se gardant de toute extrapolation excessive, tant il est manifeste qu'elles sont avant tout révélatrices d'un sectarisme envers les gauchers qui fut probablement sans précédent dans l'histoire. Rien ne nous garantit que les procédés extrêmement coercitifs qui prévalaient encore il y a quelques décennies fussent de mise en des temps plus reculés. Les lacunes documentaires nous obligeront donc à restreindre le présent chapitre à un cadre historique limité, s'étendant *grosso modo* depuis les années 1850 jusqu'à l'immédiat après-guerre.

Remettre à droite

En des temps heureusement révolus, mais dont néanmoins beaucoup peuvent encore témoigner aujourd'hui, il était d'usage qu'on « combatte la gaucherie avec acharnement, en la considérant [...] comme une tare, un déshonneur ou la conséquence d'une éducation maladroite ou insuffisante [120] ». Cette *croisade antigauchers,* qui compte assurément parmi les épisodes les moins glorieux de l'histoire de la pédagogie, fut cautionnée par toutes les instances — politique, familiale, scolaire, médicale et morale — et menée à très grande échelle. Au lendemain de la Seconde Guerre mondiale, un spécialiste de la question de la gaucherie dira :

> « Les gauchers qui n'ont pas subi de contrainte de la part de leurs éducateurs sont très rares en France. Nous ne connaissons personnellement que deux cas où cette contrainte n'a pas été assez forte ou prolongée (quoiqu'elle ait existé) pour imposer l'usage de la main droite dans l'écriture. Dans un cas il s'agit d'un jeune homme qui a résisté opiniâtrement jusqu'à l'âge de 7 ans aux tentatives faites pour lui faire employer sa main droite pour écrire, dessiner et manger, après quoi ses éducateurs y renoncèrent. Dans l'autre cas on voulut employer une méthode d'éducation ambidextre et cependant la prédominance de la main gauche s'affirma toujours plus nettement [121]. »

On constate combien, en l'espace d'un demi-siècle, les mentalités ont pu changer. À l'heure actuelle, dans nos démocraties industrielles où la notion d'individu prend une place toujours plus prépondérante, où les droits de l'Homme sont érigés en valeur fondamentale, nul ne s'aventurerait plus à interdire à un enfant de se servir de la main gauche. Par un ironique retour des choses, ce serait cette fois une telle entreprise qui serait dénoncée comme la manifestation d'un esprit déréglé.

Sauf à l'avoir soi-même subie, on n'a donc aujourd'hui plus guère idée de la formidable pression morale qui pouvait s'exercer jadis sur l'enfant gaucher. Perpétuellement sommé de se « remettre à droite » (c'était l'expression consacrée), celui-ci vivait traqué dans un monde hostile qui lui refusait le droit à une différence qu'il était lui-même, on l'imagine, bien incapable de percevoir. Au vu des arguments quasi surréalistes que certains auteurs mettent en avant pour légitimer cet état de fait, on prend la mesure du climat d'absurde intolérance qui a pu régner :

> « La sensation presque désagréable produite par la vue des actes d'un gaucher est aussi marquée pour les spectateurs s'ils sont gauchers eux-mêmes que s'ils sont droitiers. Cela prouve à quel point nous sommes tous accoutumés à voir le premier rôle confié à la main droite. Cette apparence disgracieuse frappe certainement le père et la mère quand ils voient leurs enfants se servir de la main gauche. Elle les pousse à corriger sans retard et sans indulgence cette disposition fâcheuse [122]. »

Les procédés mis en œuvre pour « dégauchir » l'enfant (le verbe est attesté par les dictionnaires jusqu'au début du XXᵉ siècle) étaient de plusieurs sortes, permettant ainsi aux éducateurs de graduer leur intervention en fonction de la gravité du cas :

— Incitation : présenter systématiquement à l'enfant les objets à la main droite.

— Persuasion : « Fais ça de la jolie main », « Prends ta belle main », « Sers-toi donc de la main du Petit Jésus ».

— Dissuasion : « La main gauche, c'est la main du diable », « Ne prends pas ta mauvaise main ».

— Humiliation : laisser l'enfant exposé aux quolibets divers (« bancroche », « boiteux »), le désigner comme le mauvais exemple.

— Culpabilisation : « C'est un péché de se servir de la main gauche. »

— Autoritarisme : reproches, réprimandes, menaces, punitions.

À la contrainte morale, s'adjoignait fréquemment la contrainte physique :

— Brutalité : coups sur les doigts, gifles, martinet, etc.

— Prohibition/Coercition : contenir physiquement la main gauche pour imposer par défaut l'usage de la main droite [123].

Pour exemple, un témoin raconte en 1870 :

> « À un moment donné de mon enfance, afin de réprimer mon penchant naturel, on m'avait attaché la main gauche avec une sangle durant plusieurs semaines de suite [124]. »

Même fait, relaté en termes choisis (version médicale) :

> « On avait été obligé d'employer des moyens de contention énergique du bras gauche pour [le] forcer à se servir de la main droite [125]. »

Daniel Wilson (1891) rapporte le cas de jeunes parents qui, constatant que leur enfant présentait une tendance à la gaucherie, mirent en œuvre « tous les moyens possibles pour l'en détourner ». Ils lui sanglèrent la main, la lui attachèrent derrière le dos, lui infligèrent enfin tant d'outrages physiques qu'on en vint à craindre que l'enfant s'en trouvât « définitivement estropié ». Or ces parents étaient... eux-mêmes gauchers [126] ! Le caractère infamant de la gaucherie était si profondément enraciné dans leur esprit, la pression sociale pesait si fort sur eux, qu'il ne leur vint pas à l'idée d'épargner à leur propre rejeton cette brutalité dont ils avaient sans doute souffert eux-mêmes dans leur enfance.

Autre cas non moins dramatique, celui de l'artiste américain Joseph Pennel (1857-1926). Au dire d'un parent, celui-ci était devenu gaucher suite à une fracture du bras droit lors de son plus jeune âge [127]. Pourtant, durant toute sa scolarité, ses instituteurs s'employèrent coûte que coûte à « le forcer à utiliser sa main droite [128] ».

En France, jusqu'au début des années 1960, ces procédés, dont les psychologues dénonçaient pourtant la « nature torturante [129] », étaient toujours de mise :

> « Dans certaines familles, le martinet restait sur la table pendant tout le repas, chaque fois que l'enfant utilisait spontanément la main gauche, il recevait des coups de martinet, sur les doigts [130]. »

> « Lucie, bientôt 7 ans, nous déclare : "Au lever du dortoir, la dame m'attache le bras dans un rouleau de carton ondulé, avec un lacet [...]. Alors, je reviens me la faire attacher... Oui, Monsieur, jusqu'au coucher" [131]. »

Cette politique répressive, parfois exercée « dès le berceau [132] », faisait peser sur l'enfant un sentiment de crainte continuel. Pour peu que son inclination naturelle fût forte, ou son caractère indocile, le petit gaucher se trouvait sans cesse en situation irrégulière. S'il ne pouvait tricher avec lui-même, il trichait avec ses éducateurs :

« Je lui demandai : “As-tu écrit cela avec ta main droite ou avec ta main gauche ?” Il me répondit, avec un peu d'hésitation, qu'il s'était servi de la main droite. Je lui dis que personne n'allait le disputer ; il me confessa alors qu'il avait écrit avec la main gauche [133]. »

Les affres du gaucher contrarié

Inutile de dire que de telles méthodes étaient tout à fait nuisibles à l'épanouissement psychique et physique de ceux qui en étaient l'objet :

« Il est fréquent de constater que les enfants gauchers contrariés sont en retard pour marcher, pour parler, et si maladroits et si lents dans leurs mouvements. On accuse alors ces enfants d'être paresseux, de perdre leur temps, de manquer d'attention, etc., quand ils n'arrivent pas à lire ou à écrire au même rythme que leurs camarades de classe et quand ils finissent leur devoir longtemps après les autres [134]. »

« Un gaucher obligé, par contrainte ou par imitation, d'arrêter le mouvement naissant qui le porte à se servir de sa main gauche, et d'acquérir des habitudes contraires à sa conformation et à ses tendances, devient forcément moins adroit, si ce n'est tout à fait maladroit, et ses mouvements deviennent imprécis, incohérents, irréguliers et plus lents. Perte de temps et maladresse, tels sont les traits caractéristiques qui traduisent les perturbations psychomotrices chez un gaucher que l'on empêche de se servir de la main gauche [135]. »

Loin de s'atténuer avec l'âge, ces symptômes pouvaient présenter une gêne durable. Ainsi le psychologue américain Granville Stanley Hall (1844-1924), qui était gaucher jusqu'à ce que ses éducateurs en décident autrement, ne cachait-il pas son amertume devant les dommages irrémédiables que cette tentative de redressement occasionna chez lui :

« Je suis ambidextre, bien que fondamentalement gaucher. Jusqu'à l'âge de onze ans, j'ai écrit avec la main gauche ; on m'obligea alors à changer de main et ma calligraphie s'en trouva définitivement altérée. J'ai pris des cours de dessin, mais il ne m'a jamais été possible d'y acquérir la moindre compétence, à tel point que même les schémas les plus simples pour illustrer mes conférences devaient être préparés à l'avance d'après mes directives [136]. »

Les troubles les plus caractéristiques de la gaucherie contrariée étaient les troubles du langage. Contraindre à son corps défendant un enfant gaucher à adopter les usages droitiers équivalait à nier son identité, à briser son harmonie vitale. Par le dérèglement neuropsychologique que cette entrave générait ou par un mécanisme inconscient de défense, on pouvait voir apparaître chez lui toutes sortes de difficultés dans l'expression verbale, notamment le bégaiement :

> « On m'a toujours beaucoup ennuyé avec *ma triste main gauche*. Et j'ai beaucoup bégayé. Alors j'ai travaillé dans une banque, et la machine m'a bien calmé [137]. »

Bien qu'ils concédassent volontiers que les causes pouvaient en être multiples, les orthophonistes s'accordaient à reconnaître dans le bégaiement une des « associations pathologiques » les plus classiques de la gaucherie contrariée [138]. Certains d'entre eux établissaient une corrélation directe dans la moitié des cas [139], d'autres dans plus des trois quarts [140], d'autres encore dans la quasi-totalité [141] !

Autre réaction somatique consécutive aux persécutions subies autrefois par l'enfant gaucher : les troubles de la vision [142]. Ainsi celui-ci qui, à chaque punition reçue pour n'avoir pas utilisé sa « bonne main », se met à loucher pendant quelques jours ; ainsi celui-là, gaucher contrarié en butte à l'intransigeance de son instituteur, souffrant, outre d'un strabisme prononcé, d'une sorte de « bégayage de l'œil » qui le porte, par exemple, à voir 229 977 au lieu de 297 [143] ; ainsi, enfin, ce dernier qui lit le mot *efiw* au lieu de *wife* [144].

Plus graves que les troubles fonctionnels, les troubles psychologiques et intellectuels paraissent avoir été le lot quotidien de nombre de gauchers contrariés :

> « Il semble que, chez un sujet gaucher, l'usage forcé et presque exclusif de la main droite entrave le jeu de l'intelligence et de l'affectivité, rend pénible et malaisée l'acquisition des réflexes conditionnels, c'est-à-dire rend ce sujet difficilement éducable et en fait à

la longue une personnalité disloquée ou discordante, et très souvent hyperémotive [145]. »

« J'ai un patient qui, enfant, fut cruellement contraint d'abandonner la main gauche pour écrire et qui, après des années de tourments, finit par devenir droitier. Or, pendant quarante ans, il lui fut impossible de penser et d'écrire en même temps. Il est encore aujourd'hui incapable d'écrire la moindre lettre nécessitant quelque concentration [...]. Un autre de mes patients est, pour la même raison, resté dépressif toute sa vie [146]. »

Un certain Frederick Tilney, victime d'aphasie et de troubles moteurs, a témoigné de son enfance de gaucher dans la seconde moitié du XIXe siècle. Malgré la pudeur du propos, il nous est aisé d'entrevoir la détresse dans laquelle il vécut sa particularité :

« Il me faut d'abord vous dire que je suis né gaucher. C'est du moins mon avis, car dans mes premières années je faisais tout de la main gauche. Une vieille nurse irlandaise entreprit assez tôt de corriger chez moi cette inclination à la gaucherie dans l'espoir de me rendre droitier. Elle prit l'habitude de m'appeler *kathoge*. C'est un vieux terme gaélique signifiant *gaucher,* dont la connotation très méprisante ne manque jamais de faire éprouver son infériorité à celui à qui il est adressé. Cela m'a beaucoup marqué. Quand j'eus l'âge d'apprendre à écrire, je voulus employer ma main gauche, mais cette velléité fut réprimée par ce qui était probablement une autre bonne vieille coutume celte : on m'attacha simplement un bas sur la main gauche, m'obligeant ainsi à utiliser la droite. Je dus me résoudre à devenir droitier pour écrire, mais pour tout le reste je restai irrémédiablement gaucher : je persistai par exemple à manger de la main gauche, ce que je fais encore aujourd'hui et qui fait de moi un commensal gênant... Voilà au moins un défaut dont cette brave et amicale geôlière irlandaise n'est pas parvenue à me défaire. Je jouais au tennis de la main gauche et au base-ball j'étais ce qu'on appelle un *southpaw* [147]. Bref, je finis par faire preuve d'une sorte de mélange de droiterie et de gaucherie, d'ambidextrie artificielle, avec une préférence marquée pour le côté gauche dans les activités exigeant de l'adresse et de l'entraînement [148]. »

Face à l'hostilité unanime qu'il s'attirait immanquablement, l'enfant gaucher pouvait aussi développer un sentiment de culpabilité ou des tendances à la rébellion, entraînant à terme une certaine asociabilité :

> « Le gaucher ne considère pas sa gaucherie comme un défaut. Mais il réagit contre une pression de son entourage par une contre-pression. De deux choses l'une, ou il ne peut pas résister, alors on le "transforme" par dressage en "droitier" ayant honte de sa gaucherie et cela amène des troubles dont le moindre est la création d'un maladroit des deux mains, c'est-à-dire d'un timide et d'un inadapté en puissance… ou il résiste à tous les assauts, alors il en gardera une certaine agressivité et un esprit de contradiction fortifié, une sensibilité à vif, une insécurité avec d'autres enfants. Cela influence ses résultats : l'affectivité teinte les phénomènes intellectuels et les inhibe. Il se trouve désavantagé, souvent il l'est [149]. »

Dans certains cas, il lui arrivait même de sombrer dans la délinquance :

> « Il ressort, d'une façon incontestable, de nos observations, que certains gauchers contrariés ont des réactions de telle nature qu'exaspérés ou mortifiés ils arrivent à commettre, entre autres méfaits, divers petits larcins, ou même des délits. L'importance de l'état émotif dans la genèse des faits délictueux est connue. D'autres gauchers contrariés, par contre, deviennent, en apparence, amorphes et paraissent ne pas réagir à toutes les contraintes du milieu qui les entoure, tant qu'ils se trouvent opprimés par la lutte avec lui, mais dès la première occasion, ou dès qu'ils commencent à se sentir hors de l'atteinte de ce milieu, ils deviennent des "moutons enragés" ; il est difficile de prévoir la tournure que pourra prendre alors leur revanche et la manière dont elle s'extériorisera [150]. »

La pression de l'éducation droitière était si forte, si précoce et si continuelle, elle était exercée de façon si radicale, sans que nul ou presque ne la remette en cause, que nombre de gauchers contrariés étaient devenus ce qu'on pourrait appeler des *gauchers refoulés,* c'est-à-dire qu'ils avaient perdu jusqu'à la conscience de leur disposition originelle [151]. L'écrivain Georges Perec (1936-1982) fut sans doute de leur nombre. Dans *W ou le souvenir d'enfance*, il tente en effet de reconstituer son passé, mêlant fiction et récit autobiographique. Certains événements lui reviennent en mémoire, qu'il relate d'abord au conditionnel comme s'ils concernaient une période indistincte de sa vie... mais dont l'obsédante influence ne laisse pourtant pas, au quotidien, de se faire ressentir :

> « Je ne sais pas si j'ai réellement vécu cet accident [une chute de bobsleigh suite à une mauvaise manœuvre de sa part] ou si, comme on l'a déjà vu à d'autres occasions, je l'ai inventé ou emprunté, mais en tout cas, il est resté comme un de mes exemples favoris de ma "gaucherie contrariée" : j'aurais été, en effet, gaucher de naissance ; à l'école on m'aurait imposé d'écrire de la main droite ; cela se serait traduit non par un bégaiement (chose paraît-il fréquente), mais par une légère inclinaison de la tête vers la gauche (sensible jusqu'à il y a encore quelques années) et surtout par une incapacité à peu près chronique et toujours aussi vive à distinguer, non seulement la droite de la gauche (cela m'a valu d'échouer à mon permis de conduire : l'examinateur m'a demandé de tourner à droite et j'ai failli m'emboutir sur un camion à gauche ; cela contribue aussi à faire de moi un très médiocre rameur : je ne sais pas de quel côté il faut ramer pour faire tourner la barque), mais aussi l'accent grave de l'accent aigu, le concave du convexe, le signe plus grand que (>) du signe plus petit que (<) et d'une manière générale tous les énoncés impliquant à plus ou moins juste titre une latéralité et / ou une dichotomie [...] [152]. »

Bien sûr, la fragilité psychique et l'inadaptation sociale de Perec avaient une cause avérée : victime, comme il disait, de « l'Histoire avec sa grande hache », il avait perdu son père en 1940, tué au front, et sa mère en 1943, déportée à Auschwitz. Toujours est-il qu'on peut se demander si sa gaucherie contrariée n'a pas, d'une certaine façon, contribué à ce mal-être qui le caractérisait. Perec était orphelin, certes, mais il était aussi, si l'on ose dire, *orphelin de lui-même* puisqu'il fut spolié durant l'enfance de son identité gauchère. S'il ne gardait de cette épreuve qu'un souvenir approximatif, sa vie d'adulte semblait, à tous points de vue, en avoir été irrémédiablement *désorientée*.

Il pouvait advenir, pour certains gauchers refoulés, qu'une circonstance fortuite révélât leur vraie nature, éclairant du même coup les problèmes dont ils souffraient :

> « Depuis mon enfance jusqu'à cinquante ans passés, j'ai affreusement bégayé. Parler en public était extrêmement pénible pour moi et,

j'en ai bien peur, pour mon auditoire également. Or, un beau jour, je fus pris de la crampe des écrivains et forcé d'apprendre à écrire de la main gauche. Cela se fit avec une facilité surprenante. En moins de quinze jours j'écrivais aussi facilement et presque aussi vite que jadis de la main droite. Le plus étonnant fut que mon écriture resta la même. À la banque on ne mit jamais en doute ma signature. De plus, en l'espace d'un an ou deux, mon bégaiement disparut. J'ignore si, enfant, je présentais des signes de gaucherie. J'avais été habitué à réaliser les opérations délicates avec la main droite et ne montrais en tout cas pas plus de maladresse que mes camarades. J'ai néanmoins le sentiment aujourd'hui d'avoir souffert toute ma vie d'une gaucherie contrariée [153]. »

Bien peu de gens, néanmoins, eurent la chance de recouvrer leur état premier et, ce faisant, de se réconcilier avec leur propre identité. Du reste, les médecins eux-mêmes sont longtemps restés dans l'ignorance de ce problème. Jusqu'à la fin du XIXe siècle, pas un seul d'entre eux ne semble avoir envisagé un instant que la gaucherie contrariée pût générer des troubles psychomoteurs. Ainsi, dans un mémoire présenté à l'Académie royale des sciences en 1845, le Dr Jean-Jacques Cazenave décrivait les cas de plusieurs patients soudainement atteints d'une infirmité de la main droite ; témoin ce « M. X..., négociant, âgé de cinquante ans, d'une constitution éminemment nerveuse, très impressionnable, *un peu bègue* », devenu sans raison apparente incapable de tenir la plume [154]. Les médications les plus molièresques (depuis les « douches alcalines » jusqu'aux « sangsues à l'anus », en passant par les cautères, « la noix vomique à haute dose » et les « manuluves dans l'eau-de-vie chaude ») furent prescrites sans résultat aucun. Pas plus ce patient que les autres ne furent guéris de leur mystérieux handicap et des désordres nerveux associés. « En quoi consiste cette maladie ? quelle est sa nature ? quelles sont ses causes ? J'avoue que je n'en sais rien », écrit piteusement Cazenave. Le médecin de préconiser alors la pose sur la main défaillante d'une sorte de prothèse de contention (ill. 8), que les adeptes du bondage ne désavoueraient sûrement pas.

On ose espérer que le procédé n'eut pas de succès. En tout état de cause, les pauvres *gauchers refoulés* n'y auraient rien gagné, sinon un surcroît de mal-être. Des témoignages plus tardifs rapportent en effet l'existence chez certains d'entre eux de symp-

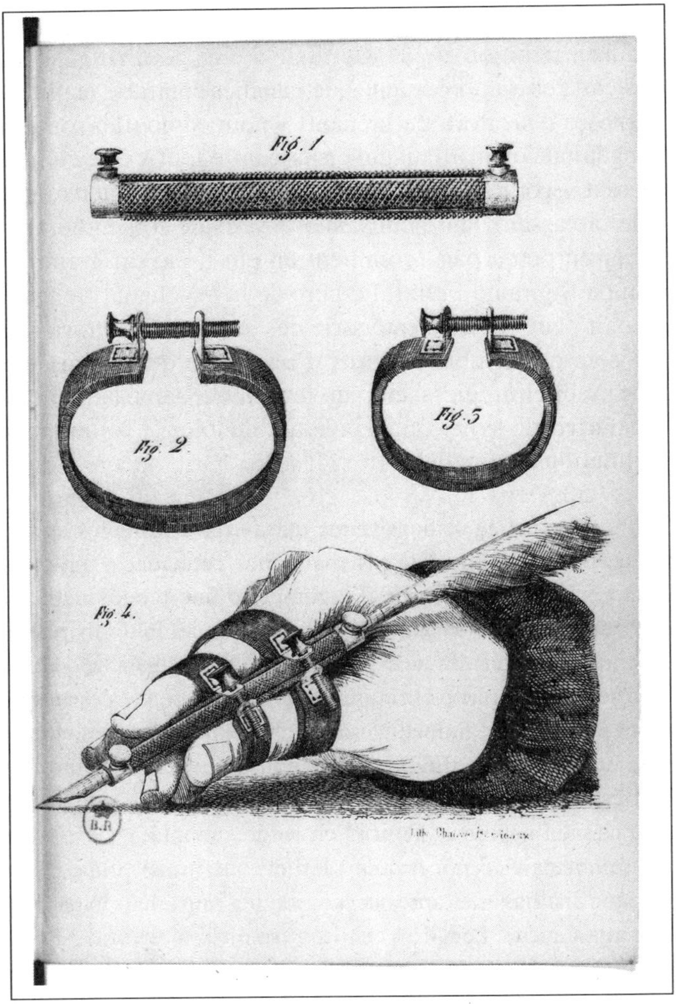

8. Prothèse destinée à imposer l'écriture de la main droite.

« Mon appareil consiste en un porte-plume, *fig. 1*, armé de deux vis de pression, et en deux cercles de caoutchouc, *fig. 2 et 3*, pourvus chacun d'une vis de rappel. Cet appareil, ainsi composé, s'adapte parfaitement et sans gêne aucune aux trois premiers doigts de la main droite, qu'il contraint à tenir la plume, ainsi que cela est représenté par la *figure 4* de la planche. » (J.-J.Cazenave, *De quelques infirmités de la main droite qui s'opposent à ce que les malades puissent écrire et du moyen de remédier à ces infirmités,* 1845, p. 36).

tômes quasi schizophréniques. En 1924, un médecin signalait ainsi le cas de personnes qui, bien qu'usant de leur main droite, se « sentaient » au fond d'elles-mêmes gauchères sans pouvoir en donner la raison. Une jeune femme lui avait même confié un jour que « la plus grande ambition de sa vie était d'être gauchère [155] ». Dans d'autres cas, refusant l'évidence, le gaucher contrarié était capable « de déployer des efforts surprenants » pour camoufler son inclination congénitale et affirmait envers et contre tout y être étranger, la considérant « comme un stigmate indésirable et honteux, le diminuant, le rabaissant, le ridiculisant aux yeux de son entourage [156] ».

Un cas un peu à part (comment en eût-il été différemment ?) est celui de Sigmund Freud. Le père de la psychanalyse, en effet, appartenait peut-être à la catégorie des gauchers contrariés. C'est du moins ce qui semble ressortir d'une lettre qu'il adresse à son collègue Wilhelm Fliess en janvier 1898, dans laquelle il lui confie souffrir de symptômes pouvant dénoter le refoulement de son inclination originelle :

> « L'idée m'est également venue que tu me considères comme un gaucher partiel. Si tel est le cas, dis-le moi, cette idée n'a rien qui me blesse [...]. Je ne me rends pas compte d'une prédominance de la gauche, maintenant ou jadis, dans mon enfance. Je dirais plutôt que, dans mes jeunes années, je possédais deux mains gauches. Il n'existe qu'un seul point où je ne te contredirai pas. J'ignore si les autres gens situent nettement et immédiatement, chez eux et chez les autres, leur droite et leur gauche. En ce qui me concerne, il fallait autrefois que je réfléchisse pour savoir où était ma droite, aucune sensation organique ne me l'apprenait. Pour m'en rendre compte, je devais aussitôt faire semblant d'écrire. Aujourd'hui encore, je suis obligé de réfléchir pour distinguer, d'après la position des gens, leur main droite de leur main gauche. Peut-être cela confirme-t-il ta théorie ? Il est possible que mon misérable pouvoir de détermination de l'espace vienne de là, d'où l'impossibilité où je me suis trouvé d'étudier la géométrie ou les sciences apparentées à la géométrie. Telle est ma façon de voir. Mais je sais fort bien que les choses peuvent être différentes et que si ta façon d'interpréter la particularité des gauchers me déplaît, cela est peut-être dû à des motifs inconscients. Si ces motifs sont hystériques, ils n'ont assurément rien à voir avec le sujet dont nous discutons, mais seulement avec le mot qui le désigne. Peut-être ai-je pu commettre quelque chose que l'on ne peut faire qu'avec la gauche [157]. »

Si Freud écrit à Fliess que sa « façon d'interpréter la particularité des gauchers [lui] déplaît », c'est parce que, on l'a vu, ce dernier tenait la particularité en question pour une manifestation latente d'homosexualité. Néanmoins persuadé que la main gauche cristallise certaines pulsions sexuelles inconscientes, Freud préfère établir, à mots couverts, une relation entre la gaucherie et l'onanisme, ce tabou que l'on ne peut enfreindre « qu'avec la main gauche ».

Si l'on ajoute aux divers dérèglements psychomoteurs, dont on vient de dresser la liste, d'autres troubles tels que le sentiment d'infériorité, l'hyperémotivité, l'anxiété, ou d'autres encore, comme la mue faussée, les vertiges, les torticolis, l'énurésie, tous dûment répertoriés par les médecins de l'après-guerre comme des « symptômes de dyslatéralité [158] », on admettra que les effets secondaires occasionnés par la croisade antigauchers ont été pour le moins désastreux. Le constat est accablant, mais se doit d'être clairement établi : durant plusieurs générations, une minorité dont le seul mal était de regarder sa main gauche comme la « bonne main », au contraire du monde, a été sacrifiée en pure perte sur l'autel du conformisme social. Avec le recul, on a peine à admettre qu'une politique éducative si nocive ait pu être menée et, surtout, qu'elle ait pu être ainsi cautionnée — pour ne pas dire *plaidée* — par la science.

Par ailleurs, on s'étonne de ce que cette politique ait pu se maintenir après que son caractère pernicieux fut pourtant dûment établi et vigoureusement dénoncé par les spécialistes de l'enfance (voir chapitres suivants). Car à prendre connaissance de certains témoignages rapportés par un récent ouvrage sur l'histoire des punitions à l'école, on se rend compte que l'idée de « Droits de l'Enfant » eut parfois bien du mal à franchir la porte des classes :

> « [Nous sommes dans le Lot, en 1965.] J'ai cinq ans. Je suis écolière. Je suis gauchère. Je découvre l'apprentissage de l'écriture à l'encre et à la plume. [...] C'est la récréation. Les enfants jouent. Au centre de la cour, la *main du diable* est là, sous son bonnet d'âne, punie. Je ne dois pas me servir de ma main gauche. J'ai cinq ans. Je suis écolière. Je suis gauchère [159]. »

Sans vouloir verser dans le martyrologe, citons cet autre témoignage, non moins pathétique :

> « La maîtresse m'attachait la main dans le dos tout le temps pour m'obliger à écrire avec la main droite. Je pleurais. Et j'avais honte devant ma sœur et mes deux cousines qui étaient avec moi dans cette classe à deux niveaux. J'étais toute seule et je ne parlais à personne. Il m'arrivait d'être enfermée dans le placard à balais. Je ne mangeais plus rien, [...] complètement perturbée [160]. »

Bien sûr, tous les gauchers contrariés n'auront pas vécu leur redressement de façon aussi douloureuse que dans les cas que nous venons de mentionner. Comme on le verra par la suite, beaucoup d'entre eux, pour peu qu'ils fussent psychologiquement très solides, ou physiquement bien doués, ont fort bien su s'adapter aux exigences despotiques de la *dextocratie*. Certains, c'est bien connu, en ont même tiré profit dans la vie en développant, qui une grande adresse, qui un surcroît d'ingéniosité, qui une grande force de caractère. Mais combien de gauchers souffreteux pour combien d'ambidextres radieux ? Combien de désagréments pour combien d'avantages ? Combien d'échecs notoires pour combien de succès ? Enfin, combien d'enfants gauchers à avoir sombré lors de ce passage forcé à la droiterie que le philosophe Michel Serres nomme la « traversée du fleuve [161] » ?

NOTES

1. J. Ioteyko, « Théorie psycho-physiologique de la droiterie », *Revue philosophique de la France et de l'étranger,* LXXXI, 1916, pp. 515-543 (p. 532) (c'est moi qui souligne). On signalera que ce passage n'est ni plus ni moins qu'un plagiat de J. Herber, « Essai d'une théorie clinique de la droiterie », *Biologica,* 32, 15 août 1913, pp. 234-240 (pp. 239-240). Le texte fait référence à plusieurs auteurs alors bien connus : Bénédict Augustin Morel (1809-1873) est l'auteur d'un *Traité des dégénérescences physiques, intellectuelles et morales de l'espèce humaine* (1857) et d'un *Traité des maladies mentales* (1860) dans lesquels, à l'encontre des théories évolutionnistes et conformément à l'idéologie scientifique la plus conservatrice, il postule pour l'origine héréditaire de la folie. S'inspirant en partie des travaux du précédent, Jacques Joseph Valentin Magnan (1835-1916) a publié des *Leçons cliniques sur la folie héréditaire* (1886) et des *Leçons cliniques sur les maladies mentales* (1890). Il est l'auteur de la division des dégénérescences mentales en quatre classes : l'idiotie, l'imbécillité, la débilité et le déséquilibre. Victor Galippe et Cesare Lombroso, que Ioteko mentionne également, sont des figures centrales du débat sur la gaucherie à la fin du XIXe siècle. Nous aurons à revenir sur leurs travaux.

2. Origène, *Traité des principes,* éd. H. Crouzel & M. Simonetti, « Sources chrét. » 268, Paris, Cerf, 1980, p. 353.

3. Cette définition apparaît aussi bien dans le *Dictionnaire français* de C.-P. Richelet (1680) que dans le *Nouveau Dictionnaire de l'Académie française* (1718), le *Dictionnaire de Trévoux* (1771), le *Littré* (1863) ou le *Petit Larousse* de 1967. Pour bien prendre la mesure d'un tel non-sens, imaginons un instant que l'on définisse un roux comme quelqu'un qui a les cheveux orangés *au lieu de* les avoir blonds ou bruns ; ou encore que l'on dise d'un Noir qu'il a la peau noire *au lieu de* l'avoir blanche.

4. La décoration de cette galerie devait former une manière de généalogie symbolique, depuis Suger jusqu'au duc de Lesdiguières, destinée à glorifier les vertus politiques et religieuses du cardinal de Richelieu. Vouet s'était partagé le chantier avec Philippe de Champaigne. Le *Portrait de Gaucher de Châtillon* est aujourd'hui conservé au musée du Louvre (voir J. Thuillier, B. Bréjon de Lavergnée & D. Lavalle, *Vouet,* catal. exp. Grand Palais, Paris, 1990-1991, n°26).

5. Notamment André Du Chesne, *L'Histoire de la maison de Chastillon sur Marne,* Paris, 1621 (la biographie de Gaucher de Châtillon figure aux pp. 330-351).

6. *Gaucher* était ainsi le prénom du saint normand éponyme (1060-1140 ; cf. *Acta sanctorum,* t. 10, 9 avril, pp. 841-844), celui du frère du théologien Pierre de Celle (XIIe siècle ; cf. G. de Martel, introd. à Pierre de Celle, *L'École du cloître,* « Sources chrét. » 240, p. 11), celui d'un des bâtisseurs de la cathédrale Saint-Remi de Reims au début du XIIIe siècle et celui d'un moine de cette même cathédrale au XIVe siècle (cf. H. Vincent, *L'épitaphe de Gaucher de Charbogne,* Charleville, 1890). On trouve aussi un *Gauchier de Troies* dans la *Chronique métrique de Godefroy de Paris* en 1313 (éd. Buchon, 1827). Notons que le patronyme actuel de Gaucher n'a pas, par contrecoup, trait à la latéralité, mais au prénom. Seul Sénéquier dérive de *senestrier,* « gaucher » en vieux français (Albert Dauzat, *Dictionnaire étymologique des noms de famille et prénoms de France,* Paris, Larousse, 1951).

7. H. Sauval, *Histoire et Recherches des antiquités de la ville de Paris* (avant 1660), éd. Paris, C. Moette, 1724, t. II, p. 168.

8. G. Vasari, *Les Vies des meilleurs peintres, sculpteurs et architectes,* éd. A. Chastel, Paris, Berger-Levrault, 1989, t. 5, p. 31.

9. *Ibid.,* p. 35.

10. *Ibid.,* (c'est moi qui souligne).

11. S. Serlio, *Il Secondo libro di perspectiva,* 1551 (cité par A. O. Della Chiesa, *Tout l'œuvre peint de Léonard de Vinci,* Paris, Flammarion, 1968, p. 10).

12. P.-J. Mariette, *Abecedario et autres notes inédites sur les arts et les artistes,* éd. Ph. de Chennevières & A. de Montaiglon, Paris, J.-B. Dumoulin, t. III, p. 155. Curieusement, Mariette dit aussi d'Aspertini (réputé comme Léonard pour son aptitude à utiliser sa main gauche) que c'était quelqu'un d'« extrêmement bizarre et qui pensoit d'une façon bien capricieuse » (*ibid.,* t. I, p. 34).

13. E. Müntz, *Léonard de Vinci. L'artiste, le penseur, le savant,* Paris, Hachette, 1899, p. 16 (c'est moi qui souligne). Persuadés de la contradiction absolue existant entre le génie et la gaucherie, certains auteurs devaient même, assez curieusement,

tenter de faire passer Léonard dans le camp des droitiers, en déclarant que son habitude à se servir de la main gauche était due à une blessure à la main droite. D'autres allaient enfin avoir ce raisonnement : si Léonard avait tiré quelque avantage à être gaucher, il eût sans nul doute cherché à favoriser cette particularité chez ses disciples. Étant donné qu'il n'en fut rien (aucun artiste de l'entourage du maître n'est réputé gaucher), celui-ci éprouvait certainement un complexe à se démarquer ainsi de la norme (cf. J. Crichton-Browne, « Dexterity and the bent sinister », *Notices of the proceedings meetings of the members of the Royal Institution of Great Britain,* vol. 18, 1907, p. 638).

14. Washington Irving, *Les Contes de l'Alhambra*, 1831 (éd. Grenade, 1990, p. 235). À la même époque, dans l'*Histoire de la domination des Arabes et des Maures en Espagne et en Portugal* de Joseph Conde (trad. M. de Marlès, Paris, A. Eymery, 1825, t. III, p. 275) on lit : « Jusef III eut pour successeur Muley Muhamad VII, son fils, surnommé *El Hayzari*, ou le Gaucher, soit parce qu'il se servait réellement de la main gauche, soit, comme quelques-uns le prétendent, à cause de la mauvaise fortune qui le poursuivit toute sa vie. »

15. *Les Évangiles des quenouilles* (ca 1470), éd. P. Janet, Paris, 1855, append. B, III:29. En IV:15, on lit à peu près la même chose : « Quant un enfant est né, avant qu'il soit baptisié, gardez vous de le mettre premierement ne porter sur vostre bras senestre, car pour vray il en seroit gauchier toute sa vie. » (éd. M. Jeai, Paris, Vrin, 1985).

16. M. de Santa Cruz, *Floresta española de apotehgmas [sic] o sentencias fabia y graciosamente dichas, de algunos Españoles,* Bruxelles, 1605, VIII:vii:3, p. 158.

17. [Jean-Antoine Rigoley de Juvigny], *Les Bibliothéques françoises de La Croix du Maine et de Du Verdier*, Paris, 1773 (reprint 1969), t. V, p. 535 (à « Thomas Erastus »). Thomas Lieber, dit Eraste (1524-1583) : médecin, théologien et philosophe allemand. S'est illustré comme l'adversaire de Paracelse.

18. L. Jobert, *Les Gauchers comparés aux droitiers aux points de vue anthropologique et médico-légal,* thèse de médecine, Lyon, 20 novembre 1885, p. 32.

19. Dr Feltz, « Une des causes de la gaucherie », *La France médicale,* 1er sept. 1887, n°102, p. 1224.

20. Cas publié par Redlich dans *Archiv für psychiatrie,* 1er mars 1907 (cité par J.-H. Boscq, *Les Causes de la droiterie et de la gaucherie. Le mancinisme dans l'épilepsie,* thèse pour le doctorat en médecine, Univ. de Bordeaux, 1933, p. 41).

21. Cf. C. L. Burt, *The Backward child,* Londres, Univ. of London Press, 1938, p. 289.

22. J. Herber, « Essai d'une théorie clinique de la droiterie », *Biologica,* 32, 15 août 1913, pp. 234-240 (p. 239).

23. O.-M. Lannelongue, « Gaucherie et droiterie », in *Leçons de clinique chirurgicale,* Paris, Masson & Cie, 1905, pp. 497-510 (p. 503).

24. H. Baillière, *Henri Regnault 1843-1871,* Paris, Didier, 1872, p. 3.

25. J. Ioteyko, « Théorie psycho-physiologique de la droiterie », art. cité, p. 532.

26. On écrivait ainsi à la toute fin du XIIIe siècle : « Cil [les Sarrasins] les corurent detrenchier [les croisés], Qui ne furent pas esclenchier » (un peu comme on dirait

familièrement : « Les Sarrasins, qui n'étaient pas des manchots, se jetèrent sur eux pour les occire ») (Ambroise, *L'Estoire de la Guerre sainte*, 2239-2240, éd. G. Paris, 1897).

27. F. Godefroy, *Dictionnaire de l'ancienne langue française et de tous ses dialectes du IXe au XVe siècle*, Paris, 1884, rééd. New York, 1961, t. III, p. 404 ; J.-B. de La Curne de Sainte-Palaye, *Dictionnaire historique de l'ancien langage françois*, Niort, L. Favre, s.d., t. VI, p. 3.

28. G. li Muisis, *Ch'est des bénéfyciés en Sainte-Eglise, des curés, des capellains*, in *Œuvres*, éd. K. de Lettenhove, t. I, Louvain, 1882, p. 368.

29. *Livre du gouvernement des princes*, ca 1510-1520, Paris, Bibliothèque de l'Arsenal, ms. 5062, livre II, chap. 9, f° 92r°.

30. Jean de La Taille, *Œuvres poétiques*, II, 51, éd. R. de Maulde, Paris, 1879.

31. Cité par Cénac-Moncaut « Les Gascons célèbres. Poètes. Jean de La Jessée » in *Revue d'Aquitaine*, t. VI, 1862, p. 493.

32. Mentionné par C. Lombroso, « Sul mancinismo motorio e sensorio nel sano, nel pazzo, sordomuto, cieco nato e nel criminale », *Giornale della Reale Accademia di medicina di Torino*, vol. 32, 1884, pp. 433-461 (p. 437).

33. Cf. M. P. Tilley, *Dictionary of the proverbs*, *op. cit.*, L578.

34. W. Burton, *Ten sermons upon the first, second, third and fourth verses of the sixt of Matthew*, Londres, 1602, sermons 9 & 10 (ouvrage non consulté).

35. Au XVIIIe siècle, on disait d'un enfant illégitime qu'il était né « du côté gauche de la couverture » *(a child born on the left side of the blanket)*.

36. Cf. M. Barsley, *The Left-handed book*, *op. cit.*, pp. 45-46 ; L. J. Harris « Left-handedness », art. cité, p. 4.

37. Cf. J. Braidwood, « Terms for "left-handed" in the Ulster dialects », *Ulster folklife*, 18, 1972, pp. 98-110.

38. En espagnol, *gaucher* se dit *zurdo*. Ce mot est à rapprocher du portugais *churro (désastreux)*, du béarnais *sourrou (grossier)* et des basques *zur (avare)* et *zurrum (inflexible)*. L'expression *no ser zurdo (n'être pas gaucher)*, signifie être *astucieux, habile, adroit*. Sur l'usage des mots *droite* et *gauche*, cf. notre *Première partie*, n. 1.

39. G. Correas, *Vocabulario de refranes y frases proverbiales*, 1627 (éd. L. Combet, Univ. de Bordeaux, CNRS, 1967, p. 137).

40. *Ibid.*, p. 301.

41. F. de Quevedo, *Sueño del infierno*, *op. cit.*, p. 230.

42. *Ibid.*, pp. 230-231.

43. *El Zurdo alanceador* fut représenté pour la première fois à Séville en mai 1624 (nous citons ici les extraits donnés par M. Gendreau-Massaloux, « Le gaucher selon Quevedo », art. cité, pp. 78-79). On voit par ces quelques citations combien Quevedo était intolérant vis-à-vis des gauchers. On lui doit aussi cette maxime définitive : « La personne gauchère est ignorante, car elle ne sait même pas laquelle est sa main droite ; celle-ci en effet lui est par position, tandis que l'autre lui est par fonction. C'est quelqu'un de mauvaise manière parce qu'il ne fait rien correctement » *(El hombre zurdo sabe poco, porque aun no sabe cuál es su mano derecha ; pues la una lo es en*

el lugar, y la otra en el oficio. Es gente de mala manera porque no hace cosa a derechas ; Obras completas. Prosa, éd. F. Buendía, Madrid, Aguilar, 1958, t. I, p. 114). Remarquons ici l'ironie de l'expression *no hacer nada a derechas,* qui se traduit littéralement par « ne rien faire à droite ».

44. À la fin du XIXe siècle, le père E.-M. Gaucher, auteur d'ouvrages de religion, avait pris pour sa part le pseudonyme de Scævola de Saint-Germain.

45. Rémy Belleau (1528-1577), in *Œuvres de Scévole de Sainte-Marthe,* Paris, 1579 (non paginé).

46. Sc. de Sainte-Marthe, in E. Pasquier, *La Main ou œuvres poetiques faits sur la main,* Paris, 1584, f°41r°.

47. Scévole de Sainte-Marthe, dit Gaucher II, était l'arrière-neveu de Gaucher I de Sainte-Marthe, médecin ordinaire de François Ier. Son fils sera nommé Gaucher III et son petit-fils, Gaucher IV. On voit ainsi que le prénom en question était une marque d'appartenance familiale et non une épithète relative à la latéralité.

48. A. Beaunier, *Souvenirs d'un peintre* [G. Clairin], Paris, 1906, pp. 27-28. Dans *Le Cheval d'orgueil* (Paris, Plon, « Terre humaine », 1975, p. 44), P.-J. Hélias rapporte que, pour les Bretons au début du XXe siècle, la main gauche était « plus favorable aux entreprises de Satan ».

49. Georges Olivier, « Données anthropométriques sur des gauchers » [étude de 1974], *Biométrie humaine,* t. 13, 1978, pp. 13-22. Cf. Pierre-Michel Bertrand, *Dictionnaire des gauchers,* Paris, Imago, 2004, art. « Démographie (bis) ».

50. Suétone, *Vies des douze Césars,* t. II, « Tibère », LXVIII (éd. H. Ailloud, Paris, Les Belles Lettres, 1932, p. 53).

51. Thüring de Ringoltingen, *Mélusine,* 1456 (éd. Cl. Lecouteux, Paris, H. Champion, 1999, pp. 105, 116 & 118).

52. *Ibid.,* p. 146. Il est curieux de noter que dans la version de Coudrette (ca 1401), que Thüring est censé traduire, les deux géants ne sont pas qualifiés formellement de gauchers, mais sont simplement représentés faisant usage de leur main gauche lors du combat (éd. L. Harf-Lancner, Paris, GF-Flammarion, 1993, pp. 93 & 113). Dans la version antérieure de Jean d'Arras (1392), le détail de la main gauche est absent.

53. *La Monstrua habillée,* huile sur toile, 165 x 107 cm, Madrid, Musée du Prado, inv. 646 ; *La Monstrua nue,* huile sur toile, 165 x 108 cm, Madrid, Musée du Prado, inv. 2800. Cf. catal. *Cinq siècles d'art espagnol,* Paris, Petit Palais, 10 oct. 1987-3 janv. 1988, n°45 & 46.

54. Gregorio Marañon, « La Monstrua de Carreño », *Correo erudito,* 1945, p. 105 (cité *ibid.,* p. 193). Au vrai, Marañon voit dans cette particularité non pas un détail symbolique, mais un symptôme bien réel de troubles endocriniens liés à l'intersexualité. La Monstrua serait gauchère parce que hermaphrodite. On verra plus loin sur quels préjugés l'auteur se fonde pour proférer cette absurdité.

55. G. de Correas, *Vocabulario de refranes y frases proverbiales, op. cit.,* 1627, p. 301.

56. François de Blois, *La Vie de S. Gaucher, natif de la ville de Meulant, fondateur et premier prieur de S. Iean d'Aurel,* Paris, J. Billaine, 1652, pp. 167-168.

57. F. Regnault, « Pourquoi est-on droitier ? », *Revue scientifique,* 13 juin 1914, pp. 750-753 (p. 753).

58. Cité par D. Shaw & I. C. McManus, « The handedness of Kerrs and Carrs », *British journal of psychology,* vol. 84, 1993, pp. 545-551 (p. 545).

59. J. Crichton-Browne, « Dexterity and the bent sinister », art. cité, 1907, p. 640.

60. R. A. Lithgow, « Left-handedness », *Lancet,* 2, 1870, p. 660.

61. Ch. Darwin, « A biographical sketch of an infant », *Mind,* vol. II, n°7, juillet 1877, pp. 285-294 (p. 287).

62. V. Galippe, « La droiterie et la gaucherie sont-elles fonction de l'éducation ou de l'hérédité ? », *Gazette des hôpitaux civils et militaires*, n° 127, 22 oct. 1887, pp. 1062-1065 (p. 1065).

63. F.R.C.S., « On left-handedness », *British medical record,* 17 octobre 1885, p. 774.

64. Aimé Péré, *Les Courbures latérales normales du rachis humain,* thèse de doctorat, Toulouse, 1900, p. 72. Voir aussi J. Crichton-Browne, « Dexterity and the bent sinister », art. cité, p. 640.

65. J. Herber, « La droiterie et la gaucherie trophiques », *Gazette des hôpitaux civils et militaires,* n°32, 17 mars 1914, pp. 517-518 (p. 518).

66. F. Mazel, « Pourquoi l'on est droitier ? », *Revue scientifique,* vol. 49, n°4, 1892, pp. 112-114 (p. 114).

67. E. T. Brewster, « The ways of the left hand », *McClure's Magazine,* 1913, pp. 168-183 (p. 183) ; cité par L. J. Harris « Left-handedness », art. cité, p. 53 (c'est moi qui souligne).

68. G. Delaunay, « Sur la gaucherie », *Revue scientifique de la France et de l'étranger. Revue des cours scientifiques,* 3e série, t. V, janv.-juillet 1883, p. 213.

69. V. Galippe, « La droiterie et la gaucherie sont-elles fonction de l'éducation ou de l'hérédité ? », art. cité, p. 1065.

70. Citons pour exemples : Charles Féré, *La Famille névropathique. Théorie tératologique de l'hérédité*, Paris, Alcan, 1898 (chap. « Stigmates de la dégénérescence », pp. 315-316) ; L. Mayet, *Études sur les dégénérés. Les stigmates anatomiques et physiologiques de la dégénérescence et les pseudo-stigmates anatomiques et physiologiques de la criminalité,* thèse présentée à la Faculté de médecine et de pharmacie de Lyon, 10 nov. 1902 (chap. « Gaucherie ou mancinisme, ambidextrie », pp. 97-98).

71. C. Lombroso, « Left-handedness and left-sidedness », *North american review,* vol. 77, n°3, sept. 1903, pp. 440-444 (p. 441).

72. *Ibid.*, p. 442. Ces considérations apparaissent déjà dans l'article de 1884 (pp. 441-442).

73. E. T. Brewster, « The ways of the left hand », art. cité, pp. 179-180 (cité par L. J. Harris « Left-handedness », art. cité, p. 54).

74. E. Stiers, *Untersuchungen über linkshändigkeit,* Iena, 1911 (cité par J. Thyss, *Étude bibliographique et critique du problème des gauchers,* thèse de médecine, Faculté de Paris, 1946, p. 40).

75. J. Ioteyko, « Théorie psycho-physiologique de la droiterie », art. cité, p. 532.

76. R. Ganter, « Über linkshändigkeit bei epileptischen schwachsinnigen und nor-

malen », *Allgemeine zeitschrift für psychiatrie und psychiatrisch-gerichtliche medizin,* vol. 75, 1919, pp. 689-700 (cité par J.-H. Boscq, *Les Causes de la droiterie et de la gaucherie, op. cit.,* pp. 45-46 ; R. G. Miault, *Les Faux gauchers par hémiparésie droite,* thèse pour le doctorat en médecine, Paris, 1947, pp. 10-11).

77. H. Drinkwater, « The left-handed child », *British medical journal,* juin 1924, p. 1113.

78. W. S. Innam, « An inquiry into the origin of squint, left-handedness and stammer », *Lancet,* 2 août 1924, pp. 211-215 (p. 212).

79. J. Crichton-Browne, « Dexterity and the bent sinister », art. cité, p. 637.

80. Un autre facteur aura certainement joué, celui de la *gaucherie pathologique*. Il existe en effet ce qu'on appelle des *faux gauchers*, c'est-à-dire des droitiers qui, ayant subi au début de leur vie des lésions de l'hémisphère cérébral gauche (traumatisme postnatal, encéphalite, méningite), sont amenés à compenser avec l'hémisphère non détérioré, ce qui entraîne chez eux une survalorisation de la partie gauche du corps, donc une apparente gaucherie. Or, en raison même de leur handicap, ces malades présentent des troubles neurologiques et intellectuels plus ou moins graves, qu'on a fautivement associés à leur latéralité à gauche. Les *droitiers pathologiques*, outre qu'ils sont plus rares (puisqu'ils sont originellement gauchers), ne donnent, bien sûr, jamais lieu à cet amalgame.

81. Médecin de l'Hospice de Bicêtre et de l'hôpital psychiatrique Henri-Rousselle, ancien chef clinique de la Faculté de Médecine, membre du Conseil supérieur de l'Assistance publique, expert près le Tribunal de la Seine, officier de la Légion d'honneur, officier de l'Instruction publique.

82. J. Roubinovitch, « Discussion des communications sur les gauchers », *Annales de médecine légale, de criminologie et de police scientifique,* t. 15, n°1, 1935, pp. 142-145 (p. 144).

83. C. L. Burt, *The Backward child, op. cit.,* p. 281.

84. *Ibid.,* p. 286.

85. *Ibid.,* p. 287.

86. *Cour d'assises du Gard. Les Crimes de Gaspard le Gaucher,* Rambervillers, impr. Mejeat, 1850, p. 7. Les italiques sont d'origine.

87. *Ibid.,* p. 8.

88. Cf. R. Marx, *Jack l'Éventreur et les fantasmes victoriens,* Bruxelles, éd. Complexe, 1987, p. 25.

89. Cf. R. M. Utley, *Billy the Kid,* Éd. du Rocher, 1997, p. 186.

90. C. Lombroso, *L'Uomo delinquente,* 1876 ; éd. franç. *L'Homme criminel. Criminel-né - Fou moral - Épileptique. Étude anthropologique et médico-légale,* Paris, F. Alcan, 1887, IIIe partie (« Biologie et psychologie du criminel-né »), chap. II (« Sensibilité générale, physique [etc.] chez les criminels »), 12 (« Mancinisme »), pp. 301-302. Nous avons recalculé les pourcentages, qui étaient faux pour certains. Dans son article de 1884 et dans celui de 1903 (cf. bibliographie), l'auteur donne d'autres chiffres, ce qui tend à confirmer le caractère passablement fantaisiste de ses travaux : 13% de gauchers chez les criminels hommes ; 22% chez les femmes ; 33% chez

les escrocs, sexes confondus ; entre 9 et 10% chez les meurtriers et les ravisseurs.

91. C. Lombroso, « Left-handedness and left-sidedness », art. cité, p. 443.

92. *Ibid.*, p. 444.

93. J. Mesnil, « Le phénomène Lombroso », *Le Mercure de France*, juin 1900, pp. 627-650 (p. 627).

94. O.-M. Lannelongue, « Gaucherie et droiterie », art. cité, pp. 508-509.

95. Henri Joly, *La France criminelle*, Paris, L. Cerf, 1889, p. 208. Il est piquant de noter qu'il lui fut répondu : « Quelques-uns à peine [...]. Ce qui est plus fréquent, à l'arrivée, ce sont les enfants scrofuleux par suite de maladies héréditaires (inutile de dire lesquelles) et de la misère. »... Mais Joly ne semble pas pour autant remettre en question ses certitudes.

96. On pourra se reporter aux quelques citations rapportées par L. J. Harris « Left-handedness », art. cité, p. 53.

97. Médecin légiste anglais.

98. J. Adam, *Les Gauchers en médecine légale. Étude médico-légale*, thèse de médecine, Faculté de Paris, 1935, pp. 90-91 (c'est moi qui souligne).

99. J.-H. Boscq, *Les Causes de la droiterie et de la gaucherie*, *op. cit.*, p. 18.

100. J. Adam, *Les Gauchers en médecine légale*, *op. cit.*, pp. 92-93.

101. *Ibid.*, p. 94.

102. *Ibid.*, p. 92 (c'est moi qui souligne).

103. S. Freud, *L'Inquiétante étrangeté et autres essais*, éd. Paris, 1985, pp. 211-263.

104. Il nous est impossible, dans le cadre du présent ouvrage, de développer le sujet. Nous nous permettons de renvoyer le lecteur à notre thèse de doctorat, où de longues pages y sont consacrées (P.-M. Bertrand, *La Symbolique de la droite et de la gauche*, *op. cit.*, pp. 177-206, 227-252).

105. Dans un ouvrage publié à Bâle sous le titre *Das Mutterrecht* (cf. A. Turel, *Du règne de la mère au patriarcat*, Paris, 1938, pp. 34 sq. ; V. Fritsch, *La Gauche et la Droite*, *op. cit.*, pp. 40-45).

106. W. Fliess, *Der Ablauf des lebens*, 1906 (cité par V. Fritsch, *La Gauche et la droite*, *op. cit.*, p. 165).

107. Cité *ibid.*, p. 166.

108. W. Stekel, *Die Sprache des traumes*, Wiesbaden, 1911 (cité par D. Pignon, *La Main sauvage*, *op. cit.*, p. 145).

109. Cf. J. van Leeuwen-Turnovcová, *Rechts und links in Europa*, *op. cit.*, p. 11. En argot australien, un *gaucher* se dit *molly-dooker*, ce qu'on peut traduire par « paluche de tantouze » (D. Pignon, *La Main sauvage*, *op. cit.*, p. 142).

110. Grégorio Marañon, *Amiel. Une étude sur la timidité*, 4e éd., Paris, Gallimard, 1938, p. 213. Voir aussi, du même auteur, l'ouvrage sur *Tibère* (éd. franç., Paris, NRF, Gallimard, 1941), notamment les chapitres intitulés « Timidité sexuelle de Tibère » et « Tibère le gaucher ». Voir également son article déjà cité sur « La Monstrua de Carreño ». Comme l'a fort bien montré D. Pignon, l'assimilation de la gaucherie à l'homosexualité était encore courante dans les années d'après-guerre, notamment

dans le cinéma anglo-saxon. Le western d'Arthur Penn, *The Left-handed gun* (1957), jouait ainsi parfaitement de l'ambiguïté du personnage incarné par Paul Newman, dont André Bazin disait qu'il obéissait à des « critères moraux plus que confus » (article du *Nouvel Observateur,* 9 octobre 1958 ; cité par D. Pignon, *La Main sauvage, op. cit.*, p. 139).

111. Cf. Roger Chartier, « Les pratiques de l'écrit », in Ph. Ariès & G. Duby, dir., *Histoire de la vie privée. 3. De la Renaissance aux Lumières,* Paris, Seuil, 1986, pp. 113-161 (p. 119).

112. A. Duchesne, *Sur les élèves ambidextres, et sur la nécessité d'en former dans les arts de l'écriture et du dessin, et dans les différents métiers mécaniques,* s.l., 1786, p. 8.

113. L. Jobert, *Les Gauchers comparés aux droitiers, op. cit.*, pp. 31-32 (c'est moi qui souligne).

114. J.-A. Comte, « Recherches anatomico-physiologiques relatives à la prédominance du bras droit sur le bras gauche », *Journal de physiologie expérimentale et pathologique,* t. 8, 1828, pp. 41-80 (p. 47).

115. P. Le Damany, « Droitiers et gauchers », *Bulletins et mémoires de la Société d'anthropologie de Paris,* vol. 9, 1919, pp. 57-80 (p. 65).

116. O.-M. Lannelongue, « Gaucherie et droiterie », art. cité, p. 504.

117. P. Le Damany, « Droitiers et gauchers », art. cité, p. 77.

118. Anonyme, « Left-handedness », *Medical record,* New York, vol. 30, n°21, 20 nov. 1886, p. 579.

119. J.-B. Salgues, *Des erreurs et des préjugés répandus dans la société,* Paris, F. Buisson, 1810, p. 100.

120. V. Kovarsky, « La gaucherie. Les troubles fonctionnels d'origine psychogénique chez les gauchers contrariés », *Annales médico-psychologiques,* t. 2, nov. 1938, pp. 545-562 (p. 548).

121. J. Thyss, *Étude bibliographique et critique du problème des gauchers, op. cit.*, 1946, p. 86. La même année, un auteur remarquera : « Il est exceptionnel de rencontrer un gaucher à qui les parents ont permis, sans lutte préalable, de se servir de sa main gauche » (G. Blœdé, *Les Gauchers. Étude du comportement, de la pathologie et de la conduite à tenir,* thèse de médecine, Faculté de médecine et de pharmacie de Lyon, n°98, 15 février 1946, p. 63). En 1950, les choses n'ont toujours pas évolué : « Jusqu'à présent tous les gauchers que nous avons eu à examiner étaient des gauchers contrariés. » (V. Kovarsky, « Dépistage des gauchers contrariés », *Annales d'oto-laryngologie,* t. 67, n°2-3, février-mars 1950, pp. 179-182 [p. 179]). En 1951, José Alves Garcia prétend : « Les droitiers absolus constituent la grande majorité chez l'homme, soit 94%. Il est exceptionnel, par ailleurs, de rencontrer un gaucher complet, c'est-à-dire un homme exécutant tous les actes de la vie pratique et ses travaux, y compris l'écriture, de la main gauche. Il est à présumer, en conséquence, que beaucoup d'ambidextres ne sont que des gauchers originaires dont la pédagogie, l'école ou la fabrique sont venues contrarier la tendance naturelle. » (*Les Troubles du langage,* Paris, Masson & Cie, 1951, p. 19).

122. P. Le Damany, « Droitiers et gauchers », art. cité, p. 77. Citons aussi « De par nos habitudes sociales, il est nécessaire pour nous d'être droitiers sous peine d'être considérés comme des anormaux, presque comme des infirmes » (*ibid.*, p. 76) ; « Les parents devraient veiller avec soin à ce que leurs nourrissons s'orientent vers l'usage habituel de leur main droite [...]. Dans notre organisation sociale moderne, l'homme, pour qu'il n'y ait pas d'à-coups dans ses rouages, doit hélas être de plus en plus fabriqué en série ; et le gaucher n'est qu'un fantaisiste. » (R. Piédelièvre, M. Dérobert & M. Fourault, « Gauchers et droitiers », *Annales de médecine légale, de criminologie et de police scientifique*, t. 14, 1934, pp. 915-922 [p. 922]).

123. Toutes ces méthodes de redressement et les discours qui les accompagnent (phrases entre guillemets) ont été inventoriés en leur temps par divers auteurs, notamment V. Kovarsky, « La gaucherie », art. cité ; P. Klingebiel, *L'Écolier gaucher. De l'école maternelle aux grandes écoles. Examens - Portraits - Rééquilibrations. Études pratiques pour les parents et pour les maîtres,* Paris, Éd. sociales françaises, 1963, pp. 22-28.

124. R. A. Lithgow, « Left-handedness », art. cité, p. 660.

125. L. Jobert, *Les Gauchers comparés aux droitiers, op. cit.*, p. 31. Certains auteurs stipulent qu'en l'absence de reddition l'enfant pouvait ainsi rester menotté plusieurs années de suite !

126. D. Wilson, *The Right hand : left-handedness,* Londres, New York, MacMillan & Co, 1891, p. 146.

127. E. R. Pennel, *The Life and letters of Joseph Pennel,* Boston, 1929, vol. I, p. 11.

128. *Ibid.*, p. 19.

129. V. Kovarsky, « Surdité verbale et gaucherie contrariée », extrait du *Journal français d'oto-rhino-laryngologie,* n°3, février 1953, p. 10.

130. *Ibid.*, p. 11.

131. P. Klingebiel, *L'Écolier gaucher, op. cit.*, p. 25.

132. « [Il] est père d'une fille tellement gauchère, que, dès le berceau, on a été forcé de lui emmailloter la main gauche, pour l'obliger à se servir de la main droite. » (Prosper Lucas, *Traité philosophique et physiologique de l'hérédité naturelle dans les états de santé et de maladie du système nerveux,* Paris, B. Baillière, t. I, 1847, p. 600).

133. W. W. Ireland, « On mirror-writing and its relation to left-handedness and cerebral disease », *Brain,* vol. 4, 1881, pp. 361-367 (p. 363).

134. V. Kovarsky, « La gaucherie », art. cité, p. 550.

135. *Ibid.*, p. 550.

136. Gr. St. Hall, *Life and confessions of a psychologist,* Appelton, New York, Londres, 1923, p. 122.

137. Témoignage rapporté par P. Klingebiel, *L'Écolier gaucher, op. cit.*, p. 26. Autres exemples : « Christian G..., 7 ans, nous est présenté pour son bégaiement et sa nervosité. C'est un gaucher contrarié ; mais voici les grandes vacances, il n'est plus obligé d'infliger à la main droite une lourde contrainte : le bégaiement cesse ; la nervosité s'améliore. La rentrée le remet dans l'obligation de se soumettre à une institutrice intransigeante et d'écrire de la main droite : le bégaiement reprend. » ; « Jean-Pierre L..., 4 ans, de mère et de grand-père gauchers, gaucher homogène lui-même, a com-

mencé à bégayer au moment où la famille a immobilisé son membre supérieur gauche pour en faire un droitier. » (Dr Aubin, Claveyrolles, Couriol & Pissis, « Notes cliniques, psychotechniques et pédagogiques sur la gaucherie », Cahors, s.l., s.d. [ca 1940 ?], pp. 7-12 [p. 9]).

138. Cf. P.-F. Girard, A. Garde & P. Carrier, « Étude physiologique et pathologique de la gaucherie », *Journal de médecine de Lyon,* 1946, pp. 759-768 (p. 765).

139. Dr Lévy-Bruhl, « Quelques données sur le problème des gauchers », *Le Concours médical,* 9 juillet 1939, n°28, pp. 1867-1868 (p. 1868).

140. Cf. M. Roumajon, « Les troubles du langage chez les gauchers », *Revue de neuropsychiatrie infantile et d'hygiène mentale de l'enfance,* n°11-12, nov.-déc. 1955, pp. 567-570 ; H. Bergues, « La droiterie-gaucherie et les troubles de la parole », in *Le Niveau intellectuel des enfants d'âge scolaire,* INED, Travaux & documents, cahier n°23, Paris, PUF, 1954, pp. 187-222 (notamment les pp. 195-200).

141. « Les enfants qui bégaient ou qui ont des défauts de prononciation sont, à peu d'exception près (nous n'en avons pas rencontré), des gauchers contrariés. » (V. Kovarsky, « Faut-il rééduquer les gauchers ? », *Comptes rendus de l'Académie des sciences,* séance du 24 oct. 1938, pp. 743-744 [p. 743]) ; « Tous les bègues, de même que tous les porteurs de défauts de prononciation, enfants ou adultes, dont nous avons eu à nous occuper jusqu'à présent, sont des gauchers contrariés » (V. Kovarsky, « Dépistage des gauchers contrariés », art. cité, 1950, p. 180).

142. Cf. J. Thyss, *Étude bibliographique et critique du problème des gauchers, op. cit.,* 1946, pp. 99-106 ; V. Kovarsky, « Dépistage des gauchers contrariés », art. cité, p. 180.

143. Cf. W. S. Innam, « An inquiry », art. cité, p. 215.

144. W. W. Ireland, « On mirror-writing », art. cité, p. 366.

145. V. Kovarsky, « La gaucherie », art. cité, p. 552.

146. G. M. Gould, « The origin of right-handedness », *The Boston medical and surgical journal,* vol. CLVII, n°18, 1907, pp. 597-601 (p. 600).

147. Le qualificatif de *southpaw,* traduit simplement par *gaucher* dans les dictionnaires anglais/français, désigne très précisément, pour les Américains, un joueur de base-ball gaucher. Il aurait été inventé autrefois à Chicago. En effet, le terrain de base-ball municipal était orienté de telle façon que le lanceur faisait face à l'ouest ; s'il était gaucher, le bras avec lequel il lançait la balle était donc invariablement situé au sud *(south).* Comme le souligne L. J. Harris (« Left-handedness », art. cité, p. 4, n. 2), qui rapporte cette explication, le terme de *southpaw,* s'il n'a rien de péjoratif, reste toutefois assez discriminatoire puisqu'un lanceur droitier n'est pour sa part jamais qualifié de *northpaw.* La normalité n'est pas un signe distinctif.

148. F. Tilney, témoignage paru dans *Archives of neurology and psychiatry,* vol. 36, 1936, pp. 896-902 (pp. 897-898).

149. G. Blœdé, *Les Gauchers, op. cit.,* pp. 34-35.

150. V. Kovarsky, « La gaucherie », art. cité, p. 555.

151. « Il est né gaucher : mais, si vous l'interrogez sur ce point, ses réponses sont négatives. Insistez sur les questions qui ont rapport à la force et à l'adresse des bras et

des mains, et vous constaterez que le gauchisme n'a pas perdu tous ses droits » (F. Nivelet, *Étude sur le dédoublement de la motricité volontaire en corrélation avec le dédoublement des hémisphères cérébraux : droiterie - gauchisme - ambidextrie*, Commercy, Cabasse, 1889, p. 25).

152. G. Perec, *W ou le souvenir d'enfance*, Denoël, 1975, 2e partie, xxix, pp. 184-185.

153. F.R.S., lettre « to the editor of the *Times* », *Times*, 7 mars 1933, p. 10. G. Menut (« L'enfant gaucher », *Revue naturiste*, 4e trim. 1955, pp. 198-215 [pp. 198-199]) relate pour sa part le cas d'un ouvrier de trente-cinq ans qui, ayant perdu son bras droit dans un accident du travail, s'étonne non seulement que sa main gauche se soit révélée si prompte à remplacer la main droite, mais que le bégaiement très marqué dont il était affublé depuis l'enfance ait dans le même temps disparu. Il questionne ses parents, qui lui apprennent alors qu'il était né gaucher et que, en bons pédagogues, ils s'étaient évertués à le remettre à droite.

154. « Dès que M. X s'asseyait au comptoir, la crainte de mal écrire le préoccupait tellement qu'il s'exerçait long-temps pour rompre le pouce de la main droite au travail, disait-il. Quand il se croyait à peu près sûr de bien écrire ses livres, il cherchait la position la plus commode pour que les mouvemens de sa main et de ses doigts fussent aussi libres que faire se pouvait. Mais dès qu'il tenait sa plume, le pouce se portait involontairement en arrière, puis en dehors et lâchait prise. Recommençant ainsi plusieurs fois de suite, il finissait par écrire assez mal et avec de si pénibles efforts qu'il en était malade. » (J.-J. Cazenave, *De quelques infirmités de la main droite qui s'opposent à ce que les malades puissent écrire et du moyen de remédier à ces infirmités*, Paris & Bordeaux, 1846, p. 14).

155. W. S. Innam, « An inquiry », art. cité, p. 211.

156. V. Kovarsky, « Surdité verbale et gaucherie contrariée », art. cité, pp. 2, 6.

157. S. Freud, « Lettre à Fliess, Vienne, 4. I. 1898 » ; in M. Bonaparte, A. Freud & E. Kris, éd., *La Naissance de la psychanalyse*, Paris, PUF, 1979, pp. 215-216.

158. Cf. G. Blœdé, *Les Gauchers, op. cit.* ; P.-F. Girard, A. Garde & P. Carrier, « Étude physiologique et pathologique de la gaucherie », art. cité ; J. Thyss, *Étude bibliographique et critique du problème des gauchers, op. cit.* ; V. Kovarsky, « Quelques signes morpho-psycho-physiologiques de la vraie gaucherie et de la gaucherie contrariée », *Morphopsychologie humaine*, fasc. 5, n°4, 1952, pp. 3-6.

159. In M. Bradfer & J.-J. Rouch, éd., *Punis ! Témoignages sur les punitions à l'école*, Cestas, Elytis, 2004, p. 39.

160. *Ibid.*, p. 92.

161. Michel Serres, né en 1930, fait partie des rares gauchers contrariés à se déclarer satisfait de son sort. Mieux, il en tire un sentiment de plénitude d'être : « Je ne conseillerai à personne de priver un enfant de cette aventure, de la traversée du fleuve, de cette richesse, de ce trésor que je n'ai jamais pu épuiser, puisqu'il contient le virtuel de l'apprentissage, l'univers de la tolérance et le scintillement solaire de l'attention. Lesdits gauchers contrariés vivent dans un monde dont la plupart des autres n'explorent que la moitié. Ils connaissent limite et manque et je suis comblé : hermaphrodite latéral. » (*Le Tiers-Instruit*, Paris, Éd. Fr. Bourin, 1991, p. 36).

Troisième partie

LES GAUCHERS TOLÉRÉS

L'anormalité est aussi légitime que la règle.
Gustave Flaubert.

De nos jours, dans nos démocraties occidentales, les gauchers ne font plus l'objet d'aucune attaque. Certes, l'univers quotidien leur reste encore un peu hostile (qu'on songe seulement à l'emplacement du stylo bille au guichet des banques), mais, dans l'ensemble, ils jouissent d'une parfaite tranquillité. Même les réactions un peu amusées qu'ils pouvaient encore susciter il y a une dizaine d'années n'ont plus lieu d'être. La gaucherie n'est plus une anomalie ; tout juste constitue-t-elle encore, tant elle est devenue fréquente, une particularité digne d'être notée.

Pour en arriver là, il aura fallu (si l'on se souvient des misères infligées jadis aux enfants gauchers) que s'opère une véritable révolution culturelle. Cependant, il serait faux de croire que cette liberté a été acquise de haute lutte après des siècles de persécution et d'emprise obscurantiste. En réalité, l'esprit de tolérance a sans doute été plus répandu qu'il n'y paraît, particulièrement en certains siècles reculés où l'on ne s'attendrait guère à le rencontrer.

I. L'ÂGE D'OR DU MOYEN ÂGE

Depuis tout le temps que nous collectons la documentation pour le présent ouvrage, le sentiment que le Moyen Âge a fait preuve de tolérance à l'égard de la minorité gauchère ne laisse pas de nous suivre. Encore faut-il préciser ce que nous entendons par *tolérance* : non pas une attitude bienveillante d'ouverture à autrui, mais une certaine disposition d'esprit (en l'occurrence un certain type de morale sociale) amenant à ne pas combattre quelque chose qu'on réprouve pourtant [1]. Il est en effet incontestable que le Moyen Âge, qui tenait en suspicion la gauche en général et la main gauche en particulier, avait tendance à regarder les *esclanchiers* d'un assez mauvais œil. On se souvient sans doute que les *Évangiles des quenouilles* (XVe siècle) qualifiaient la gaucherie de « préjudice ». On se souvient aussi que cette particularité faisait volontiers partie, pour reprendre la formule de Michel Pastoureau, de « la panoplie emblématique » de la mauvaiseté (cf. Ganelon saluant Charlemagne, Ève cueillant le fruit défendu, le géant gaucher du roman de *Mélusine,* etc.). Mais, par comparaison à ce que nous savons des époques plus récentes, il nous semble que ce mépris se limitait alors à une dimension toute symbolique. Nulle part, à notre connaissance, dans les archives policières et judiciaires, dans les traités de morale, de médecine ou de théologie, dans les multiples registres que nous ont légués les diverses institutions civiles et religieuses du Moyen Âge, ne se trouve la moindre preuve que les gauchers aient donné lieu à une répression sociale organisée, qu'ils aient été traqués, châtiés de quelque façon, ni même qu'ils aient fait l'objet d'attaques *ad hominem,* dirigées expressément contre leur particularité [2]. Pour dire les choses autrement, il semble que les gauchers, en dépit de leur mauvaise réputation, étaient alors parfaitement tolérés au sein de la communauté. Comme en témoigne la *Tapisserie de Bayeux* où l'on en remarque en différents endroits, notamment parmi les ouvriers d'un chantier naval, ils faisaient partie intégrante du paysage humain. Certains indices nous suggèrent même qu'ils ont pu en toute quiétude se prévaloir de leur différence ; c'est du moins ce qui ressort du fait que certains scribes aient clairement stipulé qu'ils avaient rédigé leur manuscrit de la main gauche [3] ou encore du fait que certaines personnes aient porté des surnoms pouvant indiquer qu'elles étaient gauchères (les *Willelmus Esclanchier, Thibaud Gauchier* et autres *Jehans li Gaucherot* qui apparaissent dans divers actes des XIIIe et XIVe siècles) [4].

Bref, tout porte à croire que l'époque médiévale, en raison de son absence de politique coercitive à l'égard des gauchers, a constitué pour cette catégorie de l'humanité une sorte d'âge d'or.

Nous sommes néanmoins resté longtemps assez circonspect quant au bien-fondé de notre théorie. Au surplus, ne craignons pas de le dire, celle-ci va à l'encontre de bien des idées reçues. Le Moyen Âge n'est-il pas l'âge de l'Inquisition, des chasses aux sorcières, des préjugés *moyenâgeux* ? Comment faire admettre qu'un petit *esclanchier* du temps de Louis XI bénéficiait d'une impunité dont un petit gaucher de la France de Pétain n'eût pas même osé rêver ? Nous étions donc tout prêt à en rester là lorsque la lecture providentielle d'un récent article du très confidentiel *Journal of osteoarchaeology* nous confirma la justesse de notre impression.

Nous apprenions dans cet article que des archéologues britanniques venaient d'entreprendre l'examen minutieux de quatre-vingts squelettes, datés du XIe au XVe siècle, exhumés du cimetière médiéval de Wharram Percy, dans le Yorkshire [5]. Partant du principe dûment démontré par l'ostéologie que les os du bras le plus fort sont toujours plus épais et plus longs que ceux du bras opposé [6], il fut possible à ces archéologues de distinguer les sujets qui avaient été droitiers de ceux qui avaient été gauchers. À la surprise générale, ils obtenaient les chiffres suivants :

Droitiers	81%
Gauchers	16%
Ambidextres ou indéterminés	3%

Répartition de la latéralité dans la population médiévale de Wharram Percy (d'après Steele & Mays, 1995).

Ainsi le nombre de gauchers vivant à Wharram Percy il y a plus d'un demi-millénaire était-il très proche de celui généralement observé à l'heure actuelle dans nos démocraties industrielles depuis que l'interdit de la main gauche a été levé. Cette étude confirme donc de manière inattendue notre hypothèse : contrairement aux époques ultérieures, le Moyen Âge s'était selon toute apparence montré permissif à l'égard de ceux qui préféraient faire usage de leur main gauche plutôt que de leur main droite.

Cela établi, deux questions imbriquées se posent. Qu'est-ce qui, dans les caractéristiques mêmes de la société médiévale, pouvait faire que cette tolérance fût possible ? Ensuite, à quel moment, pour quelles raisons et dans quelles circonstances les choses auront-elles changé ? Quelle rupture aura bien pu se produire pour qu'une civilisation décrétât inacceptable ce qu'elle avait, semble-t-il, été capable d'accepter jusque-là ? L'histoire de la sociabilité, plus précisément celle des habitudes de table, est susceptible d'apporter une première réponse.

Le temps d'avant les règles de civilité

Quand on compulse les traités de savoir-vivre médiévaux, on constate qu'il n'y est presque jamais donné de consignes sur l'usage de telle ou telle main pendant les repas. Par exemple, bien qu'on y trouve toutes sortes de règles élémentaires de maintien (ne pas parler la bouche pleine, ne pas cracher, ne pas se moucher dans la nappe, etc.), la *Contenance de la table,* parue à la fin du XVe siècle [7], reste muette sur le sujet de la latéralité. La raison en est simple : en effet, la fourchette n'existant pas (elle entrera dans les mœurs dans le courant du XVIIe siècle), il était d'usage en ce temps de manger directement avec les mains. Certes, d'aucuns auront pu juger assez fruste, surtout sous le regard d'autrui, de « mettre la viande en la bouche de chacune main, et manger des deux costez [8] », mais ils n'estimaient pas que la prééminence de la main droite dût s'imposer en la circonstance. Ainsi, dans le *Hofzucht* de Tannhäuser (XIIIe siècle), si l'on critique « l'habitude de manger avec les deux mains à la fois », on ne se sent nullement empêché de préciser dans le même temps :

> « Il faut toujours manger de la main qui est la plus éloignée du voisin. Si ton voisin se tient à ta droite, mange de ta main gauche [9] ! »

Tout cela allait bientôt changer. Comme l'a établi Norbert Elias [10], la seconde moitié du XVIe siècle, qui voit s'achever la décadence de la noblesse chevaleresque et s'instaurer l'absolutisme royal, représente une période propice à l'émergence de nouveaux types de comportements. Le pouvoir est désormais appelé à être de plus en plus centralisé, incarné par un souverain et une caste dirigeante qui gravite autour de lui, la cour. Pour cette dernière, l'étiquette, le protocole, le décorum, la politesse et autres formes du paraître constituent une marque de respect et de dépendance vis-à-vis du monarque. C'est dans leur stricte observance que l'on tient son rang et que l'on peut ainsi prétendre jouir des privilèges qui lui sont dus. Les règles de vie courtisanesques vont dès lors constituer des modèles de « bonnes manières » au sens large du terme, c'est-à-dire des principes de coexistence susceptibles en théorie d'être assimilés par toutes les couches de la société, jusqu'aux plus basses. Érasme (1469-1536) sera le premier promoteur de cette conception :

« Il est honteux pour ceux qui sont de haute naissance de ne pas avoir des mœurs correspondant à leur noble extraction. Ceux dont la fortune a fait des plébéiens, des gens d'humble condition, des paysans même, doivent s'efforcer d'autant de compenser par de bonnes manières les avantages que leur a refusés le hasard. Personne ne choisit son pays ni son père : tout le monde peut acquérir des qualités et des mœurs [11]. »

Au cours du XVIIe siècle, les barrières traditionnelles entre aristocratie et bourgeoisie tendant à se lever, la seconde se verra offrir la possibilité d'accéder à une certaine forme de pouvoir, économique, juridique, financier ; elle s'efforcera donc par mimétisme de faire siens des usages réservés jusque-là à l'élite de cour. Se confirme alors l'acculturation par les masses des mœurs mondaines. Plus précisément, à la vieille notion de « courtoisie », correspondant à l'idéal de savoir-vivre seigneurial, va rapidement se substituer celle de « civilité », désignant les normes de vie en société que se doit de respecter tout « honnête homme ».

Ce mouvement de fond, qui s'amorce à la Renaissance pour sans cesse s'amplifier par la suite, présuppose un respect scrupuleux de soi-même et d'autrui, un contrôle, une autodiscipline incomparablement plus forte qu'auparavant. On va désormais s'imposer des obligations et des interdits de toutes sortes, un code général de bonne conduite, plus ou moins arbitraire. Des attitudes jusque-là tolérées seront maintenant qualifiées d'inconvenantes, des usages jusque-là ignorés passeront pour les seuls convenables qui soient. Pour le sujet qui nous occupe, le résultat ne se fait guère attendre. Très tôt, en effet, se fait jour la nécessité d'attribuer à la dextre certaines prérogatives et, dans le même temps, de ravaler la main gauche dans sa bassesse coutumière. Les premières directives de cet ordre figurent dans le *De civilitate morum puerilium* d'Érasme, en 1530, prototype des manuels de civilité modernes et véritable *best-seller* du siècle (au moins quatre-vingts éditions et quatorze traductions jusqu'en 1600) : « En posant un plat comme en versant à boire, y lit-on par exemple, ne te sers jamais de la main gauche [12]. » D'autres auteurs y feront bientôt écho :

« Et ne faut point qu'il [l'enfant] porte la viande à la bouche tantost d'une main tantost de l'autre, comme les petis qui commencent à manger : mais que tousiours il le face avec la main droite, en prenant honestement le pain ou la chair avec troys doigts seulement [13]. »

Nous constatons ici combien les usages de la table auront rapidement évolué. Jusqu'à la fin du XVe siècle, on mangeait soit des deux mains à la fois (lorsqu'on était peu soigneux), soit, si l'on voulait faire preuve d'un peu de savoir-vivre, d'une seule main, droite ou gauche selon les hasards du plan de table. Dès le milieu du XVIe, on ne conçoit plus qu'un enfant bien élevé porte la nourriture à sa bouche autrement qu'avec sa seule main droite. La coutume s'est établie ; elle ne sera presque plus jamais remise en cause.

Par la suite, à mesure que les classes moyennes s'enrichissent et montent dans la hiérarchie sociale, les règles de civilité revêtent un caractère toujours plus normatif, dépouillées qu'elles sont de leur distinction mondaine originelle. (Notons que le même processus s'opère avec la langue de cour, le « bel usage », qui s'impose peu à peu comme le français standard). Elles deviennent aussi toujours plus nombreuses et plus impératives. Leur implantation dans les milieux les plus humbles s'accentue, aidée en cela par l'institution ecclésiastique qui s'emploie à leur conférer le statut de vertus chrétiennes. La civilité devient, outre une façon de bien se tenir en société, une manière de plaire à Dieu, de respecter l'esprit du message évangélique dans les petits actes de la vie quotidienne. Il y a désormais une manière *honnête* de se tenir à table et une manière *déshonnête*. Utiliser sa main gauche au lieu de sa main droite procède incontestablement de la seconde. En fait foi cette diatribe de Pierre Lepetit en 1683, inspirée des écrits de saint Augustin :

> « Ne blasmez vous pas tous les jours ceux qui sont gauchers et qui mangent de leur main gauche ? Si vous croyez vostre table deshonorée lorsqu'un homme y mange de cette sorte, comment Dieu ne croira-t-il pas la sienne deshonorée si de vostre gauche vous faites vostre droite, & de vostre droite vostre gauche [14] ? »

Jean-Baptiste de La Salle (1651-1719) sera un des principaux artisans en France de cette moralisation des comportements sociaux. *Les Règles de la bienséance et de la civilité chrétienne* qu'il publie en 1703 (lesquelles ne connaîtront pas moins de cent soixante-seize rééditions jusqu'en 1875 ; c'est dire leur importance capitale dans l'histoire de nos mœurs [15]) constituent un invraisemblable répertoire de consignes toutes plus vétilleuses les unes que les autres. L'enfant, à qui son livre s'adresse en priorité, est désormais pris dans un carcan disciplinaire qui ne lui accorde pas la moindre liberté d'action. Alors qu'elles ne tenaient encore que quelques lignes chez Érasme et ses proches continuateurs, les prescriptions afférentes à l'usage de la main droite et de la main gauche au moment du repas se comptent ici presque par dizaines :

> « Apres avoir déplié sa serviette il faut avoir soin qu'on ait son assiette devant soy, et que le couteau, la fourchette et la cueillere soient à la main droite, afin qu'on les puisse prendre commodément [...]. Il est contre la bien-séance de tenir la fourchette ou la cuilliere à pleine main, comme si on tenoit un baton : mais on doit toujours les tenir entre ses doigts. Il ne faut aussi jamais les tenir de la main gauche, lors qu'on les porte à la bouche [...]. Il est de la bien-séance de presenter son assiette en la tenant de la main gauche, et tenant le couteau ou la fourchette de la main droite pour appuier dessus ce qui est servi en cas de besoin [...] et il n'est pas supportable de manger avec ses deux mains, mais il faut porter les morceaux à sa bouche avec la main droite seule, et se servir de la cueillere, ou de la fourchette pour y porter tout ce qui est frais, gras ou liquide [...]. Il est tout à fait mal-séant de tirer de sa bouche avec les deux doigts ce qu'on ne peut avaler comme les os, les noyaux, les arestes, etc. Et il l'est encore beaucoup plus de les laisser tomber de sa bouche du haut en bas ou à terre ou sur son assiette comme si on vomissoit : il est aussi mal-honneste de les cracher sur son assiette ou dans sa main, mais il faut les recevoir honnestement avec la main gauche la tenant a demy fermée, et les mettre sur son assiette sans que cela paraisse [...]. Il est aussi fort mal-honneste de tenir l'écuelle par l'oreille avec la main gauche comme si on avoit peur que quelqu'un ne la prit [...]. La place où l'on doit mettre le morceau de pain qu'on a pour manger est le costé gauche auprés de l'assiette ou sur la serviette ; il est mal-honneste de le mettre à droite au devant, ou derriere l'assiette [...]. Mordre dans le pain est une chose si ridicule qu'il n'y a que des personnes mal élevées et d'une basse éducation qui en soient capables. Pour couper du pain, il faut le tenir de la main gauche et trancher de la main droite avec le couteau [...]. Il est aussi mal honneste d'avaler les noyaux [de fruits] ou de les casser avec les dents ou de les casser avec quelqu'autre chose pour en tirer l'amande. Il n'est pas aussi séant de les cracher sur son assiette, ou de les jetter a terre ou dans le

feu, mais il faut les prendre de la main gauche à demy ouverte, et les mettre ensuite honnétement sur son assiette [16]. »

Notons que ces observances concernent aussi bien ceux qui prennent leur repas que ceux qui le servent :

« Il faut ensuite donner à laver [aider à laver les mains] en élevant un peu l'aiguiere avec ceremonie, ayant la serviette pliee en long sur l'épaule gauche, et tenant le bassin par dessous, posé sur la main et sur le bras gauche [...]. Il faut estre découvert pour servir à table, il le faut particulièrement pour servir à boire et lorsqu'on en presente à quelqu'un, il faut tenir le verre par le pied avec la main gauche [...] et puis l'ayant presenté comme en le baisant verser doucement de l'eau avec l'aiguiare [sic] ou le pot qu'on doit tenir de la main droite [...]. [À la fin du repas :] Si on est chargé de tenir la chandelle pour conduire la Compagnie, on ne la prendra pas toute seule, mais avec le chandelier qu'on portera de la main droite en tenant son chapeau de la main gauche, et éclairant la compagnie en marchant le premier [17]. »

On voit ici combien la primauté droitière aura étendu son empire en l'espace d'un siècle et demi. L'année 1530, celle de la parution du fameux traité d'Érasme et de ses premiers préceptes « droitiers » de civilité, pourrait donc être retenue comme une date fatidique dans l'histoire des gauchers. Auparavant, peut-être ceux-ci n'avaient-ils pas une image des plus avantageuses dans l'opinion publique, mais ils n'en formaient pas moins une composante légitime du paysage humain ; « cest chose naturelle à ho[m]me estre destrier, combien que aucuns soie[n]t gauschie[rs] », lit-on encore au début du XVIe siècle [18]. Pour dire plus simplement, nul n'aurait jamais songé à leur *interdire d'être ce qu'ils étaient*.

L'instauration des règles de civilité, et des habitus qui s'y trouveront liés, sonnera le glas de cette impunité. Dorénavant, préférer sa main gauche à sa main droite passera pour une infraction ; les gauchers deviendront des *contrevenants*. Il est d'ailleurs assez significatif que la première attestation d'une mesure punitive officielle à leur égard soit de l'époque d'Henri IV. Si l'on en croit l'*Encyclopédie*, en effet, le roi « congédia cinq de ses gendarmes, sans égard à leur bravoure, et par la seule considération de l'abandon dans lequel ils laissoient leur main droite, et de la préférence qu'ils donnoient à leur main gauche [19] ».

Bien qu'elle soit tardive, l'anecdote personnelle rapportée par Jacques-Barthélemy Salgues en 1810 témoigne parfaitement du caractère apodictique de cette nouvelle *sociologie* si défavorable à la gent gauchère. Un jour qu'il était à table en famille, son fils de sept ans « prit sa fourchette de la main gauche, et se disposa à porter à sa bouche ce qu'on lui avoit servi » ; aussitôt le précepteur de l'arrêter pour « l'obliger de se servir de la *belle main,* qui est, selon lui, la main droite ». Devant la surprise du père, le savant homme démontra, avec force arguments péremptoires, que la correction chrétienne la plus élémentaire réclamait en effet « qu'on renonçât à l'usage de la main gauche ». « J'avoue, écrit Salgues, que je n'ai pu me refuser à l'évidence d'aussi belles preuves. J'ai donc ordonné à mon fils de suivre exactement les préceptes de M. l'abbé, et de s'abstenir dorénavant de la gauche, sous peine de ne pas obtenir ma bénédiction de la main droite[20]. »

Certes, cette transformation des mentalités ne se sera pas faite de façon abrupte et la date de 1530 que nous proposons comme *terminus ab quo* est essentiellement symbolique. Sans doute le processus s'était-il enclenché bien plus tôt, comme en font foi les reproches adressés au XIIIe siècle à ceux qui avaient la mauvaise habitude de manger avec les deux mains. Il est par ailleurs tout à fait notoire que, par endroits, la tolérance à l'égard des gauchers s'est maintenue longtemps après 1530 (cf. le cas des paysans du XVIIIe siècle dont nous parlerons plus loin). Les phénomènes sociologiques sont coutumiers de ce genre de flottements. Une chose paraît néanmoins certaine : les hommes des Temps modernes ont unanimement édicté une règle que les hommes du Moyen Âge ignoraient : quand on est poli, c'est avec la main droite en priorité qu'il convient d'effectuer la plupart des opérations de la vie courante (la main gauche se contentant de tenir le rôle d'auxiliaire). Y contrevenir est malséant. On imagine bien que la vie du gaucher n'en aura guère été facilitée. Un autre élément, toutefois, aura certainement contribué à leur embarras. Il s'agit de l'apprentissage de l'écriture.

Le temps d'avant les normes d'écriture

Comme le pensait Philippe Ariès[21], et d'autres historiens avec lui, le développement de l'alphabétisation au XVIe siècle, consécutif à l'invention de l'imprimerie et à la Réforme religieuse, est un des principaux événements politico-culturels à avoir modifié les mentalités occidentales, marquant ainsi le passage du monde médiéval au monde moderne. Excepté quelques cas précoces, comme celui de la Flandre, la population européenne n'a commencé à se familiariser avec la culture de l'écrit qu'à la toute fin de la Renaissance. Les progrès ont dès ce moment été rapides et généralisés, encore qu'ils dénotent de grandes disparités selon les pays considérés. En Écosse, par exemple, le taux d'alphabétisation chez les hommes passe de 25% en 1643 à 78% en 1750. En France, le dépouillement des registres paroissiaux montre qu'en 1686 seulement 29% des hommes et 14% des femmes sont capables de signer ; cent ans plus tard, ils sont respectivement passés à 48 et 27%[22]. Ce bouleversement du paysage social, bénéfique à bien des égards, a certainement été très préjudiciable à la gent gauchère.

En effet, à l'époque médiévale, où l'écriture n'était pratiquée que par une infime minorité de la population, on se souciait semble-t-il fort peu de ce qui pouvait avoir trait à la latéralité. Ainsi, dans les *modus scribendi,* ces traités de calligraphie qui apparaissent à partir du XIIIe siècle, nous ne voyons nulle part que l'usage de la main gauche soit proscrit ; non plus, d'ailleurs, que nous ne voyons en quelque endroit que l'usage de la main droite soit recommandé. Par exemple, alors qu'il préconise d'écrire avec une plume prélevée sur l'aile droite de l'oiseau plutôt que sur l'aile gauche (conformément au système symbolique en vigueur), Hugo Spechtshart *(Forma scribendi,* ca 1346) ne donne pour autant aucune consigne concernant la main, droite ou gauche, avec laquelle on doit s'en servir[23]. Visiblement, cela ne lui importait pas. Au demeurant, la preuve formelle existe que certains copistes du Moyen Âge écrivaient de la main gauche (ils ont porté des mentions telles que *manu sinistra scripsit* ou *scripsit hunc librum manu sinistra* à la fin de leurs ouvrages). Nous reviendrons plus loin sur ces cas de scribes gauchers ; contentons-nous ici d'y voir une nouvelle preuve du caractère laxiste du Moyen Âge vis-à-vis de la minorité gauchère. La pratique scripturale était certes foncièrement droitière (ne serait-ce que par l'orientation des lignes), mais la droiterie n'en constituait pas pour cela une règle impérative. Comme pour les usages de la table, il était à peu près loisible à chacun de faire comme il le souhaitait ou comme il s'y voyait contraint ; l'obligation de résultat n'impliquait pas l'obligation de moyen.

Selon un mécanisme semblable à celui qui a permis l'implantation populaire des règles de civilité, l'écriture ne devint réglementairement droitière qu'à partir du moment où sa pratique, jusqu'alors essentiellement cantonnée dans les milieux monastique, administratif et universitaire, s'est répandue dans de larges couches de la société. Les premières exigences de droiterie en la matière semblent en effet dater de la fin du XVIe siècle[24], à une époque où, précisément, l'instruction commence à se démocratiser grâce à la fondation, un peu partout en Europe, d'écoles ecclésiastiques ou paroissiales (conformément aux directives du concile de Trente en 1547). Là, en imposant la discipline, les maîtres font œuvre de normalisation : l'écriture n'est pas seulement affaire de calligraphie, elle est aussi affaire de méthode. On enseigne aux enfants *la seule et bonne façon de faire,* et c'est bien évidemment la façon du plus grand nombre, c'est-à-dire la façon droitière. L'instruction rejoint en outre l'éducation morale et les premiers abécédaires donnés aux écoliers se confondent avec les premiers manuels censés leur inculquer les règles de vie dans une société droitière : l'ouvrage de Calviac en 1560 s'intitulait déjà *La Civile honnêteté pour les enfants, avec la manière d'apprendre à bien lire, prononcer et écrire*.

Au cours des époques suivantes, la scolarisation — donc l'alphabétisation — de la population européenne s'intensifiera, bridant toujours un peu plus chez les jeunes gens toute intention de faire usage de la « mauvaise main ». En France louis-quatorzienne, les agents les plus efficaces de cette entreprise de normalisation droitière sont à trouver une fois de plus dans les écoles de charité, créées pour remédier à l'ignorance du petit peuple des villes. Parmi ces institutions religieuses, celle des Frères des écoles chrétiennes (1679-1680) tient sans doute une place centrale. Son fondateur en était Jean-Baptiste de La Salle, auteur des *Règles de la bienséance et de la civilité chrétienne,* dont on a pu apprécier plus haut l'intransigeance maniaque pour tout ce qui touchait à la latéralité. Ce petit ouvrage, qui constituait à la fois un alphabet, une grammaire et un précis de moral, allait tenir lieu de bréviaire pour tous les élèves de la congrégation (laquelle comptait plus de cent vingt maisons à la veille de la Révolution).

On doit également au père de La Salle un court traité pédagogique intitulé *Conduite des écoles chrétiennes*. Curieusement, comme on l'a déjà constaté dans les *modus scribendi* médiévaux, il n'est pas donné dans ce livre d'indication de latéralité concernant la manière d'écrire. Par exemple, dans le chapitre consacré au maniement de la plume, on apprend que « le maître doit disposer lui-même la main de l'écolier [et] mettre la plume entre [s]es doigts[25] ». Il est à parier que si La Salle *ne dit pas* de quelle main il s'agit c'est parce que, désormais, *cela va sans dire*... En ce début du XVIIIe siècle, il ne viendrait plus à l'idée de personne de laisser un enfant écrire de la main gauche. La partie de l'ouvrage traitant de la férule nous en persuade. La férule (en usage dans les écoles lasalliennes jusqu'en 1860) était une sorte de petite cravache dont on frappait la main de l'écolier qui s'était rendu coupable « de fautes qui ne sont pas considérables » (le martinet étant réservé, si l'on ose dire, aux grandes occasions). Or, à un moment donné, La Salle fait cette recommandation sur son mode d'emploi :

> « Il faut frapper sur la main gauche [...], afin de ne pas appesantir la main, ce qui serait un grand empêchement à l'écriture[26]. »

Attention aussi délicate que révélatrice : la prérogative de l'écriture est *évidemment* attribuée à la dextre. La façon dont s'exprime La Salle n'est en outre pas indifférente : si le châtiment est infligé à la main gauche, c'est non pas pour épargner *la main droite*, mais, selon ses propres termes, « afin de ne pas appesantir *la main* ». Comprenons ici que la main droite est la main par excellence ; c'est LA main. L'autre, la gauche, est juste bonne à jouer le souffre-douleur de ce système éducatif qui lui nie désormais toute espèce de mérite.

L'école, avec son idéal normatif, aura donc été, si l'on peut dire, le « bras armé » de la droiterie triomphante. C'est en grande partie à son action coercitive que l'on doit la quasi-disparition des gauchers de notre civilisation occidentale au cours des siècles modernes.

Une mutation très progressive

La tolérance dont semblent avoir bénéficié les gauchers jusqu'à la Renaissance aurait donc pris fin sous la pression conjuguée de la civilité (notamment des coutumes de la table) et de l'école (par l'apprentissage de l'écriture). Dans la culture médiévale, la droiterie constituait sans doute la norme physiologique ; sans doute constituait-elle aussi, au plan symbolique, la norme morale. Mais elle n'était, semble-t-il, en aucune façon cette norme disciplinaire qu'elle allait devenir par la suite. Autrement dit, la latéralité n'entrait pas en ce temps dans le champ de la réglementation sociale. Pour être plus exact, la vie quotidienne de l'immense majorité de la population n'ayant pas encore été ritualisée sur le principe de la primauté droitière, il était loisible à chacun de faire à peu près comme il l'entendait. Le cas des villageois de Wharram Percy mentionné précédemment est sans doute un cas extrême, mais néanmoins exemplaire. Ces gens étaient ce qu'on appelait alors des *villains,* c'est-à-dire des paysans non libres, descendants des esclaves carolingiens, sans biens, sans droits et sans instruction, vivant à la limite de l'indigence au fin fond des terres anglo-normandes. Inutile de dire qu'ils étaient analphabètes au dernier degré. Inutile de dire également qu'il importait à personne qu'ils tinssent leur cognée ou leur houe de telle ou telle main, du moment qu'ils accomplissaient la besogne que leur seigneur attendait d'eux. Inutile de dire enfin que leurs manières de se tenir à table ne s'embarrassaient guère des règles de la courtoisie. Que certains d'entre eux fussent gauchers, nul, vraisemblablement, n'en avait cure ; en tout état de cause, nul ne songeait à leur en tenir grief. Étrangers au formalisme du savoir-vivre (alors apanage de la seule noblesse), condamnés leur vie entière à effectuer des travaux de force pour l'essentiel non latéralisés, les paysans misérables d'autrefois pouvaient donc, sans crainte des censeurs, laisser libre cours à leur nature. S'ils étaient nés *esclanchiers, esclanchiers* ils vivaient et *esclanchiers* ils mouraient ; d'où ce chiffre de 16% à 19% relevé par les archéologues : en fait, on est très proche ici du quota naturel de gauchers à la naissance dans une population donnée.

En tout état de cause, sauf éventuellement sur une question de degré, la situation socioculturelle des *villains* de Wharram Percy reflète assez bien celle de l'immense majorité des contemporains, c'est-à-dire celle de « la sainte plèbe de Dieu » — comme on disait alors —, constituée de *laboratores,* humbles paysans, éleveurs, manouvriers ou artisans. Il est en cela permis de penser que l'impunité avec laquelle les gauchers pouvaient vivre leur particularité en Angleterre était partagée par leurs semblables dans toutes les contrées d'Europe médiévale. Encore qu'il nous faille plutôt parler d'indifférence que de tolérance, nous devons admettre que le Moyen Âge a bel et bien constitué une sorte d'âge d'or pour la gent gauchère.

Lorsque, dans les débuts des Temps modernes, l'usage de la main droite devenait tout à la fois une marque de bienséance et une règle de bonne forme, cet état de fait commença à être contredit, d'abord dans la bonne société soucieuse du paraître, puis, progressivement, parmi le petit peuple par le biais de l'école. « Cela ne se fait pas », s'entendra dire de plus en plus souvent le petit gaucher à qui viendra la mauvaise idée de céder à son élan naturel. Au risque de s'attirer les foudres de ses éducateurs, celui-ci n'aura bien sûr d'autre choix, pour écrire, pour manger ou pour satisfaire aux différentes obligations de la vie en société, que de se plier à la règle commune, la *règle droitière*.

Cependant, ce serait sans doute une erreur de croire que l'hégémonie droitière s'est étendue, au cours des siècles modernes, à la société tout entière. En dépit de progrès constants, l'instruction ne parvint pas avant très longtemps à atteindre les milieux économiquement défavorisés. Les historiens ont ainsi noté pour le XVIIe siècle des disparités criantes entre le taux d'alphabétisation de la petite bourgeoisie commerçante (près de 80%) et celui des ouvriers non qualifiés (à peine 20%)[27]. En outre, l'inégalité s'accentuait entre le monde urbain, où se concentraient volontiers les classes sociales dominantes, donc lettrées, et le monde rural : à la même époque, en Europe septentrionale, le niveau global y variait du simple au double[28]. En fait, il ressort de cela que l'instruction était étroitement tributaire du cadre socioprofessionnel. Là où la lecture et l'écriture n'étaient pas nécessaires à la pratique du métier régnait un analphabétisme quasi général. Cela était particulièrement vrai pour la paysannerie, qui, pour des raisons à la fois culturelles et géographiques, est restée longtemps hors de portée des avancées de la culture de l'écrit — et plus généralement des bienfaits de la civilisation. Il n'est donc pas douteux que, au moins jusqu'à la révolution industrielle, les gens de la terre — qui formaient la grande majorité de la population européenne — pouvaient fort bien traverser l'existence sans que des professeurs de vertu ne vinssent jamais se soucier de leur préférence manuelle. L'instinct primant sur l'éducation, et la pression naturelle sur la pression sociale, on trouvait chez eux plus de gauchers qu'ailleurs. On se souvient ainsi qu'à la fin du XVIIIe siècle un observateur se faisait la remarque que les campagnes françaises comptaient plus de gauchers que les villes, parce que, disait-il, la nature n'y était pas « corrompue par un abus de l'éducation [29] ».

Ces paysans gauchers étaient d'ailleurs suffisamment nombreux pour que, selon le même auteur, il existât des outils agricoles adaptés à leur physiologie (notamment des « faux dont le biseau est à sens contraire de l'ordinaire [30] »). Quand on sait le mal qu'il y a aujourd'hui à se procurer une paire de ciseaux pour gaucher, on mesure la valeur de cette information. On pourra donc admettre que dans le monde rural d'Ancien Régime la gaucherie était, sinon respectée (le fut-elle jamais ?), du moins prise en compte. Certes, il s'agissait d'une tolérance très spéciale, d'une tolérance liée à la pauvreté culturelle du milieu concerné, à son absence quasi totale d'instruction [31]. En définitive, si tant est que la comparaison soit possible, il en allait autrefois des paysans comme de ces déficients mentaux auxquels nous avons consacré précédemment quelques pages : la proportion de gauchers y était plus forte qu'ailleurs pour la simple et bonne raison que le joug droitier ne s'y exerçait pas, ou fort peu. *Stricto sensu,* la gaucherie n'était pas plus fréquente ; elle était seulement, par la force des choses, plus prospère.

Si la tolérance à l'égard des gauchers est une caractéristique du Moyen Âge, il nous faut donc entendre par *Moyen Âge* non pas cette période de l'histoire aux limites arbitraires imposées par des dates politiques, mais ce « long Moyen Âge » cher à Jacques Le Goff, c'est-à-dire cette civilisation dont les ramifications s'étendent très loin dans les siècles modernes. Du point de vue de l'histoire des gauchers, le Moyen Âge prend définitivement fin dans la seconde moitié du XIXe siècle, avec la massification de l'instruction publique.

II. LE LONG CHEMIN DE L'ÉMANCIPATION MODERNE

L'expression « forces de progrès » est de nos jours beaucoup galvaudée. Pourtant, il est des circonstances où elle prend toute sa valeur. L'histoire de l'émancipation des gauchers en est une.

Il a toujours existé des esprits plus avisés que les autres et, partant, plus enclins à l'indulgence envers leurs semblables que ne le sont la majorité des gens. L'humanité, toujours encline à l'immobilisme, à la superstition, au sectarisme, leur doit beaucoup. Certains, par exemple, alors qu'il était autour d'eux coutume de crier haro sur le gaucher, n'ont pas hésité à se placer à contre-courant de leurs contemporains. Ils constataient que l'homme avait deux mains, comme il avait deux pieds, deux yeux ou deux oreilles. Certes, la main droite semblait bénéficier d'un surplus de vigueur et d'adresse vis-à-vis de la main gauche. Mais était-ce une raison suffisante pour vouer à cette dernière un tel mépris ? Était-il surtout normal qu'on tînt grief à ceux qui, par quelque fantaisie de la nature, marquaient une disposition pour la gaucherie ?

Les pionniers

Le premier véritable plaidoyer progaucher de l'époque moderne est dû au savant anglais Thomas Browne (1605-1682). Un chapitre entier de son *Pseudodoxia Epidemica* (1646) est en effet consacré à dénoncer les préjugés « Sur la main droite et la main gauche ». Comme le veut alors la loi du genre, le texte est empreint d'une érudition quelque peu aride, avec surabondance de références à la littérature antique, aux théories médicales, aux légendes bibliques. Il n'en demeure pas moins, sur le fond, d'une grande liberté de ton. L'idée centrale, inspirée par Platon [32], est que la prééminence de la main droite est un dogme arbitraire qui ne repose sur aucune nécessité physiologique, ni même morale :

> « On doit également mettre en doute ce qui se dit généralement à propos de la main droite et de la main gauche, savoir que les hommes se servent naturellement de la droite et que l'usage de l'autre main est un écart à ce chemin vers lequel tend la nature [33]. »

En fait, prétend Browne, si l'on est droitier c'est parce que la société en a décidé ainsi. La gaucherie est une variante de la nature humaine dont la fréquence réduite s'explique par l'anathème dont elle fait sans raison l'objet. La meilleure preuve en est que les enfants qu'on laisse libres de faire comme ils l'entendent montrent souvent une propension à la gaucherie ; « et ce n'est qu'à grand-peine qu'on parvient à les en défaire[34] ». Pour eux, en effet, c'est la main droite qui fait office de mauvaise main[35]. Il ressort donc de tout cela que le gaucher a tout autant droit de cité que quiconque. En rien sa particularité ne peut lui valoir ce mépris qu'on a coutume de lui vouer. La valeur d'un être ne se juge pas sur sa conformité ou non aux normes physiologiques, mais sur son talent. Or l'Histoire compte plusieurs hautes figures présentant la particularité d'être gauchères. Au surplus, conclut malicieusement l'auteur, il ne faut pas perdre de vue que les hommes, lorsqu'ils se tournent vers le ciel, ont la main gauche qui fait face à la main droite de Dieu[36].

Si l'ouvrage de Browne connut un certain succès (il fut réédité en 1658, 1669 et 1672), il semblerait toutefois que son influence se fût surtout exercée au siècle suivant, notamment en France, après qu'il fut traduit, en 1733, sous le titre *Essai sur les erreurs populaires ou examen de plusieurs opinions reçues comme vrayes, qui sont fausses ou douteuses*. On sait que le XVIIIe siècle français, siècle des Lumières, a eu la « passion des idées ». L'esprit critique, le rationalisme philosophique, la confiance dans le progrès, la tolérance, allaient mettre à bas l'édifice moral, social et politique de l'ancien monde, qui reposait tout entier sur le principe d'Autorité. La volonté s'y manifesta de tout réviser par l'éclairage de la raison pour en tirer de nouveaux idéaux, donc de nouvelles règles de vie en société. Un ouvrage comme celui de Browne, destiné à opposer la conscience impartiale de l'honnête homme aux « opinions reçues » du vulgaire, était assurément fait pour plaire. Son succès fut immédiat et donna lieu à deux nouvelles éditions (1738 et 1741). Nul doute que l'esprit de tolérance dont l'auteur faisait preuve vis-à-vis de la main gauche et des gauchers allait faire des émules.

Effectivement, dans la seconde moitié du XVIIIe siècle, le laxisme en matière d'éducation devint une idée très répandue parmi l'intelligenstia française. Par un curieux effet de renversement des valeurs, les interdits et les obligations qu'un Jean-Baptiste de La Salle avait édictés quelques décennies plus tôt ne parurent plus devoir concerner les « personnes bien nées ». Tout au contraire, l'idée se fit jour que les véritables qualités humaines ne se révélaient qu'à la condition que l'enfant demeurât le plus longtemps en son état de nature, non soumis à la contrainte sociale. Il est, par exemple, bien connu que Jean-Jacques Rousseau préconisait que le petit Émile ne contractât avec ses mains aucune habitude définitive ; qu'on lui laisse, écrivait-il, libre choix d'user de la droite et de la gauche alternativement, au gré de sa fantaisie, sans lui imposer d'usages arbitraires qui seraient préjudiciables à son épanouissement[37].

Cependant, les premières prises de position caractérisées figurent dans l'*Encyclopédie* (1751-1772), cet emblème du siècle des Lumières. Bien qu'aucun article ne soit consacré spécifiquement à la latéralité, la question est néanmoins abordée de manière marginale, au détour de quelques pages. Sous la houlette de Diderot, les rédacteurs de l'*Encyclopédie* s'élèvent ainsi « contre la tyrannie du préjugé & de l'éducation » qui « contraint tous les hommes à renoncer, dès leurs premières années, à une ambidextérité qui leur est naturelle, & à laisser languir leur main gauche dans une sorte d'inaction ». Il n'existe, proclament-ils à diverses reprises, pas plus de différence d'aptitude entre les deux mains de l'homme qu'entre ses deux pieds ou ses deux yeux. Établir de toute force une discrimination entre elles est « contraire à la nature & au bon sens ».

> « [...] ce n'est donc qu'à l'oisiveté presque continuelle de la main gauche, que nous devons attribuer son inaptitude ; elle n'a d'autre source dans les hommes qui se servent communément de la main droite, que l'affluence toujours moins considérable des esprits dans une partie qui agit moins fréquemment que l'autre ; & si elle nous frappe d'un maniere sensible dans ceux mêmes que nous désignons par le terme de *gauchers,* il est certain que nous ne pouvons en accuser que nos propres yeux, habitués à ne considérer principalement que des mouvemens opérés par la droite[38]. »

La défense des gauchers devait malheureusement s'arrêter là. Certes, l'*Encyclopédie* allait aussi formuler le vœu qu'on cessât « de corriger les enfans qui usent indifféremment de l'une ou l'autre main » (autrement dit les gauchers), mais c'était pour mieux préconiser qu'« on les accoutumât de bonne heure à se servir de leur *ambidextérité* naturelle, dont ils tireroient de grands avantages dans le cours de la vie[39] ». Par exemple,

> « [...] il seroit bon qu'un maître d'armes accoûtumât les écoliers à tirer des deux mains ; c'est-à-dire que, lorsqu'un écolier manieroit bien son fleuret avec la main droite, il faudroit l'éxercer avec la main gauche. Cet exercice seroit difficile pour tout le monde, mais avec de

la volonté & en prenant quelque peine on parvient à un degré d'habileté, qui est avantageux pour soi & fait honneur à celui qui enseigne[40]. »

La particularité gauchère, on le constate, était bien loin d'être reconnue à part entière. Tout affranchis des vieux préjugés que se voulaient les encyclopédistes des Lumières, il ne semble pas leur être venu à l'esprit que l'on pût user en toute liberté de sa seule main gauche[41]. Cependant, la critique qu'ils faisaient des dérives totalitaires de l'éducation droitière ouvrait une brèche providentielle dans la citadelle inexpugnable de la *dextrocratie*. Avant que l'ordre moral ne reprît ses droits, dans le courant du XIXe siècle, on allait assister dans divers pays à une étonnante floraison de discours vantant les mérites méconnus de la « mauvaise main » et les ressources inexploitées de l'ambidextrie. En 1771, l'Allemand Melchior de Grimm (1723-1807) s'avisait par exemple :

> « Qu'[on] ne vienne pas me dire que l'éducation ne détruit pas à fond la nature ; qu'elle ne peut la changer du plus au moins [...]. J'écris par habitude ; j'écris de ma main droite qui, par nature, ne diffère point de ma gauche. Il n'est pas vrai que j'écrive mieux de ma main droite que de ma gauche. C'est qu'avec ma gauche je n'écris point du tout ; mais point, vous dis-je. Ces deux mains diffèrent donc spécifiquement du tout au rien[42]. »

Parmi les propagandistes de la cause gauchère, on trouve une figure singulière, celle du roi de Prusse Frédéric II (1712-1786). Il est vrai que celui-ci, au soir de sa vie, ne pouvant plus se servir de sa main droite à cause de la goutte, s'était vu, non sans mal, contraint « d'apprendre à écrire de la main gauche ». De mauvaises langues chuchotaient d'ailleurs que cette épreuve était la « punition divine » que lui avait value son impiété... ce qui inspira à d'Alembert, désireux de consoler son protecteur, cette mordante saillie :

> « Je prends la liberté, sire, de recommander les prêtres, les théologiens et toutes les sottises qu'ils débitent à la main gauche de votre majesté, quand sa main droite sera en état de les foudroyer[43]. »

Toujours est-il que Frédéric II, en bon représentant des Lumières qu'il était, tira de son infortune matière à philosopher. Ses propos, pleins de bon sens, sont tout à fait dans l'air du temps :

« Il commença par me demander pourquoi on n'apprenait pas aux enfants à écrire également des deux mains. “Un officier, me dit-il, un citoyen perd la main droite dans un combat, ou par quelque autre accident, en a-t-il moins ses affaires à régler et son bien à régir ? Que d'embarras n'aurait-il pas de moins, s'il pouvait indifféremment écrire de l'une ou l'autre main ? Et pourquoi les hommes se permettent-ils de négliger ou même de proscrire une partie des dons que nous a faits la nature ? car enfin il est bien avéré que nos deux mains ont naturellement et originairement autant d'aptitude l'une que l'autre à tous les exercices qui leur conviennent. La main droite n'a pas plus de privilège sur la gauche pour opérer que l'œil droit pour voir, ou l'oreille droite pour entendre. N'est-ce donc pas une maladresse très funeste, et une sorte de mutilation condamnable, que de ne pas exercer également nos deux mains aux différentes opérations auxquelles elles sont propres, et particulièrement à l'écriture ? Si dans notre éducation on avait suivi le plan que j'indique, si en conséquence on m'avait fait contracter l'habitude d'écrire tantôt d'une main et tantôt de l'autre, je n'aurais pas eu aujourd'hui la peine que j'ai éprouvée, celle d'apprendre à écrire de la main gauche, à cause de l'état ou la goutte me retient la droite : et n'est-il pas cruel, à l'âge de plus de soixante ans, de me voir réduit à faire pareil apprentissage ? pouvez-vous, monsieur, m'alléguer quelque motif qui justifie la société du reproche que je lui fais ? ou pensez-vous que l'on ferait bien de prescrire à tous les maîtres d'écriture d'enseigner toujours à écrire des deux mains [44] ?” »

En 1786, un certain Antoine Duchesne s'employa lui aussi, en quelques courtes pages, à dénoncer « le vice de la coutume qui défend aux Enfans de se servir de la main gauche, en donnant la préférence à la main droite [45] ». Constatant que l'opinion publique paraissait soudain « se réveiller sur la nécessité de se servir également de la main droite & de la main gauche » (sans doute en raison des articles de l'*Encyclopédie*), l'auteur appelait à une réforme des principes pédagogiques en vigueur jusqu'alors. Le résultat escompté était essentiellement prophylactique. L'apprentissage ambidextre, estimait Duchesne, était en effet le meilleur moyen de se prémunir des divers maux, maladies ou accidents, dont pouvait être atteint le membre droit au cours de la vie.

« Pères, Mères, Tuteurs & Tutrices qui me lisez, soyez prévoyans, soyez bienfaisans envers vos enfans & vos pupilles. Donnez-leur cette preuve de votre amour. Et vous, Instituteurs en différens genres, soyez remplis de zèle, & coopérez avec les parens des enfans de la génération présente. Rendez-lui un service que nous n'avons pas reçu. Quittez ce préjugé trompeur, qu'il en coûteroit trop de temps pour former vos élèves à se servir également de leurs deux mains dans l'écriture, dans le dessin & dans les différens arts & métiers. Ils en seront bien dédommagés quand l'accident prévu arrivera. Mettez ces enfans, dans le cas de blessures, de défaillance d'une main, en état d'avoir l'autre toujours prête à secourir celle qui est estropiée ou paralysée[46]. »

Au demeurant, le simple bon sens ne pouvait qu'adhérer à de tels préceptes :

« En effet, il semble que la Nature ne nous a donné deux instrumens égaux en puissance, que pour nous en servir également[47]. »

Le Conseil général de la Nièvre fut-il sensible à l'appel de Duchesne en faveur d'une réforme scolaire ? Toujours est-il qu'en l'an IV (1795), une délibération invitait « les instituteurs et institutrices [...] à apprendre à leurs élèves l'art d'écrire [aussi] de la main gauche ; cet essai n'aura lieu que sur la fin du cours de l'instruction primaire[48] ».

Le texte le plus célèbre sur le sujet est américain. C'est la *Pétition de la main gauche à ceux qui sont chargés d'élever des enfants,* de Benjamin Franklin (1706-1790). Cette pétition prend la forme d'une ingénieuse prosopopée : la main gauche, assimilée à une fillette mal aimée par ses parents qui lui préfèrent sa sœur (la main droite), s'adresse elle-même au lecteur pour se plaindre de son sort. Les qualités littéraires du texte méritent une citation *in extenso* :

« Je m'adresse à tous les amis de la jeunesse, et je les conjure de jeter un regard de compassion sur ma malheureuse destinée, afin qu'ils daignent écarter les préjugés dont je suis victime.

Nous sommes deux sœurs jumelles, et les deux yeux d'un homme ne se ressemblent pas plus, ni ne sont pas plus faits pour s'accorder l'un avec l'autre que ma sœur et moi ; cependant la partialité de nos parents met entre nous la distinction la plus injurieuse.

Dès mon enfance, on m'a appris à considérer ma sœur comme un être d'un rang au-dessus du mien. On m'a laissé grandir sans me donner la moindre instruction, tandis que rien n'a été épargné pour la bien élever. Elle avait des maîtres qui lui apprenaient à écrire, à dessiner, à jouer des instruments ; mais, si par hasard, je touchais un crayon, une plume, une aiguille, j'étais aussitôt cruellement grondée ; j'ai même été battue plus d'une fois, parce que je manquais d'adresse et de grâce. Il est vrai que quelquefois ma sœur m'associe à ses entreprises ; mais elle a toujours grand soin de prendre le devant et de ne se servir de moi que par nécessité, ou pour figurer auprès d'elle.

Ne croyez pas, messieurs, que mes plaintes ne soient excitées que par la vanité. Non. Mon chagrin a un motif bien plus sérieux. D'après un usage établi dans ma famille, nous sommes obligées, ma sœur et moi, de pourvoir à la subsistance de nos parents. Je vous dirai en confidence que ma sœur est sujette à la goutte, aux rhumatismes, à la crampe, sans compter beaucoup d'autres accidents. Or, si elle éprouve quelque indisposition, quel sera le sort de notre pauvre famille ? Nos parents ne se repentiront-ils pas alors amèrement d'avoir mis une si grande différence entre deux sœurs parfaitement égales ? Hélas ! nous périrons de misère. Il me sera même impossible de griffonner une pétition pour demander des secours ; car j'ai été obligée d'emprunter une main étrangère pour transcrire la requête que j'ai l'honneur de vous présenter.

Daignez, messieurs, faire sentir à nos parents l'injustice d'une tendresse exclusive, et la nécessité de partager également leurs soins et leur affection entre tous leurs enfants.

Je suis, avec un profond respect, Messieurs, Votre obéissante servante,
La Main Gauche. »

Pareillement conscient que la prééminence de la main droite est dénuée de toute espèce de fondement naturel, le grand anatomiste français Xavier Bichat (1771-1802) regrette lui aussi le peu d'attention portée à la main gauche dans l'éducation. L'une et l'autre, en est-il persuadé, ont été « primitivement destinées à l'harmonie d'action » ; « l'excès d'agilité du membre droit sur le gauche » ne traduirait rien d'autre que notre conformisme social. La plupart des hommes ne seraient en fait droitiers que par force d'habitude, parce que les usages de bienséance et les règles de bonne forme exigent la plupart du temps qu'ils le soient[49].

Pour Jacques-Barthélemy Salgues (1760-1830), la question se situe avant tout sur le plan de la morale. Selon lui, rien ne justifie qu'on sacrifie ainsi une partie de soi-même, la main gauche, au prétexte que, par de « ridicules préjugés », elle est tenue en abomination par les professeurs de vertu. Un sien ami docteur lui a dit par exemple

> « [...] que c'étoit une grande sottise quand on avoit que deux mains d'en interdire une de gaîté de cœur [...] ; que la nature ne connoissoit ni droite ni gauche ; que ce qui est à droite pour nous, est évidemment à gauche pour ceux qui nous sont opposés [...]. Il s'est ensuite appuyé de considérations prises dans l'histoire de la nature : c'est que l'homme naît avec deux oreilles, deux yeux, deux narines, deux jambes, et que jamais personne ne s'est avisé de s'interdire l'usage de l'un de ces organes ; que si la main gauche étoit réellement proscrite par la nature, elle auroit beaucoup mieux fait de nous rendre tout de suite manchots ; qu'il est absurde, puisqu'elle nous a fait *bimanes,* de lui donner un démenti et de frapper d'anathême un côté plutôt qu'un autre[50]. »

Là encore, pareil discours s'inscrit moins dans une volonté d'accorder aux gauchers la liberté d'user à leur guise de leur main de prédilection que dans celle de réhabiliter la main gauche des droitiers pour pallier leurs éventuelles défaillances. L'ambidextrie, dit Salgues, a en effet ceci d'utile « qu'un accident, une maladie, pouvoient nous priver de l'usage d'un bras, et que dans ce cas c'étoit fort bien fait d'en avoir un tout prêt à remplacer celui qui manque[51] ».

Dans un mémoire présenté à l'Académie des sciences en 1828, le naturaliste Joseph-Achille Comte va à son tour s'élever contre l'« abus impardonnable » consistant, selon lui, à privilégier l'usage du bras droit. Dès la prime enfance, estime-t-il,

> « [...] on devrait s'attacher à enlever au bras droit une prééminence de force et d'activité qu'il ne doit qu'à l'infériorité relative du bras gauche : loin de là, on l'exerce dans la même proportion qu'il prévaut [...]. Parlerai-je ici des exercices nombreux dans lesquels on contraint le jeune enfant à faire usage de la main droite par préférence à la main gauche, qui perd de son énergie vitale en demeurant dans l'inaction ; car le mouvement est la vie, et l'immobilité la mort[52] ? »

Chose étonnante et à notre connaissance unique, Comte n'hésite pas à préconiser qu'on bride la main droite ; ce faisant, « on rendrait à l'autre ce qui lui manque d'énergie vitale et de force, et l'on rétablirait ainsi l'équilibre[53] ».

D'autres exemples similaires pourraient être donnés, prouvant que l'éducation 100% droitière n'a plus vraiment bonne presse en ce début du XIXe siècle et que l'instillation d'une certaine proportion d'ambidextrie paraît à beaucoup constituer un élément profitable à l'hygiène des corps[54]. Mais de tels conseils furent-ils écoutés et mis en pratique par les parents et les éducateurs ? Autrement dit, le gaucher tira-t-il bénéfice de cette honorabilité toute neuve dont la main gauche s'était vue peu à peu parer au cours des dernières décennies ? C'est peu probable. Si l'on en croit le témoignage de Jacques-Barthélemy Salgues en 1810, le courant de tolérance qui s'était amorcé se heurtait à de fortes résistances chez les gardiens traditionnels de l'Autorité. Nous avons déjà cité quelques passages du débat dont Salgues fait le récit dans son ouvrage : alors que son fils s'apprêtait à utiliser sa main gauche lors du repas, son précepteur, un abbé, s'en offusqua et justifia sa réaction par toute une série d'arguments religieux et moraux. Intrigué par ce discours, le père du prétendu petit malappris consulta autour de lui. Les différents sons de cloche qu'il récolta finirent par le persuader que l'abbé avait tort de faire montre d'une telle intransigeance. Un ami lui avait ainsi soutenu « que toutes ces préventions sur la main droite et sur la main gauche ne tenoient qu'à des idées de routine et tout au plus à quelques vieilles et ridicules superstitions » et avait ajouté ironiquement « que si l'opinion de M. l'abbé étoit vraie, il n'y auroit pas de raison pour la restreindre au bras ou à la main, et qu'il seroit tout aussi raisonnable de se priver d'une jambe, et d'aller à cloche-pied sur le pied droit[55] ». Le bon abbé se montra « un peu embarrassé » lorsque Salgues lui opposa ces arguments de bon sens. Pour « se tirer d'affaire », il répliqua « que c'étoient là des idées philosophiques, des opinions nouvelles, dangereuses et mal sonnantes, auxquelles il étoit bien éloigné de vouloir se livrer[56] ». Tant de mauvaise volonté inspira à Salgues cette conclusion désabusée :

> « […] je ne doute pas qu'il n'y ait encore longtemps des instituteurs, des abbés et des gouverneurs qui ne se fassent un devoir d'obliger leurs élèves à tenir la cuiller de la main droite[57]. »

Encore beaucoup de gens aujourd'hui sont là pour témoigner de la justesse de sa prévision…

La révolution en marche

En fait, les choses ne commencèrent à changer que vers la fin du XIXe siècle dans les démocraties anglo-saxonnes. Le principal facteur déclenchant fut, avec la mode de l'ambidextrie (voir ci-après), la prise de conscience des ravages que l'éducation droitière forcenée pouvait occasionner parmi la jeunesse. Dès 1880, par exemple, le psychiatre britannique William Ireland se demandait s'il était bien normal de faire subir tant de tourments à des enfants au seul motif que leur disposition manuelle différait de la norme. Un des arguments qu'il mettait en avant était frappé au coin du bon sens et l'on pourra s'étonner que nul n'ait songé avant lui à le formuler :

> « Un enfant gaucher contraint sous la menace d'écrire avec sa main droite est exactement dans la même situation qu'un droitier qu'on forcerait à écrire de la main gauche [58]. »

Durant la première décennie du XXe siècle, Georges M. Gould, de Philadelphie, allait pareillement s'insurger contre la dureté, mais aussi l'inefficacité des méthodes de redressement de la gaucherie. Avec pour slogan *Let the left-handed child alone !* (« Laissez donc l'enfant gaucher tranquille [59] ! »), il entreprit de prendre la défense de cet opprimé ignoré :

> « Songez aussi à l'effroyable somme de souffrance, morale et physique, à la maladie, à la honte que les gauchers se voient infliger depuis des siècles par la société. Encore aujourd'hui, il n'est sans doute pas un seul pauvre petit gaucher qui ne soit tourmenté par quelque tentative pour le rendre droitier. Il y a à peu près trois millions de gauchers congénitaux aux États-Unis ! Chacun d'entre eux, s'il n'est pas à proprement parler malade, est réduit à un état morbide, rendu malheureux, handicapé, moins à cause de sa particularité que de la cruauté des méthodes de redressement [60]. »

Selon Gould, l'origine de la gaucherie ne réside ni dans les membres, ni dans le cerveau, mais dans l'œil. C'est uniquement parce qu'elles présentent un défaut d'acuité visuelle à droite que certaines personnes privilégient l'usage de la main gauche, du côté où elles voient le mieux. Vouloir les en empêcher procède, par conséquent, d'une démarche aussi vaine que barbare :

« Combattez la gaucherie autant que vous le voulez, attachez la main gauche dans le dos, battez-la, humiliez l'enfant. Rien n'y fera. L'œil droit défectueux, à l'origine du trouble, ne sera jamais corrigé par de si absurdes cruautés[61]. »

Au cours des années 1910-1920, le problème d'hygiène publique que constitue la gaucherie contrariée devient de plus en plus sensible et des voix toujours plus nombreuses s'élèvent pour réclamer une réforme des méthodes d'éducation, jugées inadaptées aux nouvelles exigences du monde moderne. Ainsi, en 1914, des spécialistes de l'enfance se réunissent en colloque à la Northeast School de Philadelphie pour débattre de la question : « Quelle attitude vis-à-vis des élèves gauchers[62] ? » Ils y décrètent que la latéralité est un phénomène inné et non pas un phénomène acquis ; en cela, il est vain de croire « qu'un gaucher puisse jamais faire preuve d'autant d'adresse avec la main droite qu'avec la main gauche ». Vouloir à tout prix contrarier sa nature, c'est l'exposer à des « troubles nerveux sérieux[63] ».

Preuve de l'évolution des mentalités, la presse populaire multiplie désormais les articles à sensation : *Let left-handedness alone !* (« Respectez la gaucherie ! »), *The crime against left-handedness* (« Le crime contre la gaucherie »), *Let the southpaw alone* (« Laissez donc le gaucher tranquille ! »)[64].

L'Australie sera, semble-t-il, le premier pays à mettre en application ces nouveaux mots d'ordre en levant l'interdit de la main gauche dans les écoles. Les effets seront spectaculaires : d'à peu près 2% à la fin du XIXe siècle, la population gauchère passera à 13% dans la décennie 1960[65]. Fait intéressant, la courbe statistique met en évidence une progression régulière depuis les années 1900, laquelle semble se tasser à l'approche des 13%, indiquant ainsi que le seuil supérieur des gauchers naturels est bientôt atteint.

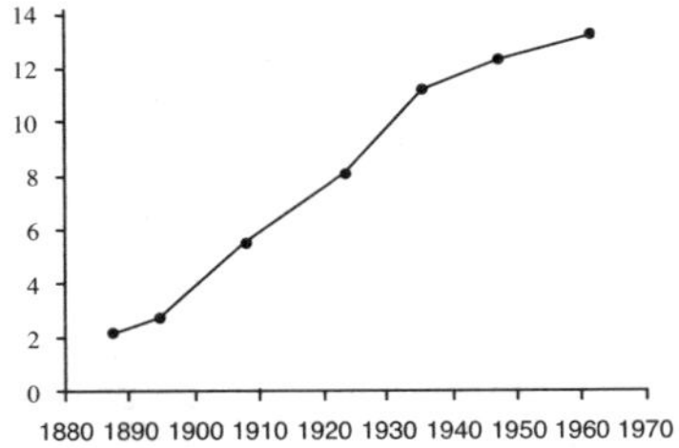

Évolution du pourcentage des gauchers en Australie (d'après Brackenbridge, 1981).

Les statistiques américaines sont assez semblables à celles-ci, à la différence qu'on y observe un déclenchement plus tardif (à partir des années 20), et une progression plus rapide [66]. Ce décalage montre que les résistances populaires demeuraient assez vives aux États-Unis à la Belle Époque, en dépit du fait que la communauté savante se fût prononcée en faveur de la libéralisation de la main gauche. Ainsi, en 1920, un journaliste du New Jersey se félicitait-il de ce qu'une « campagne intensive de guérison de la gaucherie » menée dans les écoles de la ville d'Elizabeth ait permis, en l'espace d'une année, de faire chuter le nombre de cas de deux cent cinquante à soixante-six [67].

En ce qui concerne l'Europe, nous ne disposons malheureusement que de données éparses, confuses et contradictoires [68] qui ne permettent pas de suivre de près l'évolution du phénomène. Il ressort néanmoins de la masse de documents consultés que la proportion de gauchers a dû osciller entre 3 et 7% jusque dans les années 1940 [69]. Excepté peut-être en Angleterre, où l'on semble s'être montré permissif plus tôt qu'ailleurs [70], la prise de conscience du problème des gauchers contrariés sur notre Vieux Continent fut en effet très laborieuse. À ce point de vue, le cas de la France est un cas des plus typiques.

L'exemple français

• Les signes avant-coureurs

Au siècle des Lumières, on l'a vu, la France se situait, semble-t-il, à l'avant-garde du combat contre la tyrannie droitière. Dans une certaine mesure, elle allait y rester au XIXe siècle, même aux pires heures de la *sénestrophobie*. Témoin un texte de Bertall publié en 1880. Cet humoriste et illustrateur célèbre, critique mordant des petits travers de la bonne société bourgeoise, s'essaie au détour de son ouvrage sur *La Comédie de notre temps* à tourner en dérision l'« étrange et bizarre conception de l'esprit » qui pousse les gens à brider ce « mécanisme merveilleux » que constituent les mains :

> « Dieu a trop bien et trop généreusement fait les choses, semble-t-[on] se dire, n'en abusons pas. Sachons sagement en supprimer la moitié [...]. Il n'est [pourtant] venu jusqu'ici à personne, que nous

sachions, l'idée de dresser ses enfants à ne voir que d'un œil. Personne, jusqu'alors, ne les a exercés à ne marcher que sur une seule et même jambe, en faisant *à cloche-pied* de petits bonds élégants et gracieux. On n'a jamais pensé à les contraindre d'entendre seulement d'une oreille, et de ne sentir que d'une narine. Mais en revanche, tous les parents s'accordent à priver leurs enfants de l'usage de l'un de leurs bras et de l'une de leurs mains. Que la main droite travaille et qu'elle agisse seule : telle est l'habitude de la routine. À peine l'enfant commence-t-il à manœuvrer les membres, qu'on lui apprend à laisser sa main gauche inactive, et à ne se servir que de la droite. Il ne lui est permis de porter sa cuillère à sa bouche que s'il l'a prise du bon côté. Il n'écrit, ne dessine, ne peint, ne s'exerce, qu'en faisant agir sa main droite. La gauche est annulée, supprimée, proscrite. Et quand on lui fait apprendre le latin, qu'il n'écrit aussi que de la main droite, on lui fait remarquer comment les anciens, gens éclairés et pratiques, sur lesquels, en dépit du temps, les modernes prétendent se modeler, donnaient à la gauche le nom de *sinistra,* sinistre. Bref, à cinq ans, sous l'influence de cette précaution, un enfant est estropié pour sa vie tout entière. L'une de ses mains est habile, l'autre est nulle et comme atrophiée. Le bras gauche lui-même, impuissant à conduire une main paresseuse et inutile, est presque sans vigueur, et n'a pas la force d'action et de résistance réservée de préférence à son compagnon [...]. Il est donc à craindre que les enfants et les hommes continuent à s'estropier ainsi à plaisir jusqu'à la fin des temps, si des parents prudents et soucieux des idées utiles et vraies ne s'avisent pas un jour de donner équitablement la même éducation à la main droite et à la main gauche, afin qu'en un moment donné, l'une remplace l'autre ou lui supplée [71]. »

Le texte est assurément plaisant, mais demeure en dépit des apparences d'un grand conformisme. Car il ne s'agit en aucune façon pour Bertall de prendre position en faveur des gauchers, mais de dénoncer l'usage ridicule consistant chez les droitiers à négliger leur main gauche ; discours, somme toute, assez convenu, directement inspiré de celui des adeptes de l'ambidextrie. En fait, si l'auteur ne dit mot sur le sort des gauchers — pourtant autrement scandaleux que celui des droitiers abusivement confirmés dans leur droiterie —, c'est pour la bonne raison, on l'a constaté dans un chapitre précédent, qu'à cette époque ceux-ci sont unanimement considérés comme des handicapés, des vicieux ou des dégénérés. Même les esprits les plus libres — et Bertall est sans nul doute de leur nombre — n'ont, semble-t-il, jamais envisagé que cette catégorie de l'humanité méritât qu'on s'intéresse à elle. L'audace, il est vrai, a ses limites.

Pour que la condition des gauchers commençât à éveiller les compassions, il fallut, très curieusement, attendre une circonstance historique bien particulière, celle de la Première Guerre mondiale.

• Le rôle de la Grande Guerre

Un million et demi de morts et quelque trois millions six cent mille blessés : au lendemain de l'armistice de 1918, la France est privée d'une grande partie de ses « forces vives ». Mais elle est également confrontée à une situation sociale et sanitaire inédite dans son histoire : un rescapé sur trois du grand massacre est définitivement infirme. 1 117 874 mutilés, disloqués, fracassés, traumatisés, amputés, estropiés, manchots, unijambistes, éborgnés, aveugles, culs-de-jatte, gueules cassées et autres éclopés forment ceux qu'on appelle les « invalides de guerre »... une cour des Miracles à l'échelle nationale ! Parmi cette pitoyable cohorte, combien d'hommes ayant perdu un bras ? Nul alors ne le sait exactement. Certains rapporteurs les qualifient « d'innombrables » ; d'autres parlent d'un « nombre considérable ». Tous, néanmoins, s'accordent à les ranger en deux catégories distinctes : celle des handicapés de la main gauche, qu'on peut espérer voir effectuer un retour relativement aisé à la vie civile [72] ; et celle, plus préoccupante, des handicapés de la main droite, dont la réinsertion nécessitera une rééducation préalable.

> « La perte d'un des membres supérieurs expose le malade à des troubles très inégaux, suivant qu'il s'agit du bras droit ou du bras gauche. Comme la majorité des individus est constituée par les droitiers, c'est la perte du bras droit qui est de beaucoup la plus grave, et *la rééducation des mutilés de guerre se confond avec l'éducation* du *bras gauche,* demeuré, pour ainsi dire, inactif jusqu'à ce jour [73]. »

Cet afflux massif de « nouveaux gauchers » — c'est ainsi qu'on les désigne ordinairement [74] — constitue donc un problème de santé publique tout à fait sensible. Pour y répondre, les initiatives vont se multiplier, tant publiques que privées : ateliers de rééducation dans les dispensaires, les écoles professionnelles (Rouen), les asiles de convalescence (Saint-Maurice) et les centres militaires (Bordeaux, Clermont-Ferrand) ; cours du soir pour réapprendre à

Pièce
8° V
19182

ALBERT CHARLEUX
INSTITUTEUR PUBLIC

DÉPÔT LÉGAL
Seine & Oise
N° 151

Pour écrire de la main gauche

CONSEILS PRATIQUES.

LIBRAIRIE ARMAND COLIN
103, Boulevard Saint-Michel, PARIS

Prix : 1 fr.

9. Spécimen de traité de calligraphie paru après la Grande Guerre à l'intention des estropiés du bras droit (cliché BNF).

écrire (tels ceux que proposent *Les Amis des mutilés* ou *L'Aide immédiate aux invalides et réformés de guerre*[75]) ; modification de l'outillage ; création de prothèses appropriées (les fameuses *mains de travail du Dr Boureau*) ou de dispositifs assurant la rééducation de la main gauche (comme cette curieuse *varlope inscrivante,* censée en quelques semaines « former d'assez bons gauchers[76] »). Pour contribuer au redressement national, on publie même des traités de calligraphie spécialement destinés à la main gauche (ill. 9)[77].

Inutile de dire que cette main gauche ne fait, dans la plupart des cas, aucune difficulté pour assumer ses nouvelles fonctions[78]. C'est si vrai que le directeur de l'Institut national professionnel des Invalides de la Guerre de Saint-Maurice est tenté de tenir ce discours à tous les amputés du bras droit qui se pressent chez lui :

> « Vous avez deux bonnes jambes, un bras gauche qui ne demande, comme votre instruction et votre intelligence, qu'à être exercé et cultivé ; mettons tout cela en œuvre et ne parlons plus du bras absent[79]. »

... Le bon Dr Coué, qui inventait sa *méthode* à la même époque, n'eût pas dit mieux ! Toujours est-il qu'un tel exploit collectif allait avoir une conséquence sociale tout à fait inattendue.

Après guerre, en effet, des milliers et des milliers de jeunes gens retournent chez eux dotés d'une faculté qu'ils ne possédaient pas lorsqu'ils étaient partis. Ils sont certes devenus des manchots, c'est-à-dire des êtres mutilés, meurtris dans leur âme et dans leur chair, mais ils sont aussi devenus, au quotidien, de *véritables gauchers,* c'est-à-dire des individus utilisant toujours leur main gauche pour écrire, pour manier l'outil, pour tenir la cuillère, et même pour saluer leurs amis, caresser leur femme ou... se signer devant Dieu ! De telles pratiques, qui étaient jusqu'alors réprouvées par la morale et donc farouchement réprimées, passent désormais pour des marques de vertu. Pour la première fois dans notre histoire, la gaucherie se voit, à grande échelle, associer à l'idée de dignité humaine, de mérite et d'ordre social[80]. Témoin ce document, reproduit en fac-similé par le *Larousse médical illustré de guerre* de 1917. Il s'agit d'un spécimen d'écriture réalisée après « 3 semaines d'essais assez courts » par un soldat amputé du bras droit (ill. 10). Avec une humilité touchante, celui-ci déclare :

> « Je suis heureux de pouvoir écrire avec ma main gauche[81]. »

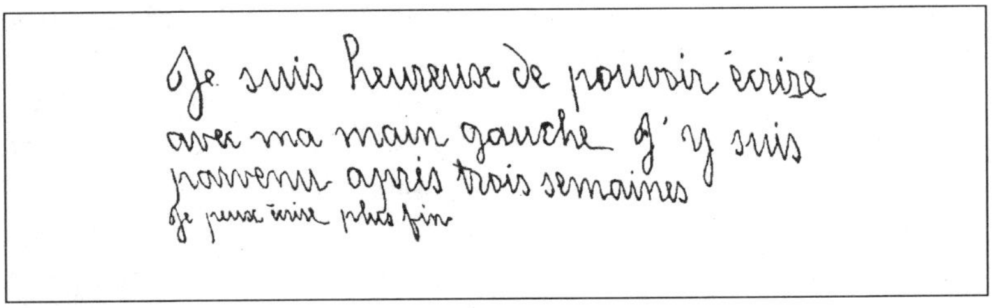

Je suis heureux de pouvoir écrire
avec ma main gauche j'y suis
parvenu après trois semaines
Je peux écrire plus fin

10. Écriture de la main gauche après une durée d'essai de trois semaines
(*Larousse médical de guerre*, Paris, 1917).

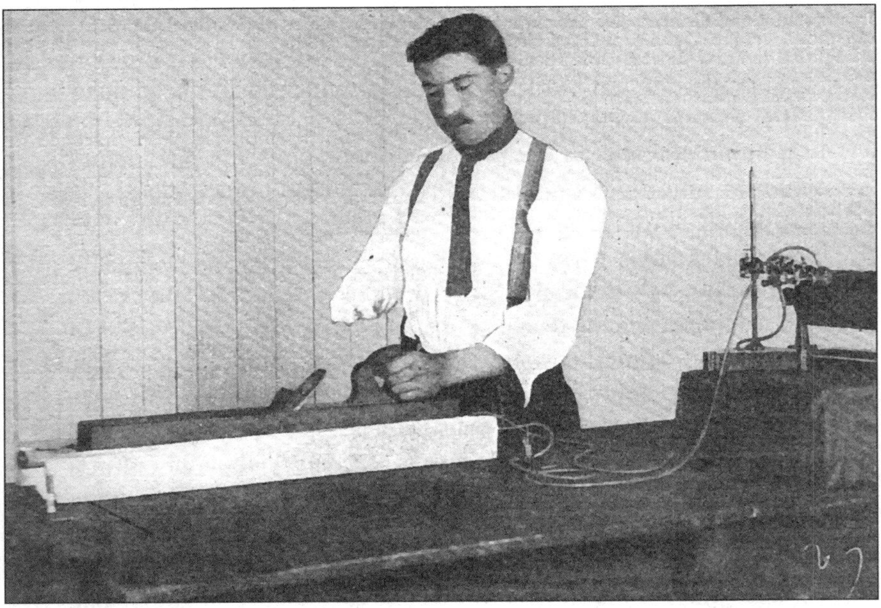

11. Rééducation de la main gauche avec la varlope inscrivante
(*Larousse médical de guerre*, Paris, 1917).

Cette modification du paysage humain (hausse massive et subite de la population gauchère) et cette remise en cause des valeurs traditionnelles qu'elle entraîne vont susciter une prise de conscience dans l'opinion publique. Pourquoi persisterait-on à réprimer un organe se révélant si doué, en tout cas si méritant ? N'afflige-t-on pas aux gens une « mutilation volontaire [...] en les privant de l'utilisation complète de leur main gauche [82] » ? Mieux encore : les estropiés de la Grande Guerre ne démontrent-ils pas que la gaucherie peut faire jeu égal avec la droiterie ? Le débat est enfin ouvert. « Nous avouons, dit ainsi un instituteur en 1918, ne pas distinguer le motif que l'on peut invoquer avec raison pour obliger un gaucher véritable à torturer sa nature, si exceptionnel qu'il soit dans une classe [83]. » Cette remarque pourra paraître bien anodine aujourd'hui ; elle n'en constitue pas moins une véritable révolution pour l'époque. Jamais, en effet, en France du moins, pareil propos n'avait été tenu par le passé. Grâce à la compassion admirative que valut aux « glorieux manchots » leur courage face à l'adversité, les gauchers attiraient enfin l'attention sur leur triste sort. Le premier pas d'une émancipation prochaine était ainsi franchi.

Bien qu'elle soit un des plus calamiteux épisodes de l'histoire de l'humanité, la Première Guerre mondiale aura donc été au moins utile sur ce point.

• La croisade de Kovarsky

Il y a loin de la coupe aux lèvres, dit le proverbe. En effet, si l'on commence à admettre durant l'entre-deux-guerres que « la gaucherie est une vocation comme la droiterie [84] », les vieilles habitudes n'en disparaissent pas pour autant et l'on continue vaillamment, à l'école comme à la maison, à réprimer tout enfant qui « se sert de la main gauche au lieu de se servir de la main droite » (c'est alors la définition du gaucher dans les dictionnaires). En fait, les choses ne commencèrent à changer qu'à partir de la fin des années 1950. Cette victoire sur l'inertie sociale est à mettre en grande partie au crédit d'une certaine Mlle Véra Kovarsky, psychologue scolaire montpelliéraine. Pendant plus de vingt ans [85], celle-ci allait faire de la réhabilitation des gauchers dans l'opinion publique son cheval de bataille, sa profession de foi ; presque sa raison d'être.

La croisade de Kovarsky débute en 1937, à l'occasion du *Ier congrès international de psychiatrie infantile*. La communication qu'elle donne s'intitule « Quelques troubles de l'intelligence et du caractère chez les gauchers », titre ingénieux, en forme de cheval de Troie, qui lui permet, sans éveiller la méfiance, de tenir un discours très progressiste. Devant une assistance sceptique, la jeune femme proclame, en effet, haut et fort que la gaucherie « n'est pas un phénomène acquis par imitation ou éducation, mais une disposition congénitale naturelle, immanente et irréversible ». Malgré les « sévices physiques et moraux » que lui infligent les éducateurs, le gaucher « restera gaucher toute sa vie ; mais cette lutte épuise les forces et les énergies de l'enfant, elle modifie les conditions de développement biologique normal qui deviennent défectueuses[86] ».

> « CONCLUSIONS. Il semble urgent : 1). D'éclairer l'opinion publique et en particulier les parents et les éducateurs, cultivés ou non, au sujet de la gaucherie en faisant ressortir qu'elle est une disposition congénitale naturelle que l'on rencontre chez un nombre assez élevé d'individus, et qui doit être respectée. 2). De saisir les autorités compétentes pour que des instructions soient données dans tous les établissements destinés aux enfants : crèches, écoles maternelles, primaires, primaires supérieures, lycées, hôpitaux, préventoriums, colonies de vacances, afin que l'on laisse un enfant gaucher se servir librement de la main gauche[87]. »

Dans un premier temps, ces prises de positions subversives valurent à leur auteur quelques inimitiés. On lui reprocha notamment de « heurter les habitudes acquises » et de « léser les intérêts de ceux qui se sont spécialisés dans la lutte contre la gaucherie[88] ». Kovarsky ne se laissa pas démonter pour autant et finit par s'attirer une oreille attentive de la part du ministère de l'Instruction publique. La guerre vint cependant mettre un coup d'arrêt à sa croisade et il lui fallut attendre des jours meilleurs pour que ses confrères fussent de nouveau prêts à l'entendre et à la relayer[89]. Pour ce faire, elle multiplia les articles de presse, les conférences, les causeries radiophoniques, les entretiens, les débats, les interpellations de la communauté scientifique, les démarches auprès des pouvoirs publics. En 1949, elle déposait ainsi à l'Académie de médecine un projet de charte des droits fondamentaux du gaucher, présentée comme « une mesure prophylactique très importante ». L'article central stipulait :

« On doit respecter, dans la vie familiale, scolaire, professionnelle, sociale, le droit intangible d'un gaucher à se servir librement de la main gauche, en tant que main active et directrice, pour tous les actes de la vie courante, et plus particulièrement pour écrire, ainsi que du pied gauche dans les exercices physiques et les jeux[90]. »

On nomma alors une commission spéciale, dirigée par l'académicien Louis Lapicque (1866-1952)[91] et chargée de proposer au gouvernement une réforme scolaire. Si cette initiative eut sans doute une influence bénéfique sur les mentalités, nous ne sachons pas qu'elle fût jamais suivie de mesures concrètes[92]. Car, de toute évidence, le poids des préjugés était plus lourd que prévu (une enquête d'opinion de 1949 montrait ainsi que 99% des parents souhaitaient que leurs enfants fussent droitiers et que 73% d'entre eux se disaient prêts à tout faire pour corriger leur nature dans le cas contraire[93]). Malgré la parution désormais assez fréquente d'articles grand public en faveur des gauchers[94], il devait s'écouler encore du temps avant que la campagne de sensibilisation lancée par Kovarsky ne portât ses fruits dans l'opinion française. Il fallut aussi que le relais fût assuré sur le terrain même de l'école. Tout au long des années 50, et notamment en 1954 et 1956, dans deux rapports adressés à la Direction Générale de l'Enseignement Physique et Sportif, des professeurs entreprirent de « pousser un cri d'alarme » au vu de « la carence presque totale » de l'école française vis-à-vis du problème des gauchers. « Quand seront-ils détectés, exercés de façon à ce que leur mal devienne ce qui est parfois un réel avantage[95] ? » Il fallut attendre l'année scolaire 1958-1959 pour qu'on créât à Bordeaux la toute première *classe de rééquilibration,* où les enfants gauchers, au lieu d'être soumis brutalement à la tyrannie droitière comme ils l'étaient jusqu'alors, se voyaient proposer des exercices adaptés à leur physiologie[96]. L'initiative était peut-être un peu malheureuse en ce sens qu'elle accréditait en partie l'idée que la gaucherie est un handicap qui réclame un traitement particulier, mais elle avait le mérite d'exprimer une volonté institutionnelle de ne plus négliger le problème. La marche était cette fois inexorable.

• Le tournant des années 60

Les années 1960 marquent à ce point de vue un tournant décisif. La liberté en matière de mœurs, le laxisme en matière d'éducation et le respect des particularismes sont devenus les nouveaux credos de toute une génération de parents, d'instituteurs, de pédiatres, de psychologues. On entend se libérer des dogmes, des conservatismes, des tabous, des valeurs paternelles et bourgeoises de la société d'avant-guerre. L'enfant gaucher sera parmi les premiers à bénéficier de ces aspirations nouvelles ; après avoir été l'objet de toutes les avanies, de toutes les brimades, de toutes les vexations imaginables, il va devenir le sujet de toutes les prévenances ; désormais les mots ne seront plus assez durs pour dénoncer les préjugés et les méthodes d'antan avec leur cortège de souffrances. « J'en ai par-dessus la tête, tempête ainsi un gaucher en 1961, de passer pour un farfelu, un incurable maladroit, une monstruosité de la nature tout juste digne d'être traitée avec la condescendance amusée que l'on réserve généralement aux ours savants[97]. »

La publication de travaux de psychologues de renom, ceux de René Zazzo, Raoul Kourilsky ou Henry Hécaen, contribueront en outre à achever le processus de libéralisation. Certes, la tradition s'avérera parfois bien tenace, tant au niveau de la famille que de l'école (certains instituteurs de la fin des années 1960, voire au-delà, persisteront dans leurs habitudes au mépris des directives officielles[98]). Certes, il sera encore, ici ou là, quelques auteurs pour ironiser de ce que la question de la gaucherie contrariée est devenue « la tarte-à-la-crème des salons où l'on se pique de pédagogie[99] » ; mais ce ne sont là que soubresauts d'agonie, vaines gesticulations de combattants d'arrière-garde. Bien malgré eux, Véra Kovarsky avait enfin gain de cause ; son slogan, « le monde est fait autant pour les gauchers que pour les droitiers », martelé vingt ans durant avec une réjouissante pugnacité, était enfin entendu.

III. LE MYTHE DES DEUX MAINS DROITES

La timide réhabilitation de la gaucherie qui s'était fait jour depuis le milieu du XVIIIe siècle jusqu'au milieu du XIXe, disions-nous, se confondait plus ou moins avec la promotion de l'ambidextrie. Cela était inévitable : le retour en grâce des gauchers avait pour condition *sine qua non* la revalorisation de la main gauche. Or même les droitiers possèdent une main gauche. Si celle-ci était « apte au service » pour les gauchers, pour quelle raison ne l'eût-elle pas été pour eux ? De surcroît, il était de notoriété publique que la pression conjointe de l'instinct et de l'éducation avait permis à un certain nombre de gauchers de développer une sorte de polyvalence manuelle, leur procurant à bien des égards un avantage sur les autres (cf. quatrième partie « Les gauchers admirés »). Pourquoi eussent-ils été les seuls à en bénéficier ?

Une utopie vieille comme le monde

L'idée selon laquelle il n'est pas de différence fondamentale entre les deux mains et que chacun peut, s'il le souhaite, user de l'une et l'autre avec la même facilité, est une idée très ancienne. Ses plus lointains représentants en sont Platon et Aristote. Le premier, dans les *Lois*, qualifiait de « préjugé » le postulat admettant « une différence naturelle d'aptitude entre la droite et la gauche ». Ce serait en réalité « la sottise des nourrices et des mères » qui nous aurait rendus « pour ainsi dire manchots ».

> « Alors, en effet, que l'aptitude naturelle des deux bras est égale, c'est nous qui, pour suivre l'usage, les avons rendus inégaux en ne nous en servant pas comme il faut. Pour tous les travaux où la conséquence est minime, peu importe : par exemple, tenir la lyre de la main gauche et l'archet de la droite, et autres choses semblables. Mais s'autoriser de ces cas pour en user de même dans d'autres où il ne le faudrait pas, c'est vraiment de la sottise [...]. On trouverait beaucoup [...] d'exemples [...] où l'on peut apprendre que ceux-là travaillent contre la nature qui travaillent à rendre la main gauche plus faible que la droite [100]. »

Aristote avait une position plus ambiguë sur la question :

> « Parmi les animaux, c'est chez l'homme que la gauche est la plus nettement différenciée, parce que c'est celui des animaux qui est le plus conforme à la nature : or, il est naturel que la droite soit meilleure que la gauche et qu'elle en soit distincte. Aussi est-ce chez l'homme que la partie droite est la plus adroite. La droite étant bien différenciée, il est naturel que la gauche soit moins agile, et que ce soit chez l'homme qu'elle soit la plus nettement distincte [101]. »

Mais, s'il tenait la main droite pour « meilleure » que la gauche, le philosophe admettait aussi que cette appréciation était pour une large part conventionnelle :

« La droite nous fait l'effet de l'emporter, parce que nous en avons l'habitude. Mais une fois qu'on s'y est habitué, on se fait deux mains droites [102]. »

Se faire une autre main droite de sa main gauche (c'est, étymologiquement parlant, le sens même du mot *ambidextre,* « droitier des deux côtés »), tel est le projet que certains allaient un jour rêver de voir appliquer à l'humanité entière.

La culture ambidextre

Il est courant de lire que le mouvement en faveur de l'ambidextrie apparut à la fin du XIXe siècle en Grande-Bretagne puis aux États-Unis pour ne se propager qu'ensuite en Europe. Ce n'est pas tout à fait exact. On a vu précédemment qu'en France la question était à l'ordre du jour depuis fort longtemps. Qu'il suffise de rappeler que l'*Encyclopédie* de Diderot et D'Alembert préconisait qu'on « accoutumât de bonne heure [les enfants] à se servir de leur ambidextérité naturelle, dont ils tireroient de grands avantages dans le cours de la vie [103] » et qu'un ouvrage d'Antoine Duchesne, en 1786, s'intitulait *Sur les élèves ambidextres, et sur la nécessité d'en former dans les arts de l'écriture et du dessin, et dans les différents métiers mécaniques.*

Cette précision étant apportée, on ne saurait dénier pour autant que la promotion de l'ambidextrie comme phénomène de société soit d'origine anglo-saxonne. Ce qui prendra le nom de « culture ambidextre » voit en effet le jour en Angleterre victorienne. Son instigateur est un romancier, journaliste et auteur dramatique à succès du nom de Charles Reade (1814-1884), auteur en 1878 d'une série d'articles parus concomitamment dans le *Daily telegraph* britannique et dans le *Harper's weekly* étasunien, sous le même titre à connotation évangélique : *The Coming Man* [104].

« L'homme du renouveau est l'homme ambidextre *[either-handed]* ; non pas un homme droitier, ni un homme gaucher, mais un homme préservé de cette volière étourdie que sont les mères, les nourrices et les bonnes d'enfants, avec leurs comptines païennes et leurs préjugés fautifs sur la main gauche ; en bref, un homme aussi harmonieux physiquement que son Créateur l'avait prévu [105]. »

Abstraction faite de ce mysticisme un peu fantasque, les propos de Reade sont à maints égards d'une précision, d'une lucidité, d'une intelligence tout à fait remarquables ; nul doute qu'ils firent grande impression dans le public. Il est vrai aussi que ce genre de discours est dans l'air du temps, et pas seulement en Angleterre. Dans la France nouvellement gagnée aux idéaux républicains, notamment, le sujet de l'ambidextrie offre des résonances très particulières :

> « À cette époque, où règne la soif de l'égalité, ne serait-il point temps de proclamer l'égalité de la main droite et de la main gauche [106] ? »

On pourrait multiplier à l'envi les preuves de l'émergence de ce nouvel état d'esprit au cours des dernières décennies du XIXe siècle. Sur un mode plutôt trivial, Léon Maillot écrit ainsi pour le chansonnier Réval un monologue intitulé *Je sais m'servir de la main gauche*. Il y passe en revue tous les cas de figure où l'ambidextrie offre de nombreux avantages, depuis celui d'Alexis qui bat sa femme en alternant quotidiennement poing droit et poing gauche jusqu'à celui du fils de la concierge qui se mouche avec le revers de l'une ou l'autre main en fonction de la narine concernée [107]. Même les adversaires les plus acharnés de la libéralisation de la gaucherie en conviennent : si supérieure qu'elle soit, la droiterie constitue encore un pis-aller au regard de cette panacée qu'est l'ambidextrie. Pour exemple, Victor Galippe, inventeur de la navrante expression d'« hérédité morbide » pour qualifier la gaucherie, conclut son étude de 1887 par cette considération :

> « On ne connaît pas de race primitive qui soit exclusivement droitière ou gauchère. L'homme doit se servir alternativement ou simultanément de ses deux mains. Il est regrettable qu'il se soit créé par atavisme un homme droit [...]. Pourra-t-on jamais remonter le courant ? Je ne le crois pas ; l'humanité ne revient pas sur ses pas. Mais s'il est vrai que l'enfant nouveau-né puisse être considéré comme se rapprochant de l'être primitif, il faut en profiter pour en faire un ambidextre [108]. »

L'ambidextrie accordant à la main droite et à la main gauche la même valeur, le même poids, il s'ensuit une idée de balance, d'*équilibre,* de « juste milieu » répondant bien à cette morale de la modération qu'on dit gage de santé :

> « Entreprendre la création artificielle de l'ambidextrie serait, ce nous semble, le fait d'éducateurs bien avisés. Quelques-uns le font pour l'escrime ; ne pourrait-on pas appliquer ce principe aux jeux de toutes sortes et à tant d'actes musculaires qui s'exécutent dans le cours d'une journée ? De l'équilibration de ces actes, par leur alternance, résulterait plus d'harmonie dans les formes, et l'hygiène elle-même y gagnerait par une répartition plus égale de la circulation sanguine dans les parties droite et gauche du corps [109]. »

Au tournant du XXe siècle, la vogue est à son comble et l'on ne compte plus les publications (très majoritairement anglo-saxonnes) vantant les bienfaits de l'apprentissage ambidextre. En 1900, dans le très sérieux *British medical journal,* un auteur va jusqu'à lancer une « Supplique pour l'adoption générale de l'ambidextrie [110] ». Outre-Atlantique, notamment à Philadelphie, la cause paraît d'ailleurs en partie gagnée si l'on en juge au fait que les instituteurs proposent désormais aux enfants des exercices manuels alternés censés favoriser leur épanouissement [111]. L'enthousiasme a atteint un tel degré qu'il gagne des domaines où nul ne se serait attendu à l'y trouver. Ainsi en est-il du cercle alors très fermé des préhistoriens où il devient de bon ton de prétendre que les hommes du néolithique se servaient indifféremment des deux mains [112], ce qui accrédite par là même l'argument naturiste sur lequel s'appuient tous les zélateurs de l'ambidextrie. Autre anecdote révélatrice : en Belgique, l'écrivain Edmond Picard (1836-1924) crée pour le théâtre un personnage vif et débrouillard (une manière de Tintin avant la lettre) qu'il surnomme Ambidextre [113].

Mais l'événement le plus symbolique de cet engouement généralisé est la fondation, en 1903, de la *Ambidextral Culture Society* par l'Anglais John Jackson. L'association, à laquelle adhéreront quelques grands noms de la science britannique [114], se donne trois articles de foi et un slogan :

> « 1. Que deux mains parfaites et également habiles valent mieux qu'une seule.
>
> 2. Que la main gauche peut et doit être exercée à une meilleure dextérité.

3. Qu'une telle aptitude apportera plein d'avantages à l'individu et plein de bienfaits à la société.

"JUSTICE ET ÉGALITÉ POUR LA MAIN GAUCHE" [115]. »

Le but avoué de John Jackson, fils spirituel de Charles Reade, est de promouvoir l'avènement d'un homme nouveau, d'un homme qui aura conquis la plénitude de son être en réconciliant enfin, après des siècles d'antagonisme stérile, sa main droite et sa main gauche et, par conséquent, son cerveau droit et son cerveau gauche, doublant ainsi son potentiel physique et mental. Robert Baden-Powell (1857-1941), futur lord et père du scoutisme, réputé ambidextre parfait, devient la figure de proue de cette utopie égalitaire [116]. La préface qu'il donne en 1905 au manifeste de Jackson, *Ambidexterity or two-handedness and two-brainedness,* porte deux signatures parfaitement identiques, l'une tracée de la main droite, l'autre de la main gauche.

La mode de l'ambidextrie va cependant tourner court. Est-ce parce que les physiologistes vont finir par se rendre compte que les ambidextres ne sont, en définitive, ni plus ni moins que des gauchers habiles de la main droite [117] ? Est-ce parce que la majorité droitière va se sentir inquiète de céder ses prérogatives ? Toujours est-il que, dès les années 1905-1910, un peu partout, on en vient à se dire que « de ce que l'ambidextrie est possible, il ne s'ensuit pas qu'elle soit désirable [118] ». L'asymétrie, martèle-t-on dorénavant, est un trait constitutif du genre humain et ce pseudo-égalitarisme de l'ambidextrie va contre les lois de la nature. Plutôt que de faire apparaître une humanité radieuse, douée de facultés sans pareil, comme en rêve une poignée d'utopistes irresponsables, la culture ambidextre risque de générer une catégorie sociale inédite : celle des *droitiers contrariés*. Autant le sort des gauchers contrariés laisse généralement insensible, autant cette idée que les droitiers puissent être mis au même régime paraît inadmissible. Ironie des choses, la levée de boucliers contre l'ambidextrie (*the ambidexterity craze,* la nomme-t-on désormais outre-Atlantique) va s'accompagner du même discours réactionnaire et outrancier qu'on employait jusque-là pour combattre la gaucherie :

« Dans le mouvement en faveur de l'ambidextrie, je crois bien détecter cette vieille perversion du jugement que constitue la lubie passagère. Ceux qui s'en font les propagandistes sont les mêmes qui s'adonnent au végétarisme, qui vont sans chapeau, qui refusent la vaccination ou qui font leur n'importe quelle autre forme aberrante de croyance [119]. »

Après guerre, l'utopie ambidextre est bel et bien passée de mode. Plus aucun auteur sérieux ne s'en réclame. À cet égard, le vibrant plaidoyer « en faveur de l'éducation et de l'utilisation égales des deux mains » que publie le Dr Arthur Armaingaud en 1919 fait presque figure de curiosité anachronique. Ses motivations profondes méritent pourtant qu'on s'y arrête.

Au sortir de la Grande Guerre, la France était exsangue, ayant perdu l'essentiel de ses forces vives. De l'avis de tous, si un nouveau conflit venait à éclater, elle n'y pourrait faire face. Or Baden-Powell, grand prêtre de l'ambidextrie au début du siècle, mais aussi général d'armée, avait écrit :

> « Il n'y a aucun doute sur la valeur considérable, au point de vue militaire, de l'ambidextrie ; si l'usage égal des deux mains était général, au lieu d'être exceptionnel, la force de l'armée en serait notablement augmentée [120]. »

Pour Armaingaud, cette pensée fit l'effet d'une révélation. La solution au problème de défense nationale auquel la France était confrontée résidait à l'évidence dans l'émergence d'une génération d'ambidextres :

> « J'ai consulté plusieurs généraux français ; tous ont émis la même opinion. Le général Malleterre, un glorieux mutilé de guerre [...], et qui partage pleinement comme ses collègues l'opinion du général Baden-Pöwell, me faisait remarquer combien il serait facile d'obtenir, même des adultes, si on le voulait bien, l'usage de la main gauche, puisque dans l'armée, déjà, les officiers et les soldats cavaliers guident leur cheval de la main gauche. [...] à tous les points de vue le soldat qui se sert des deux mains est un soldat plus complet et plus utile, aussi bien pour les armes de jet que pour les armes de tir et pour les baïonnettes [121]. »

En conséquence de quoi, Armaingaud préconisait des mesures immédiates de la part des pouvoirs publics et en appelait à la mobilisation de toutes les bonnes volontés que comptait la patrie.

Il fallait dès maintenant former la jeunesse à l'ambidextrie afin que, une fois en âge de porter les armes, elle pût faire preuve d'une efficacité suffisante pour s'assurer la victoire sur l'ennemi :

> « 1. L'Académie [de médecine] rédigerait un bref appel à la population, pour engager les familles, au nom de l'intérêt national, à habituer les enfants, dès le bas âge, à se servir également des deux mains.
>
> 2. Elle inviterait aussi le ministre de l'Instruction publique à rendre obligatoire, dans toutes les écoles primaires et les établissements d'instruction secondaire, l'usage des deux mains pour l'écriture et les autres exercices.
>
> J'appelle en outre l'attention de l'Académie sur l'utilité qu'il y aurait à ce que fût créé un prix, annuel ou bisannuel, qui serait décerné aux instituteurs qui auraient le mieux réalisé et réussi l'application de cette mesure [122]. »

Il semble que les prescriptions du Dr Armaingaud demeurèrent lettre morte. En tout état de cause, la cuisante déroute des troupes françaises en juin 1940 face à la Wehrmacht tendrait à indiquer qu'elles ne produirent pas les effets qu'il en avait escomptés.

Ambidextrie et émancipation gauchère

Bien que rétrospectivement elle fasse l'effet de n'avoir jamais été qu'une chimère, une foucade populaire sans lendemain, la vogue de l'ambidextrie n'en demeure pas moins une période clef dans l'histoire des gauchers. Si l'on se reporte au chapitre précédent (« La révolution en marche »), on observera en effet une nette concomitance entre le moment où l'engouement pour les ambidextres bat son plein et celui où la tolérance à l'égard des gauchers commence à se faire jour dans les pays anglo-saxons. Le rapport de causalité entre les deux phénomènes ne saurait être mis en doute. Rappelons en effet que la culture ambidextre a toujours prôné le retour en grâce de la main gauche (« Justice et égalité pour la main gauche », proclamait ainsi l'association de Jackson). Cependant, les gauchers ont sans doute d'autant plus tiré bénéfice de ce type de discours que leur inclination, si décriée à l'accoutumée, se voyait soudain en mesure de s'octroyer une partie du prestige social de l'ambidextrie. Car, somme toute, la gaucherie ne constituait-elle pas, autant que la droiterie, un idéal à demi atteint ? Un souvenir du philosophe français Étienne Souriau (1892-1979) porte bien témoignage de ce raisonnement :

> « Quand j'étais enfant, mon père s'est appliqué à me persuader à moi-même que je n'étais pas gaucher, mais ambidextre, afin de m'éviter, notamment dans les milieux scolaires, d'apparaître comme un peu anormal [123]. »

Le mythe de l'ambidextrie a donc constitué, si l'on peut dire, le cheval de Troie de la gaucherie, le moyen de s'insinuer discrètement dans la place forte de la *dextrocratie*. La comparaison est un peu osée, mais elle vient si naturellement à l'esprit que nous nous autorisons à la formuler : l'ambidextrie a sans doute donné les mêmes résultats en matière d'intégration sociale pour les gauchers que ceux des mariages mixtes pour les étrangers. Car il est tout à fait permis de voir en elle une sorte de mariage mixte entre la main droite et la main gauche. Cette dernière, traditionnellement tenue en suspicion par les gardiens de l'ordre moral, parvient malgré tout à acquérir un droit de cité en s'affirmant, par la vertu du fait établi, comme une composante à part entière de la nature humaine. Le témoignage de Souriau, cité à l'instant, pourrait fort bien être transposé et mis dans la bouche d'un petit métis qui parviendrait à se faire mieux accepter de ses camarades en affirmant que son père est un Français de souche.

Certes, la vogue ambidextre, qui a tout au plus duré une vingtaine d'années, n'a sans doute que modestement contribué à la reconnaissance des gauchers dans l'opinion publique. Cependant, le hasard a fait qu'elle précédât de peu la Première Guerre mondiale. Or, comme on l'a vu, ce tragique événement a également joué en faveur des gauchers en cela qu'il augmenta considérablement leurs rangs par un afflux de mutilés du bras droit. À nouveau, les potentialités inexploitées de la main gauche allaient faire l'objet d'un débat public, indirectement profitable à la cause gauchère. Bien qu'elles fussent dans les faits particulièrement hostiles aux gauchers, les quatre décennies situées à la charnière du XIXe et du XXe siècle peuvent ainsi malgré tout être considérées comme une des périodes de transition les plus importantes de leur histoire. La tolérance dont nous faisons preuve aujourd'hui à leur égard trouve sans aucun doute ses germes dans cette époque.

NOTES

1. C'est, par exemple, en vertu de cette acception que l'on pourrait dire que la France, après l'édit de Nantes, était tolérante envers la communauté protestante.

2. Pourtant, le Moyen Âge était prodigue en anathèmes : hérétiques, sodomites, prostituées, lépreux, vagabonds, infirmes, sorciers, etc. ; la liste est fort longue de ces catégories sociales marginales mises au ban de la collectivité, avec plus ou moins de violence (cf. G. H. Allard, éd., *Aspects de la marginalité au Moyen Âge,* Montréal, 1975 ; B. Geremek, « Le marginal », in J. Le Goff, dir., *L'Homme médiéval, op. cit.,* pp. 381-413). Un Jean de Salisbury, au XIIe siècle, par exemple, n'avait aucun scrupule à affirmer que « les jongleurs et les prostituées n'étaient que des monstres déguisés sous des formes humaines et qu'il fallait à tout prix les extirper de la société » (cité *ibid.,* p. 403).

3. Voir ci-après « Les Gauchers admirés ».

4. Les dénominations *Gauchier* et *Gaucherot* pourraient toutefois se rapporter au métier de fouleur de drap *(wauchier).* Cf. F. Godefroy, *Dictionnaire de l'ancienne langue française, op. cit.,* t. III, p. 404 & t. IV, p. 244 ; D. Fryklund, *Les Changements de signification des expressions de droite et de gauche, op. cit.,* p. 58 ; *Actes du Parlement de Paris, Parlement criminel,* $X^{2A}3$, 3152B, 5 juin 1332, éd. B. Labat-Poussin, M. Langlois, Y. Lanhers, Paris, A.N., 1987, p. 90. En Italie, un peu plus tard, nous avons aussi des *Mancino, Almanchino, Manciolla,* etc. On pourra regretter qu'un recensement méthodique n'ait jamais été fait, fût-ce sur des séries restreintes.

5. J. Steele & S. Mays, « Handedness and directional asymmetry in the long bones of the human upper limb », *International journal of osteoarchaeology,* vol. 5, n°1, 1995, pp. 39-49.

6. Les auteurs utilisent à l'appui de leur démonstration une bibliographie de quarante-six titres.

7. Paris, BNF, ms. fr. 1181 (publié par Albert Franklin, *La Vie privée d'autrefois. Arts et métiers, modes, mœurs, usages des Parisiens du XIIe au XVIIIe siècle d'après des documents originaux ou inédits. Les repas,* Paris, Plon, 1889, pp. 168-180).

8. Jean Sulpice, *Libellus de moribus in mensa servandis,* ca 1480 (éd. française de 1545 citée *ibid.,* p. 46).

9. Cité par Norbert Elias, *La Civilisation des mœurs,* Paris, Pocket, 1976, p. 94.

10. L'ouvrage de N. Elias *(supra)* a constitué ma principale source d'inspiration pour la rédaction de ce chapitre. J'y emprunte l'essentiel de mes arguments. L'étude de Jacques Revel (« Les usages de la civilité », in *Histoire de la vie privée,* 3, *op. cit.,* pp. 169-209) m'a également été d'un grand service.

11. D. Érasme, *De civilitate morum puerilium,* 1530 (éd. A. Bonneau, Paris, Liseux, 1877, p. 119). Dans la pratique, les traités de civilité qui fleurissent en nombre à partir de la seconde moitié du XVIe siècle jusqu'à la fin du XVIIe siècle sont pour l'essentiel destinés à des personnes « de qualité » ou « bien nées » (selon les expressions d'usage) désireuses de s'informer des us et coutumes de la cour et d'y conformer leur comportement.

12. D. Érasme, *De civilitate morum puerilium, op. cit.*, p. 93.

13. Cl. Hours de Calviac, *La Civile honesteté pour les enfants, op. cit.*, f°23 v°.

14. *Sermons de saint Augustin sur les pseaumes, traduits en françois* [par P. Lepetit], Paris, 1683, t. 7, p. 135. Il est intéressant de noter que le passage « Ne blasmez vous pas tous les jours ceux qui sont gauchers et qui mangent de leur main gauche ? » constitue une interpolation du texte original. En effet, saint Augustin avait seulement écrit : « Ne reprenez-vous pas celui qui veut manger de la main gauche ? » (éd. H. Barreau, 1873, p. 257), par simple allusion aux manquements aux bonnes manières. Cette insistance fautive du traducteur semble donc dénoter une aversion envers les gauchers que l'auteur n'éprouvait pas.

15. Cf. Frère Albert-Vanelentin, *Édition critique des Règles de la bienséance et de la civilité chrétienne*, Paris, Ligel, 1955, pp. 513-519.

16. J.-B. de La Salle, *Les Règles de la bienséance et de la civilité chrétienne, op. cit.*, pp. 87, 88, 93, 105, 106-107, 108, 111, 118.

17. *Ibid.*, pp. 125-127, 130.

18. *Livre du gouvernement des princes*, ca 1510-1520, *op. cit.*, livre II, chap. 9, f°92r°.

19. *Encyclopédie ou dictionnaire raisonné des sciences, des arts et des métiers*, art. « Exercice », t. VI, 1756.

20. J.-B. Salgues, *Des erreurs et des préjugés, op. cit.*, pp. 100-102.

21. Ph. Ariès, « Pour une histoire de la vie privée », *Histoire de la vie privée*, 3, *op. cit.*, pp. 7-19.

22. R. Chartier, « Les pratiques de l'écrit », *ibid.*, pp. 114-115.

23. Cf. Françoise Gasparri, « Enseignement et techniques de l'écriture du Moyen Âge à la fin du XVIe siècle », *Scrittura e civiltà*, n°7, 1983, pp. 201-222 (p. 204).

24. Comme dans *The Petite Schole* de Francis Clement en 1587 (cf. St. Coren, *The Left-hander syndrome. The causes and consequences of left-handedness*, New York, Macmillan, 1992, p. 55).

25. Jean-Baptiste de La Salle, *Conduite des écoles chrétiennes*, éd. 1720 (F. Anselme, Paris, 1951), p. 59.

26. *Ibid.*, p. 151.

27. R. Chartier, « Les pratiques de l'écrit », art. cité, pp. 117-118.

28. *Ibid.*, p. 119.

29. A. Duchesne, *Sur les élèves ambidextres, op. cit.*, p. 8. L'auteur de poursuivre : « Dans les Villes, la coutume a prévalu parmi nous, je ne sais sur quel principe. On n'entend que ce précepte dans l'enfance : prenez de la belle main, faites serviteur de la belle main. »

30. *Ibid.*, p. 8.

31. Il est même permis de se demander si la notion de droite et de gauche a jamais eu un sens pour quelqu'un privé de tout savoir abstrait. On raconte ainsi qu'au XIXe siècle les instructeurs de l'armée devaient parfois avoir recours au stratagème suivant pour se faire entendre des conscrits les plus incultes issus des campagnes reculées : ils fixaient un peu de foin sur leur pied gauche et quelques brins de paille sur leur pied

droit ; il suffisait alors de commander « foin ! paille ! » au lieu de « gauche ! droite ! » pour que la troupe marche d'un même pas (cf. J.-B. Dumas, *La Droite et la Gauche. L'homme à la main heureuse,* 1938, pp. 31-32).

32. Cf. *infra* p. 159.

33. Th. Browne, *Pseudodoxia epidemica : or, Enquiries into very many received tenents, and commonly presumed truths,* Londres, Edward Dod, 1646, p. 186.

34. *Ibid.*, p. 187.

35. *Ibid.*, p. 190.

36. *Ibid.*, p. 193.

37. J.-J. Rousseau, *Émile* (1762), éd. B. Gagnebin & M. Raymond, *Œuvres complètes,* IV, NRF, Gallimard, Pléiade, 1969, pp. 282, 360.

38. L'*Encyclopédie, op. cit.*, art. « Exercice », t. VI, 1756.

39. *Ibid.*, art. « Main », t. IX, 1765.

40. *Ibid.*, art. « Escrime » (« Observations sur les gauchers »), recueil de planches, t. XXI, 1765.

41. Un ouvrage de l'époque semble toutefois véhiculer des idées nettement plus permissives. Après avoir cité les empereurs romains Tibère et Commode, le roi de Perse Ismaël Ier, réputés gauchers, l'auteur déclare : « Je m'étonne donc qu'on prenne pour un mal ce que tant d'exemples autorisent, & que de si fortes raisons peuvent du moins excuser. » ([Charles-Antoine-Joseph Leclerc de Montlinot], *L'Esprit de La Mothe Le Vayer*, s.l., 1763, p. 355). Cette considération, attribuée à François La Mothe Le Vayer (1588-1672) est trop isolée pour que nous la tenions pour révélatrice d'un courant de pensée. Tout au plus démarque-t-elle les écrits de Thomas Browne, cités plus haut.

42. M. de Grimm, lettre du 2 nov. 1771, in *Correspondance littéraire, philosophique et critique, adressée à un souverain d'Allemagne, depuis 1770 jusqu'en 1782,* Paris, F. Buisson, 1812, IIe partie, t. II, p. 357.

43. Lettre du 7 décembre 1779, in *Œuvres complètes de d'Alembert*, t. V, éd. 1967, pp. 422-423.

44. Dieudonné Thiébault, *Souvenirs de vingt ans de séjour à Berlin*, 1804, éd. M. Barrière, Paris, Didot, 1860, t. 2, pp. 104-105.

45. A. Duchesne, *Sur les élèves ambidextres, op. cit.*, p. 6.

46. *Ibid.*, p. 20.

47. *Ibid.*, p. 22.

48. J.-B. Avril, *Analyse des actes et délibérations du Conseil général du département de la Nièvre de 1787 à 1853 inclus*, 1860, t. II, pp. 264-265 ; cité par Guy Thuillier, *Pour une histoire du quotidien au* XIXe *en Nivernais*, Paris, École des Hautes Études en Sciences sociales, 1977, p. 183.

49. La citation est un peu longue pour figurer dans le corps du texte, mais la hauteur de vue dont l'auteur y fait preuve mérite une entière attention. En outre le document est très injustement tombé dans l'oubli : « Considérez [...] les deux moitiés verticales du corps, vous verrez l'une constamment supérieure à l'autre [...]. C'est, comme on le sait, la portion droite qui l'emporte communément sur la gauche. — Pour comprendre la raison de cette différence, distinguons dans toute espèce de mouvement

la force et l'agilité. La force tient à la perfection d'organisation, à l'énergie de nutrition, à la plénitude de vie de chaque muscle ; l'agilité est le résultat de l'habitude et du fréquent exercice. — Remarquons maintenant que la discordance des organes locomoteurs porte, non sur la force, mais sur l'agilité des mouvements. Tout est égal dans le volume, le nombre des fibres, les nerfs de l'un et l'autre des membres supérieurs ou inférieurs ; la différence de leur système vasculaire est presque nulle. Il suit de là que cette discordance n'est pas, ou presque pas dans la nature ; elle est la suite manifeste de nos habitudes sociales, qui, en multipliant les mouvements d'un côté, augmentent leur adresse, sans trop ajouter à leur force. — Tels sont en effet les besoins de la société, qu'ils nécessitent un certain nombre de mouvements généraux qui doivent être exécutés par tous dans la même direction, afin de pouvoir s'entendre. On est convenu que cette direction serait celle de gauche à droite. Les lettres qui composent l'écriture de la plupart des peuples sont dirigées dans ce sens. Cette circonstance entraîne la nécessité d'employer, pour former ces lettres, la main droite, qui est mieux adaptée que la gauche à ce mode d'écriture [...]. — La nécessité de l'ensemble dans les combats a déterminé à employer généralement la main droite pour saisir les armes [...]. Je pourrais ajouter à ces divers exemples une foule d'autres analogues. — Ces mouvements généraux, convenus de tous dans l'ordre social, qui rompraient l'harmonie d'une foule d'actes, si tout le monde ne les exécutait pas dans le même sens, ces mouvements nous entraînent inévitablement, par l'influence de l'habitude, à employer pour nos mouvements particuliers les membres qu'ils mettent en action. Or, ces membres étant ceux placés à droite, il résulte que les membres de ce côté sont toujours en activité, soit pour les besoins relatifs aux mouvements que nous coordonnons avec ceux des autres individus, soit pour les besoins qui nous sont personnels. — Comme l'habitude d'agir perfectionne l'action, on conçoit la cause de l'excès d'agilité du membre droit sur le gauche. Cet excès n'est presque pas primitif ; l'usage l'amène d'une manière insensible. » (X. Bichat, *Recherches physiologiques, op. cit.*, p. 9).

50. J.-B. Salgues, *Des erreurs et des préjugés, op. cit.*, pp. 102-103.

51. *Ibid.*, p. 105.

52. J.-A. Comte, « Recherches [...] relatives à la prédominance du bras droit sur le bras gauche », art. cité, p. 77.

53. *Ibid.*, p. 78.

54. Voir, par exemple, L. F. Pillon, *L'Art d'écrire de la main gauche, enseigné (en quelques leçons) à toutes les personnes qui écrivent selon l'usage, comme ressource en cas de perte ou d'infirmité du bras droit ou de la main droite*, Paris, Roret, 1839 ; M. Hugo, *Mémoire présenté [...] pour un procédé à l'aide duquel on peut apprendre à écrire seul de la main droite ou de la main gauche indifféremment*, Paris, Moquet, 1851. Le premier prétend ainsi : « Apprendre à écrire de la main gauche, quand on sait déjà écrire de la main droite, c'est une sage précaution pour l'avenir ; car, qui peut répondre de conserver jusqu'au bout l'usage de tous ses membres ! Le cours de la vie est semé de tant d'accidents, et il faut si peu de chose pour perdre un bras, une main, que, familiariser la main gauche avec la plume, quand on est encore dispos, c'est un des actes de prévoyance que nul ne saurait blâmer. D'ailleurs, faire écrire les enfants

des deux sexes alternativement des deux mains, et pas plus de la droite que de la gauche, c'est le vrai moyen d'empêcher qu'ils ne soient un jour contrefaits ; car rien ne gâte plus la taille, quand on est jeune, que la position qu'on est obligé de donner au corps pour écrire. » Avec un optimisme sans doute un peu excessif, l'auteur va jusqu'à prétendre : « Quinze jours suffiront pour que vous écriviez déjà de manière passable, et un mois pour que vous soyez en état de vous passer de votre main droite » (non paginé).

55. J.-B. Salgues, *Des erreurs et des préjugés, op. cit.*, pp. 103-104.

56. *Ibid.*, p. 105.

57. *Ibid.*, p. 108.

58. W. W. Ireland, « Notes on left-handedness », *Brain,* vol. 3, 1880, pp. 207-214 (p. 214).

59. G. M. Gould, « The origin of right-handedness », art. cité.

60. G. M. Gould, « Why is a particular child right-handed or left-handed ? », *Long Island medical journal,* nov. 1907, pp. 454-458 (p. 456).

61. *Ibid.*, p. 458.

62. Actes publiés par W. G. McMullin, « What shall we do with our left-handed pupils ? (A symposium) », *The Teacher,* 1914, n°18, pp. 331-338 (cité par L. J. Harris « Left-handedness », art. cité, p. 64).

63. Cité par Anonyme, « The problem of left-handedness », *Scientific american,* 26 janv. 1918, p. 82.

64. J. J. Terrell, « Let left-handedness alone ! », *Illustrated world,* 1917, n°27, pp. 190-192 ; H. E. Jordan, « The crime against left-handedness », *Good health,* 1922, n°57, pp. 378-383 ; H. Broun, « Let the southpaw alone », *Collier's magazine,* 1920, n°65, pp. 22 & 62 (cités par L. J. Harris « Left-handedness », art. cité, p. 64).

65. C. J. Brackenridge, « Secular variation in handedness over ninety years », *Neuropsychologia,* vol. 19, n°3, 1981, pp. 459-462.

66. Cf. *ibid.*, citant J. Levy, « A review of evidence for a genetic component in the determination of handedness », *Behaviour genetics,* 1976, 6, pp. 429-453.

67. Cité par St. Coren, *The Left-hander syndrome, op. cit.*, pp. 55-56. Ajoutons qu'en 1923, à New York, un *Teacher's guide* était encore consacré au thème « Changing pupils from left to righthanded penmanship » (non consulté).

68. Cf., par exemple, le tableau établi par J. Thyss, *Étude bibliographique et critique du problème des gauchers, op. cit.*, p. 45. Une des rares études statistiques à grande échelle fut menée en 1909 en Allemagne. Elle portait en effet sur 270 266 sujets et donna 3,88% de gauchers. Détail curieux, l'étude mettait également en évidence que c'était dans les régions méridionales (Franconie, Souabe, Bavière) que se concentraient la plupart d'entre eux ; plus on montait vers le nord, plus leur présence se raréfiait, jusqu'à presque complètement disparaître à l'extrême nord-est du pays (Karl v. Bardeleben, « Ueber rechts und linkshandigkeit beim menschen », *Anatomischer anzeiger,* XXXVII, 29 déc. 1910 ; compte rendu de J. Deniker dans *L'Anthropologie,* XXII, 1911, pp. 204-205). Considérant cette inégale répartition, E. Stiers (*Untersuchungen über linkshändigkeit, op. cit.*) prétendait que le surnombre des

gauchers dans les régions du sud était dû à l'alcoolisme et aux mauvaises mœurs qui y régnaient (cité par J. Adam, *Les Gauchers en médecine légale, op. cit.*, p. 26).

69. En 1946, G. Blœdé (*Les Gauchers, op. cit.*) dénombre sur 4412 enfants des écoles lyonnaises 6% de gauchers.

70. Encore s'agit-il là, sans doute, d'une idée reçue. Ainsi, Burt (*The Backward child, op. cit.*, pp. 281-283) dit avoir comptabilisé, chez les écoliers britanniques de sexe masculin, 3,8% de gauchers en 1913, 4,9% en 1923, 5,8 % en 1935, ce qui ne dénote pas vraiment une progression fulgurante (1% par décade). Il est possible, en revanche, qu'en Angleterre le processus contemporain de l'émancipation gauchère (dans les années 1950) se soit déroulé avec plus de rapidité qu'en France, laissant croire à un déclenchement plus précoce.

71. Bertall, *La Comédie de notre temps*, Paris, Plon, 1880, pp. 10-12.

72. Si l'on excepte, bien sûr, l'infime minorité de gauchers non contrariés que comptent leurs rangs.

73. J. Ioteyko, « L'usage de la main gauche chez les mutilés », *Revue scientifique*, 1916, n° 16, p. 494 (c'est moi qui souligne). On profitera de cette note pour tordre le cou à une idée reçue, vaguement diffamatoire, selon laquelle l'État français établissait alors une discrimination entre droitiers et gauchers dans l'indemnisation des blessures de guerre. Cette assertion provient d'un tableau publié par J. Adam (*Les Gauchers en médecine légale, op. cit.*, pp. 11-12) censé être le barème des invalidités de la guerre 14-18 :

(extrait)	Côté droit	Côté gauche
Désarticulation de l'épaule	80 %	70 %
Amputation interscapulo-thoracique	85 %	75 %
Désarticulation du coude	70 %	60 %
Coude ballant	50 %	40 %
Pseudarthrose :		
a) Au niveau de la partie moyenne du bras	40 %	50 %
b) Au voisinage de l'épaule ou du coude	30 %	40 %
Amputation de l'avant-bras	65 %	55 %
Perte totale de la main	65 %	55 %

Ainsi, en vertu de ce barème ubuesque prétendument établi par l'administration militaire, aurait-il été admis qu'un soldat droitier ayant perdu l'usage du membre supérieur droit souffrait d'un préjudice plus important que celui d'un soldat gaucher pareillement atteint à gauche. Un auteur peu scrupuleux a récemment transcrit ce document — sans citer ses sources —, jurant « avec jubilation » n'avoir « pas changé une virgule ». Le seul problème est que tout cela est faux. Dans le barème d'indemnisation des invalidités de 1919, d'où ledit tableau est tiré, il est en effet clairement spécifié : « Les taux d'invalidité correspondant au membre supérieur droit doivent être appliqués chez les gauchers au membre supérieur gauche et réciproquement » (*Guide-barème des invalidités applicable au titre de la loi du 31 mars 1919*, Ministère des Pensions, Imprimerie nationale, 1932, p. 6). Cette clause apparaissait déjà dans le *Guide-barème des invalidités par l'application du décret du 24 mars 1915 modifiant le décret du 13 juin 1906*. On pourra regretter encore une fois le peu de sérieux dont certains auteurs font preuve vis-à-vis d'un sujet où règnent déjà beaucoup trop l'approximation et la contre-vérité. Certes, il était plaisant d'imaginer une Grande Muette bornée, accrochée à des préjugés discriminatoires. Cela était même, convenons-en, assez plausible. Mais il n'en était rien. En l'occurrence, le monde militaire était en avance sur le monde civil.

74. Le terme est, par exemple, employé par Jules Amar (« Le prix du mouvement chez les invalides et les nouveaux gauchers », *Comptes rendus des séances de l'Académie des sciences,* t. 164, janvier-juin 1917, pp. 646-648) et par Maurice Bourrillon (« Les méthodes de rééducation professionnelle des amputés », in Jean Camus & al., *Rééducation fonctionnelle et rééducation professionnelle des blessés,* Paris, Baillière & Fils, 1917, pp. 38-47). Quant à Albert Charleux, auteur en 1918 de *Conseils pratiques pour écrire de la main gauche,* il constate, fataliste : « [Les gauchers] constituent une petite minorité qui vient, hélas ! de se grossir inopinément, du fait de la guerre, de ceux qui par blessure ont perdu l'usage du bras droit ».

75. Cf. Émile Galtier-Boissière, *Œuvres protectrices du soldat,* Paris, Larousse, 1917, notamment pp. 21-22.

76. Émile Galtier-Boissière, *Larousse médical illustré de guerre,* Paris, 1917, p. 10.

77. En France parurent ainsi en 1918 :

— A. Charleux, *Pour écrire de la main gauche. Conseils pratiques.*

— F. Garcin, *Comment écrire des deux mains. Méthode pratique.*

— J. Vianet, *Pour écrire de la main gauche. Conseils aux amputés du bras droit.*

Les autres nations belligérantes, confrontées au même problème, employèrent de semblables remèdes :

— Autriche-Hongrie : K. Grosselfinger, *Die Schule der Einarmigen,* 1915 (*L'Ecole des manchots,* fascicule destiné aux « héros devenus manchots pendant la guerre »).

— Angleterre : Pilkington Special Hospital de Saint Helens (Lancashire), *Left-hand writing,* 1917 *(L'Ecriture de la main gauche).*

— Allemagne : H. Vollmohr, *Stark ist der Wille ! Ein Trost- und Hilfsbuch für Einarmige,* 1918 *(La volonté est forte ! Un livre de réconfort et d'aide aux manchots).* – G. Jungborn, *Einarmig !,* 1918 *(Manchot !).*

— États-Unis : *Left-hand writing for men with right-hand amputation,* 1919 *(L'Ecriture de la main gauche pour les hommes amputés de la main droite).*

78. Jules Amar partait du principe que « tout amputé du bras droit veut une éducation de son bras gauche ». Grâce à des expériences portant sur une vingtaine de sujets, il démontrait que le maintien de l'activité du bras droit nécessitait une énergie de 20 à 40 % supérieure à la normale, tandis que le passage à la gaucherie ne réclamait que 5 à 8 % d'effort supplémentaire. En outre, l'activité du bras gauche n'était ressentie comme pénible chez les « nouveaux gauchers » que « pendant les trois premiers mois en moyenne » (J. Amar, « Le prix du mouvement chez les invalides et les

nouveaux gauchers », art. cité). Voir aussi Arthur Armaingaud, « De l'opportunité actuelle d'un appel de l'Académie de médecine à la population et au Gouvernement en faveur de l'éducation et de l'utilisation égales des deux mains », *Bulletin de l'Académie de médecine,* t. LXXXI, 4 février 1919, p. 151-156. Un cas de réinsertion réussie est celui d'un dénommé Alphonse Juin (1888-1967) qui, du jeune gradé amputé du bras droit en 14-18, allait, lors de la Seconde Guerre mondiale, devenir la haute figure que l'on connaît.

79. M. Bourrillon, « Les méthodes de rééducation professionnelle... », art. cité, p. 40.

80. Ainsi le Dr Bourrillon insiste-t-il sur le fait que pour aider les amputés il est indispensable de « développer chez eux le sentiment de la dignité humaine » (« Les méthodes de rééducation professionnelle... », art. cité, p. 42).

81. É. Galtier-Boissière, *Larousse médical illustré de guerre, op. cit.,* fig. 109, p. 96.

82. A. Armaingaud, « De l'opportunité... », art. cité, p. 151.

83. F. Garcin, *Comment écrire des deux mains, op. cit.,* 1918, p. 5.

84. « La gaucherie est une vocation comme la droiterie : le gaucher ayant une tendance congénitale à se servir de sa main gauche pour les actes habiles, est de naissance maladroit de sa main droite [...]. Cette vocation est décisive, la gaucherie ne se corrige pas plus que la droiterie. On apprend à grand'peine à l'enfant gaucher à exécuter les actes habiles de la main droite. Il les exécutera toujours moins bien que de la gauche. » (F. Regnault, « Les causes de la droiterie de l'homme », *La Presse médicale,* n°42, 27 mai 1931, pp. 787-789 [p. 788]). Détail piquant, et assurément très révélateur de la mutation des esprits qui s'opère alors, on trouve de plus en plus de « faux gauchers », c'est-à-dire des droitiers qui allèguent mensongèrement une gaucherie pour toucher de plus grosses indemnités après un accident survenu au membre supérieur gauche. Les experts de la médecine du travail sont obligés de mettre en place une batterie de tests pour démasquer les fraudeurs (cf. E. Rey, « Le dépistage des faux gauchers », *Bulletin chirurgical des accidents du travail,* n°56, juin 1933, pp. 10-12 ; H. Dufour, « Trois épreuves de contrôle pour dépister [...] les faux gauchers », *Annales de médecine légale, de criminologie et de police scientifique,* t. 14, 1934, pp. 508-512 ; Ch. Brisard, « Comment reconnaître et indemniser un gaucher », *ibid.,* pp. 621-627).

85. Nous avons répertorié, et consulté pour la plupart, une vingtaine de publications de Kovarsky sur la question des gauchers entre 1937 et 1955. Dans « Titres des principales publications de Mlle Véra Kovarsky », fascicule tiré à compte d'auteur, non daté [ca 1955], déposé à la BNF (8°Q pièce 4607), elle prétend avoir commencé ses recherches sur la question en 1928. Nous n'en avons néanmoins retrouvé nulle trace.

86. V. Kovarsky, « Quelques troubles de l'intelligence et du caractère chez les gauchers », *Ier congrès international de psychiatrie infantile,* Paris, 24 juillet-1er août 1937, Lille, 1937, pp. 107-109 (p. 107). L'expression « sévices physiques et moraux » que nous introduisons ici ne sera employée par l'auteur qu'à partir de 1953.

87. *Ibid.,* p. 109.

88. C'est ce qu'elle rapportera par la suite (V. Kovarsky, « Plaidoyer en faveur des gauchers », *Toulouse médicale,* n°5, juin 1953, pp. 371-384 [n. 7]).

89. Cf., par exemple, R. Allendy, *L'Enfance méconnue, solutions pédagogiques,* Paris, 1946, ch. XX, « L'enfant gaucher » ; G. Robin, *La Guérison des défauts et des vices chez l'enfant,* Paris, 1948, pp. 412-413. Signe des temps, l'intelligentsia française se reprend, comme au siècle des Lumières, à faire la louange de la main gauche. Témoin ce texte de l'historien de l'art, professeur au Collège de France, Henri Focillon (1881-1943) : « Je ne crois pas absolument à l'éminente dignité de la droite. Si la gauche lui manque, elle entre dans une solitude difficile et presque stérile. La gauche, cette main qui désigne injustement le mauvais côté de la vie, la portion sinistre de l'espace, [...] est capable de s'entraîner à remplir tous les devoirs de l'autre. Construite comme l'autre, elle a les mêmes aptitudes, auxquelles elle renonce pour l'aider. Serre-t-elle moins vigoureusement le tronc de l'arbre, le manche de la pioche ? Étreint-elle avec moins de force le corps de l'adversaire ? A-t-elle moins de poids quand elle frappe ? Sur le violon n'est-ce pas elle qui fait les notes, en attaquant directement les cordes, tandis que, par l'intermédiaire de l'archet, la droite ne fait que propager la mélodie ? C'est un bonheur que nous n'ayons pas deux mains droites. Comment se répartirait la diversité des tâches ? Ce qu'il y a de "gauche" dans la main gauche est assurément nécessaire à une civilisation supérieure [...]. S'il en était autrement, nous serions submergés par un affreux excès de virtuosité. Nous aurions sans doute poussé à ses limites extrêmes l'art des jongleurs — et probablement rien de plus. » (*Éloge de la main,* 1939, in *Vie des formes,* 3e éd., Paris, PUF, 1947, pp. 101-102).

90. V. Kovarsky, « Surdité verbale et gaucherie contrariée », art. cité, p. 8.

91. En 1950, devant la haute assemblée, l'académicien rendait hommage « au zèle infatigable avec lequel Mlle Kovarsky s'efforce de faire pénétrer dans la pensée du monde médical, des instituteurs et des familles, l'idée qu'on ne doit pas à toute force corriger la gaucherie. Cette correction comporte en effet des résultats regrettables beaucoup plus graves que l'inconvénient mondain d'avoir certains gestes qui ne sont pas ceux de tout le monde » (cité dans « Titres des principales publications de Mlle Véra Kovarsky », *op. cit.*).

92. Nous serions même assez tenté de penser que cette commission n'a jamais existé, car nous n'avons retrouvé sa trace nulle part à l'Académie. Il y a lieu de s'interroger sur cette « commission fantôme ». Le combat de Kovarsky a-t-il vraiment éveillé l'attention des académiciens ou bien s'est-on contenté de lui en donner l'illusion ? La défenseur des gauchers contrariés était-elle une fabulatrice, à tout le moins une naïve qui aurait pris pour argent comptant de vagues promesses ? Quoi qu'il en soit, Kovarsky n'avait probablement pas que des amis en ce haut lieu de l'Académie de médecine. Nous notons, par exemple, que René Piédelièvre (1891-1975), partisan du « redressement systématique » de la gaucherie, y était élu le 31 janvier 1950.

93. Enquête mentionnée par G. Lerbet, *Enfants droitiers - enfants gauchers. Étude de la latéralisation,* Paris, Éd. universitaires, 1969, p. 46.

94. Pour exemples, un article du magazine *Constellation* de janvier 1953 s'intitule « Laissez donc faire les gauchers ! » ; un autre de la *Sélection du Reader's digest* (juillet 1954) se veut être un « Plaidoyer pour les gauchers ».

95. J.-L. Dupuy & P. Klingebiel, « L'éducation physique scolaire doit aider les

gauchers », *L'Éducation physique*, n° 9, 1er trimestre 1957, pp. 45-48 et « Un essai de rééquilibration d'enfants gauchers », *Cahiers de l'enfance inadaptée*, n°7, avril 1961, pp. 5-10 (p. 6).

96. J.-L. Dupuy & P. Klingebiel, « L'éducation physique corrective pour les écoliers gauchers », *Cahiers de l'enfance inadaptée*, n°8, mai-juin 1961, pp. 15-23.

97. J. Collier, « Le martyre du gaucher », *Sélection du Reader's digest*, juillet 1961, pp. 7-10 (p. 7).

98. Le Service de Documentation et d'Information de l'Institut Pédagogique National avait diffusé pour l'année scolaire 1961-1962 une brochure dans laquelle il était clairement spécifié que le problème de la « gaucheté » *(sic)* se devait d'être pris en compte avec bienveillance par les enseignants. « Le point essentiel est que, dès l'enfance scolaire et même préscolaire, on ne doit pas contrarier le gaucher franc ou déclaré. En effet, les gauchers francs d'intelligence normale font de bons élèves, apprennent à lire sans difficulté, ne manifestent pas de troubles d'élocution et il leur arrive d'écrire aussi aisément que les droitiers. » Au contraire, lit-on dans ce document, c'est parce qu'on les contrarie que certains gauchers connaissent des difficultés scolaires (Georges Bouquet [Inspecteur primaire de la Seine], « L'écriture à l'école », Institut Pédagogique National, novembre 1961, p. 4).

99. L. Christiaens, P.-R. Bize & P. Maurin « Les gauchers au travail », *Archives des maladies professionnelles de médecine du travail et de sécurité sociale*, t. 24, janv.-juin, 1963, n°1-3, pp. 47-100 (p. 97).

100. Platon, *Les Lois*, VII, 794d-795a, (in *Œuvres complètes*, t. XII, éd. A. Diès, Paris, Les Belles Lettres, 1956).

101. Aristote, *De la marche des animaux*, 4 (éd. P. Louis, Paris, Les Belles Lettres, 1973). Dans son *Histoire des animaux*, le philosophe dit aussi : « La droite et la gauche sont à peu près semblables par leurs parties et identiques en tout, sauf que le côté gauche est plus faible que le droit. » (I:15 ; éd. P. Louis, Paris, Les Belles Lettres, 1964).

102. Aristote, *Problèmes*, XXXI:13 (éd. P. Louis, Paris, Les Belles Lettres, 1994). Même type de remarque dans *Éthique de Nicomaque*, V:vii:4 (éd. J. Voilquin, Paris, GF-Flammarion, 1992) et dans *La Grande Morale*, livre I, XXXI:20 (éd. J. Barthélemy Saint-Hilaire, Paris, 1856). Au IIe siècle de notre ère, Marc Aurèle consignait cette pensée : « Habitue-toi à ce que tu repousses. La main gauche est paresseuse pour tout, faute d'habitude, sauf pour les rênes qu'elle tient plus vigoureusement que la droite parce qu'elle y est habituée. » (*Pensées pour moi-même*, XII:6, éd. F. Vervliet, Alréa, 1992).

103. L'*Encyclopédie*, art. « Main », t. IX, 1765.

104. Ch. Reade, « The coming man », *Harper's Weekly*, 1878 : 19 janv., pp. 50-51 ; 26 janv., p. 74 ; 2 fév., pp. 94-95 ; 2 mars, pp. 174-175 ; 23 mars, pp. 234-235 ; 18 mai, p. 394.

105. *Ibid.*, 19 janv. 1878, p. 51.

106. Bertall, *La Comédie de notre temps*, *op. cit.*, p. 12.

107. L. Maillot, *Je sais m'servir de la main gauche*, Paris, R. Viel, 1887.

108. V. Galippe, « La droiterie et la gaucherie sont-elles fonction de l'éducation ou de l'hérédité ? », art. cité, p. 1065.

109. F. Nivelet, *Étude sur le dédoublement de la motricité, op. cit.*, p. 28.

110. E. N. Smith & F.R.C.S., « Ambidexterity : a plea for its general adoption », *British medical journal,* 1er sept. 1900, pp. 579-580.

111. Cf. *ibid.*, p. 579 ; H. Lorent, « Les méthodes américaines d'éducation », *Revue psychologique,* vol. 1, 1908, pp. 77-95 (p. 89).

112. Cf. H. D. Astley, « On ambidexterity and primitive man », *Lancet,* vol. 1, 1904, p. 1246 ; les remarques de M. Baudouin, à la suite de G.-L.-M.-F. Jousset de Bellesme, « Contribution à la physiologie préhistorique : de l'usage de la main droite dans les temps préhistoriques et de son influence sur le développement du cerveau », extrait de *Premier congrès préhistorique de France,* Session de Périgueux, 1905, pp. 7-8 ; A. Dubus, « Contribution à l'étude de l'ambidextrie aux temps préhistoriques », extrait du *Bulletin de la Société préhistorique de France,* séance du 25 octobre 1906, pp. 1-3.

113. Une pièce, publiée en 1907 à Bruxelles, s'intitule *Ambidextre journaliste.*

114. Cf. annexe de J. Jackson, *Ambidexterity or two-handedness and two-brainedness. An argument for natural development and rational education,* Londres, 1905.

115. Cité par M. Barsley, *The Left-handed book, op. cit.*, p. 96.

116. Le salut scout, donné avec la main gauche, est resté, dit-on, témoin de son engagement.

117. Cf. F. Nivelet, *Étude sur le dédoublement de la motricité, op. cit.*, pp. 23 sq.

118. R. Hertz, « La prééminence de la main droite », art. cité, p. 579.

119. J. Crichton-Browne, « Dexterity and the bent sinister », art. cité, p. 624.

120. Cité par A. Armaingaud, « De l'opportunité actuelle d'un appel [...] en faveur de l'éducation et de l'utilisation égales des deux mains », art. cité, p. 151. En réalité, Baden-Powell était allé plus loin en prétendant que seul le soldat ambidextre était un soldat accompli (préface à J. Jackson, *Ambidexterity, op. cit.*, pp. xi-xii).

121. A. Armaingaud, « De l'opportunité actuelle d'un appel [...] en faveur de l'éducation et de l'utilisation égales des deux mains », art. cité, pp. 151-152.

122. *Ibid.*, pp. 155-156. Au dire de F. Regnault (« Les explications biologiques de la droiterie. Faut-il enseigner l'ambidextrie aux enfants ? », *La Presse médicale,* n°74, 16 sept. 1931, pp. 1365-1368), Armaingaud aurait renouvelé son appel à la fin des années 20. Nous n'en avons pas retrouvé trace.

123. Témoignage rapporté par G. Menut, « L'enfant gaucher (suite) », *Revue naturiste,* 1er trim. 1956, pp. 19-29 (p. 22).

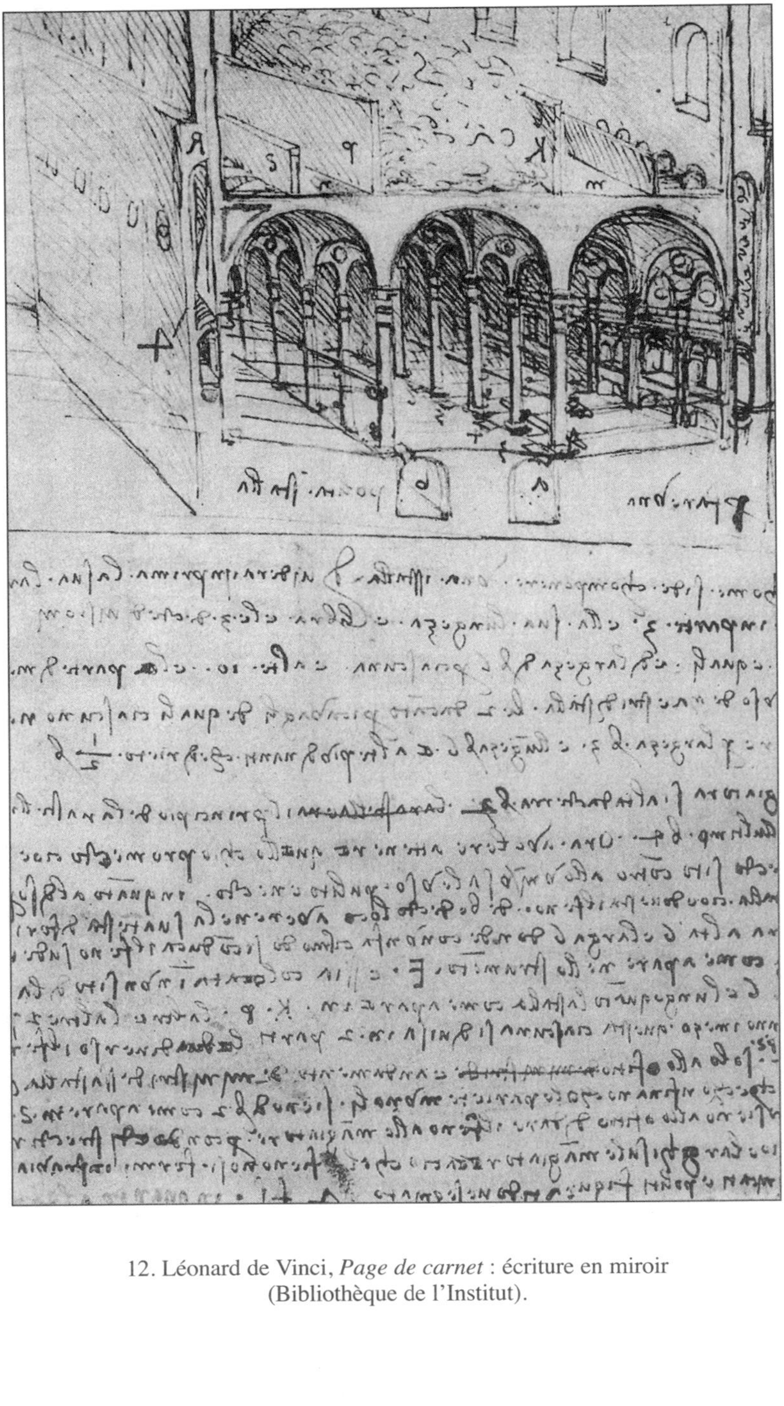

12. Léonard de Vinci, *Page de carnet* : écriture en miroir
(Bibliothèque de l’Institut).

Quatrième partie

LES GAUCHERS ADMIRÉS

Peintre abondant, facile et gracieux, habile praticien, bien qu'il peignît de la main gauche.
Charles Blanc, 1865, à propos de Nicolas Mignard.

Étant gaucher moi-même et appartenant à une des toutes premières générations épargnées, celle des années 1960, je me rappelle que durant mon enfance certains adultes s'étonnaient que j'écrivisse de la main gauche. Mais, en fait — et ils en seraient certainement convenus —, ils s'étonnaient moins de ce que je me servisse de cette main-là pour écrire que de ce que je fusse capable d'écrire correctement de cette façon. Ce qu'ils tenaient pour un handicap n'en était pas un pour moi, voilà ce qui les stupéfiait : « Comment fait-il pour écrire de la "patte" gauche ?! »... Exclamation souvent entendue et qui, j'en garde un exact souvenir, me plongeait à chaque fois dans des abîmes de perplexité enfantine. Qu'avais-je donc de si différent ? Ce n'est que beaucoup plus tard que je compris que je n'avais de différent que d'être trop semblable aux autres.

En effet, en dépit des préjugés défavorables dont il était généralement l'objet, le gaucher a toujours eu ceci d'un peu extraordinaire aux yeux des droitiers qu'aucune activité, en définitive, ne lui était impossible. Il était à même de faire aussi bien avec sa main gauche ce que n'importe quel droitier faisait avec sa main droite. En d'autres termes, le gaucher avait sa bonne main dans la « mauvaise main ». C'est certainement ce renversement des codes, cette injure faite au sens commun qui lui valurent tant d'hostilité par le passé. La gaucherie était contraire à l'ordre naturel des choses. C'était une aberration, une hérésie physiologique qui mettait à mal la logique du monde. Mais c'est précisément en ce qu'il était en quelque sorte *droitier de la main gauche* que le gaucher a pu aussi, à d'autres occasions, forcer l'admiration. Le moindre de ses actes semblait relever de l'exploit : lui seul était capable de dompter la « main sauvage [1] » et d'en tirer une docilité dont on la croyait par nature dépourvue... « Comment fait-il pour écrire de la “patte” gauche ?! ». Cette dernière partie de notre ouvrage se propose d’énumérer les principaux titres de gloire de la gaucherie à travers les âges.

I. L’ÉMINENCE GAUCHÈRE

Gauchers et fiers de l’être

Les plus anciens témoignages de fierté gauchère qui soient peut-être datent de l’époque gallo-romaine. On a en effet conservé de cette période un certain nombre de poteries portant des inscriptions gravées en miroir, c’est-à-dire renversées de droite à gauche comme si elles étaient vues par reflet. Ces inscriptions semblent pour la plupart être des marques de fabrique, des signatures d’artisans : *Paterni fe[cit], Comitianus fe[cit], Laxtucis f[ecit],* etc. Rien de ce qu’on connaît des techniques de poterie et des usages domestiques en vigueur en ce temps ne justifie semblable anomalie. La seule explication qu’on puisse avancer, selon Marcel Baudouin, est que les auteurs de ces inscriptions étaient gauchers (sachant que l’*écriture en miroir* est l’écriture gauchère par excellence ; cf. ci-après [2]). En estampillant de la sorte les objets qu’ils fabriquaient, ces artisans « pas comme les autres » eussent fièrement revendiqué leur mérite. La facture gauchère de leurs produits eût constitué à leurs yeux, sinon une plus-value, du moins un surcroît d’originalité vis-à-vis des produits de facture droitière ordinaires. En un sens, nous pourrions dire que la gaucherie est ici superlative. Des témoignages plus tardifs nous conforteront dans cette idée.

La Bibliothèque Sainte-Geneviève de Paris conserve, sous la cote ms. 775, un précis manuscrit d’histoire romaine *(Historia romana)* réalisé en Italie en 1471. Il s’agit d’un ouvrage en latin très ordinaire, de deux cent quatre-vingt-cinq feuillets *in-quarto,* qui ne se démarquerait en rien des centaines d’autres qui lui sont semblables s’il ne présentait, au bas de la toute dernière page, une inscription autographe de son auteur :

> « *Franciscus Santolinus Arimin[ensis] canonicus ; manu sinistra scripsit* (Francesco Santolini, chanoine de Rimini, a écrit ce livre de la main gauche) [3]. »

Pourquoi cette déclaration ? Le manuscrit comporterait-il quelque déficience à se faire pardonner ? Nullement : l'analyse paléographique [4] a montré au contraire que la forme des lettres (une humanistique cursive) ne différait pas de la forme habituelle. Seule la macrophotographie a permis de mettre en évidence quelques irrégularités (interruptions d'encrage, brisures de tracé), provenant du fait que le scripteur, en dépit de sa manualité, a scrupuleusement appliqué, sans les adapter à son cas, des règles de calligraphie mises en place pour et par des droitiers. Ces menues imperfections ne nuisent néanmoins aucunement à la parfaite unité d'ensemble. Or, n'en doutons pas, c'est à ce titre et à ce titre seulement que Francesco Santolini s'est cru autorisé à avertir ses lecteurs qu'il avait rédigé l'œuvre de la main gauche. Il n'a pas tant jugé nécessaire de faire état de sa gaucherie que tenu pour remarquable le fait que son manuscrit n'en laissât rien deviner. Sans doute avec le même orgueil que les potiers gallo-romains que nous évoquions précédemment, Francesco Santolini déclarait : *Manu sinistra scripsit*. Gaucher, il l'était, mais maladroit non point. Sa main gauche rivalisait avec les meilleures mains droites et il en tirait une légitime fierté.

C'est un sentiment identique qu'allait éprouver, quelques décennies plus tard, le sculpteur et architecte italien Raffaello de Montelupo (ca 1505-1566). Dans un récit autobiographique, l'homme fait, en quelque sorte, son *coming out* :

> « Je ne veux pas omettre de dire que je suis gaucher de naissance et que, ma main gauche étant plus habile que la droite, j'ai toujours écrit avec elle [5]. »

Montelupo raconte avec un amusement évident la surprise que sa particularité a toujours provoquée chez ceux qu'il rencontrait. Un jour, par exemple, amené à rédiger un reçu devant un notaire, il avait comme à son habitude pris la plume dans la main gauche et placé le papier dans le sens de la largeur (comme le font en général les gauchers, afin de voir ce qu'ils écrivent et de ne pas balayer l'encre avec leur main). Après un court instant, le notaire, intrigué, l'interrompit, persuadé qu'une telle façon de procéder ne pouvait donner qu'un gribouillage illisible. Constatant qu'il n'en était rien, il rameuta tous ses collègues pour qu'ils assistent au spectacle. Montelupo s'exécuta bien volontiers et poussa la vanité jusqu'à rédiger, devant les notaires médusés, les dernières lignes du texte avec sa main droite pour montrer qu'il était également capable de faire comme un quelconque droitier[6]. Sa gaucherie n'était pas une anomalie ; c'était un atout. Qu'on se le tînt pour dit.

Plus loin, Montelupo raconte aussi comment il se sert de sa main gauche dans l'exercice de son art et comment cela lui valut un jour l'admiration de deux fameux confrères :

> « On peut dire aussi de quelle façon je dessine de la main gauche. Un jour, alors que j'étais à Rome en train de dessiner l'arc de Thaces, vinrent à passer Michel-Ange et Sebastiano del Piombo, qui venaient du Colisée. Ils s'arrêtèrent pour me regarder et, quoiqu'ils fussent gauchers de naissance, comme ni l'un ni l'autre ne se servait de sa main gauche sinon pour les travaux de force, ils restèrent un moment à s'émerveiller devant moi. Je crois en effet que jamais peintre ou sculpteur n'a travaillé de la sorte[7]. »

Sans vouloir faire injure à la mémoire de Montelupo, cette dernière assertion a tout d'une fanfaronnade. Quoi qu'en dise l'intéressé, en effet, d'autres artistes s'étaient de cette façon déjà distingués par le passé (notamment Léonard de Vinci, Hans Holbein, Jan Van Eyck, Jérôme Bosch). En prétendant être le premier dans son genre, Montelupo ne faisait que répéter un lieu commun consistant à présenter la gaucherie comme un phénomène sans précédent afin d'en accentuer le caractère merveilleux. Ainsi, au Ier siècle de notre ère, Pline évoquait-il déjà le nom de Turpilius, « chevalier romain natif de Vénétie et notre contemporain, dont on conserve aujourd'hui de beaux ouvrages à Vérone. Il peignait de la main gauche, ce dont on ne connaît pas d'exemple avant lui[8] ». S'agissant d'Holbein, Carel Van Mander (1548-1606) avait dit pareillement :

> « Il est à noter que [...] Holbein maniait le pinceau de la main gauche, ce qui de notre temps ne s'est vu que très rarement ou pas du tout[9]. »

Quoi qu'il en soit, on voit combien la particularité manuelle de Montelupo pouvait flatter son ego. Loin de lui être un objet de désagréments, elle lui était une véritable source de contentetements. Néanmoins, il a pu arriver aussi qu'elle lui causât quelques déboires :

> « [Un jour, mon père et moi] partîmes pour Carrare où il m'emmena saluer un Espagnol du nom de Chivos qui souhaitait me passer une commande. Quand je fus devant lui, il me tendit la main droite pour que je la lui prenne et la lui baise. Moi qui n'étais pas sorti depuis longtemps et qui ignorais ce qu'il fallait faire dans pareil cas, je ne fis rien de cela et lui tendis simplement ma main gauche, comme cela m'était naturel. Il retira alors la sienne, offensé, me disant que j'étais mal élevé et qu'il n'était pas un homme sans valeur. Très gêné, je m'excusai et lui expliquai qu'en plus d'être ignorant des usages du monde j'étais gaucher depuis la naissance. J'en fis tant qu'il s'amadoua : il me tendit de nouveau la main ; je la lui saisis cette fois de la main droite en lui demandant pardon de ma maladresse [10]. »

On a d'autres preuves de l'existence d'une vanité gauchère par le passé. Le cas de l'écrivain, poète et académicien français Vincent Voiture (1597-1648) semble en faire partie. En effet, ce personnage éprouvait apparemment si peu de gêne d'être gaucher qu'il n'hésita pas à publier des *Stances escrites de la main gauche,* rédigées à rebours pour être lues dans un miroir [11].

Un cas plus typique, à tout le moins plus garanti que celui de Voiture, est celui de Jean de Coligny (1617-1686), comte de Saligny, compagnon d'armes du Grand Condé durant la Fronde, puis commandant des troupes catholiques venues se battre auprès de l'empereur Léopold contre les Turcs. Dès le premier paragraphe de ses *Mémoires,* il écrit avec prétention :

> « Voicy mon portrait en peu de mots : Je suis d'une taille fort droite, fort aisée, fort grande et très-belle. Je suis gaucher au dernier point, sans qu'on m'en ayt jamais pu chatier [12]. »

Clairement, la gaucherie participe à l'opinion avantageuse que le personnage se fait de lui-même. Elle le pose d'emblée comme un tempérament fort, un insoumis qui se joue des préjugés du vulgaire (chacune des pages de ses mémoires en fait la démonstration). À tous points de vue, Coligny se démarque du commun des mortels, s'en flatte et entend bien que cela se sache.

Il est vrai qu'un gaucher qui, par quelque chance extraordinaire, avait conservé son talent premier s'attirait immanquablement l'admiration de l'entourage. Le moindre de ses gestes semblait relever de la prouesse. Par un renversement paradoxal, sa gaucherie était regardée comme un surcroît de dextérité, dont lui-même risquait de s'infatuer :

> « Je me souviens bien des exploits de calligraphie dont j'étais capable durant mes premières années d'école, et ce avec ma seule main gauche [13] ! »

Alors âgé de onze ans, le petit Robert Henri Cozad, qui se fera connaître plus tard comme peintre sous le nom de Robert Henri (1865-1929), écrit avec fierté :

> « Le maître a dit que j'étais le premier garçon gaucher à avoir un prix dans sa classe [14]. »

L'anecdote amusante que narre le peintre français Georges Clairin (1843-1919) témoigne bien, elle aussi, de cette sorte de vanité que le gaucher pouvait tirer parfois de sa particularité. Dans ses jeunes années, Clairin était le condisciple, l'ami et le compagnon de voyage d'Henri Regnault (1843-1871). Fait rare pour l'époque, l'un et l'autre étaient gauchers (c'est sans doute, d'ailleurs, ce qui les rapprochait) et s'amusaient fort, semble-t-il, de la stupeur (parfois teintée de malveillance) que cette coïncidence suscitait chez les bonnes gens. Ainsi, un jour que les deux compères peignaient l'un à côté de l'autre au musée de Madrid, ils laissèrent accroire aux visiteurs, qui s'étonnaient grandement de voir ses insolents *zurdos* parader ainsi, que la gaucherie était la nouvelle mode de Paris [15].

Quant à Raoul Dufy (1877-1953), pince-sans-rire, il affirmait à qui voulait l'entendre qu'il peignait de la main gauche par simple goût de la difficulté… parce que de la main droite c'eût été « vraiment trop simple [16] ».

On le sait, les préjugés opposent une force d'inertie immense. Même si certains gauchers ont pu ainsi se sentir en droit de se targuer de leur originalité, il y a toujours eu des droitiers, persuadés de leur propre éminence, pour s'entêter à y voir un trait méprisable. L'algarade qui faillit avoir lieu durant l'hiver 1934, à la très distinguée Société de médecine légale de France, illustre très bien cet antagonisme. Le sujet de la gaucherie étant à l'ordre du jour, plusieurs membres avaient en effet pris la parole pour débiter doctement devant leurs pairs les lieux communs habituels. Qu'on en juge :

— « La main gauche du gaucher vaut moins que la main droite du droitier [17]. »

— « J'ai constaté que la gaucherie est infiniment plus fréquente chez les enfants anormaux que chez les enfants de nos écoles ordinaires [18]. »

— « Le gaucher n'est qu'un fantaisiste [19]. »

Tout eût donc été pour le mieux dans le meilleur des mondes, s'il n'y avait eu un membre de l'assemblée pour s'indigner de telles sornettes. Il s'agissait de monsieur Eugène Olivier, professeur à la Faculté de médecine, docteur ès sciences, expert près le Tribunal de la Seine, chevalier de la Légion d'honneur. Cet éminent personnage avait quelque bonne raison de s'offenser. En tant que gaucher, il ne se considérait nullement comme un être humain de seconde classe ; bien au contraire. Non seulement son *curriculum vitæ* plaidait en sa faveur, mais son palmarès en matière sportive était loin de lui procurer la moindre honte :

« Je m'excuse de parler de mon cas personnel, lança-t-il avec hauteur, mais il est absolument typique. Je suis gaucher depuis toujours et me comporte dans tous les actes de la vie comme un gaucher [...]. Mon professeur d'escrime m'a fait commencer comme tout le monde par la main droite. J'étais jeune alors. J'ai essayé, mais je ne suis arrivé à rien de bon. Un beau jour Kirchoffer [20], qui était gaucher, me dit : "Vous avez l'épaule droite beaucoup plus basse que la gauche, vous devez être gaucher." À partir de ce moment j'ai tiré à gauche, avec plein de succès puisque je suis devenu international et capitaine de l'équipe de France [21]. »

On se plaît à imaginer la gêne qui dut s'emparer de l'assistance... Un des sociétaires appartenait à cette catégorie humaine que chacun avait peu avant foulée d'un pied méprisant. De surcroît, il en tirait orgueil. Décidément, à qui pouvait-on se fier ?

Des dons hors du commun

> « On le disait gaucher, mais désignant un défaut, le nom lui convient mal car nul n'était plus adroit aux armes que lui. »

Cette légende figurait, on s'en souvient, sur le *Portrait de Gaucher de Châtillon,* peint par Simon Vouet en 1632 (ill. 6). L'artiste entendait ainsi, en jouant sur les mots (gaucher ➤ gauche ➤ adroit [22]), attribuer à son personnage des qualités dont on l'aurait pu croire dépourvu, étant donné sa particularité manuelle. Mais l'assertion va plus loin que la simple boutade. Elle fait écho à un très ancien mythe qui admettait que certains gauchers étaient doués d'une très grande habileté ou d'une force physique exceptionnelle, bien supérieures à celles d'un individu normal (droitier) ; mythe équivoque, néanmoins, dénotant la trouble fascination que pouvaient exercer autour d'eux les « hommes à l'envers ». L'excellence, en effet, constitue, au même titre que le handicap, un écart à la norme. En créditer les gauchers, c'est, d'une certaine façon, insinuer qu'ils se situent *a fortiori* « hors du commun », avec toute la connotation d'étrangeté que revêt cette expression. Les surhommes, pas plus que les sous-hommes, n'appartiennent vraiment au genre humain. Toute proportion gardée, le discours d'estime repose sur le même parti pris que le discours d'aversion. Les deux exemples qui suivent vont nous le confirmer.

Ce n'est sans doute pas par coïncidence que le plus ancien document connu concernant les gauchers soit aussi le premier à porter témoignage de leur remarquable habileté. On apprend en effet dans les Juges, livre biblique relatant l'histoire d'Israël à la fin du IIe millénaire av. J.-C., que la tribu des Benjaminites comprenait « vingt-cinq mille hommes portant les armes » (Jg XX:15), dont « sept cents hommes d'élite qui ne se servaient pas de la main droite, chacun pouvant lancer de sa fronde une pierre sur un cheveu, sans le manquer » (XX:16). Il est permis de penser que si le chroniqueur a pris soin de rapporter ce détail, ce n'est pas parce que le nombre des gauchers lui paraissait remarquable (700 hommes sur 25 000, cela ne fait guère que 2,8%), mais parce que, tout gauchers qu'ils étaient, ces soldats faisaient preuve d'une *dextérité* sans pareil. Au demeurant, c'est à noter, le texte ne spécifie pas que ces « hommes d'élite » se servaient de la main gauche, mais qu'ils « ne se servaient pas de la main droite »... Un euphémisme qui en dit long sur la bizarrerie que pouvait, malgré les qualités, constituer leur particularité aux yeux de leurs contemporains.

Un autre cas révélateur est celui de l'empereur romain Tibère (ca 42 av. J.-C.-37 ap. J.-C.). L'historien latin Suétone le dit gaucher et ajoute aussitôt qu'il était dans le même temps doté d'une poigne phénoménale, disons même inquiétante :

> « [...] sa main gauche était plus souple et plus forte que l'autre ; les articulations en étaient si fermes, qu'il pouvait percer du doigt une pomme récemment cueillie et sans tare, et d'une chiquenaude blesser à la tête un enfant ou même un adolescent[23]. »

Ces deux témoignages, celui sur les soldats benjaminites doués d'une *adresse diabolique* et celui sur l'empereur romain nanti d'une *force surhumaine*, constituent, tant par leur ancienneté que par leur caractère explicite, de parfaits prototypes, susceptibles d'éclairer bien d'autres documents postérieurs. Le discours ordinaire, même quand il se veut élogieux, postule que le gaucher ne peut que se situer dans un registre d'existence à part, plus ou moins décalé avec le reste du monde.

Par exemple, la réputation traditionnelle de force et d'adresse du gaucher, que Flaubert n'allait pas manquer de répertorier dans son *Dictionnaire des idées reçues*[24], a toujours fait de lui un adversaire très redouté, notamment dans l'art de l'escrime. On se souvient ainsi que les Kerr, ces Écossais gauchers du Moyen Âge, ne trouvaient « personne pour se battre à l'épée contre eux », tant ils étaient fines lames. « On ne se peut garder d'un gauché », prévenait Jean Nicot, en 1606[25] ; « nul n'était plus adroit aux armes que lui », disait Vouet à propos de Gaucher de Châtillon. Quant à Irving, il notait que Mohammed VII, « bien que gaucher, vous jouait du cimeterre avec tant d'agilité que chaque fois il avait reconquis son trône à la pointe de son sabre[26] ». Se mesurer avec quelqu'un dont la garde, les attaques et les parades ne se conformaient pas aux règles communes était une entreprise évidemment périlleuse. L'*Encyclopédie* de Diderot et d'Alembert n'en laissait en tout cas rien douter :

> « Il peut arriver à un droitier d'être fort embarrassé de se défendre contre un gaucher, parce que la fréquente habitude où on est de faire des armes entre droitiers donne au gaucher un avantage considérable[27]. »

Heureusement,

« Il est rare d'avoir occasion à se mesurer avec un gaucher, car l'espece de ce dernier n'est pas nombreuse [28]. »

L'admiration que l'on pouvait porter à un gaucher était donc proportionnelle à la dangerosité de celui-ci. Certes, les maîtres d'armes enseignaient bien comment « se défendre contre un gaucher aussi-bien qu'un droitier, car les positions sont différentes [29] » ; mais ce n'étaient là qu'exercices théoriques. La pratique s'avérait, hélas, trop souvent fatale. Ainsi, dans ses *Mémoires,* Jean de Coligny, dont nous avons vu plus haut la suffisance avec laquelle il considérait sa particularité manuelle, fait état à plusieurs reprises de duels dont il sortit à chaque fois victorieux.

Cette crainte de l'adversaire gaucher ne s'est jamais dissipée, même après que le pistolet s'est substitué à l'épée. « Mon grand-père était le meilleur tireur de son pays, bien qu'il fût gaucher », prétendait ainsi un écrivain dans la seconde moitié du XIXe siècle [30]. Dans les années 1880, un chansonnier parisien en plaisantait encore :

« Il est un usage cruel
Que chacun maudit à la ronde,
Sauf, cependant, dans certain monde
Où sévit la rage du duel.
Souvent un grotesque fantoche
Dit en jouant le spadassin :
Je n'crains personn' sur le terrain...
Je sais m'servir de la main gauche [31] ! »

Quant à Billy the Kid, on l'a déjà dit, sa renommée de redoutable gâchette doit sans doute beaucoup à sa réputation de gaucher. Quoi qu'il en soit, nul n'aurait songé à douter de la sagesse de ce vieil adage : « Il est dangereux de se battre avec un gaucher [32]. »

Les gauchers n'ont cependant pas fait qu'exceller dans les situations de combat. Ils se sont également attiré le respect et l'admiration pour des performances beaucoup plus pacifiques dont, pour certaines, ils détenaient le monopole. L'écriture en miroir en est sans doute le meilleur exemple.

L'écriture en miroir est ainsi nommée car elle est tracée à rebours de l'orientation normale, c'est-à-dire de droite à gauche, lui conférant l'aspect d'une écriture perçue par reflet (on parle aussi d'*écriture spéculaire*, d'*écriture rétrograde*, d'*écriture renversée* ou d'*écriture à l'hébraïque* par référence à l'hébreu qui se lit de droite à gauche). On crut longtemps qu'il s'agissait d'un phénomène pathologique, trahissant des troubles mentaux sévères [33]. Il fallut attendre les travaux du Suisse Carl Vogt en 1880 pour qu'on admette, bon gré mal gré [34], que, sans être totalement impossible à la main droite, l'écriture en miroir était « l'écriture normale pour la main gauche [35] ». Il s'agit donc, si l'on veut, d'une spécialité gauchère.

Le cas le plus célèbre et le plus spectaculaire de gaucher écrivant en miroir est sans doute celui de Léonard de Vinci, dont on connaît des centaines et des centaines de pages ainsi noircies (ill. 12). Cette *scrittura a specchio* a suscité la perplexité de bien des historiens, et de nombreux travaux ont été publiés sur le sujet [36]. Certains auteurs ont pensé que Léonard cherchait par ce biais à se prémunir des indiscrétions ; d'autres ont cru que cette particularité était liée à quelque infirmité. Ce ne sont là que vaines spéculations trahissant un désir inconscient de refuser une réalité qui dérange. En fait, Léonard de Vinci « écrivait naturellement à l'envers, simplement parce qu'il était gaucher [37] ». Ses hagiographes — qui n'avaient pas lu Vogt — ne s'y étaient d'ailleurs pas trompés : Luca Pacioli (1445-ca 1510), qui admirait l'*ineffabile senistra mano* de Léonard (son « extraordinaire main gauche »), stipulait que celui-ci « écrivait à la gauchère [38] ». Giorgio Vasari (1511-1574) parlait d'« écriture inversée de gaucher », « écriture irrégulière tracée à rebours de la main gauche ; si on n'a pas l'habitude de la lire, on ne peut comprendre, car elle n'est déchiffrable qu'avec un miroir [39] ». Dans son *Traité de peinture*, Giovanni Paolo Lomazzo (1538-1600) évoquait pour sa part une écriture « à la gauchère semblable à celle des Hébreux [40] ». Remarquons de surcroît que Léonard n'était à son époque pas le seul gaucher à composer ses textes de la sorte. D'autres en faisaient de même, tels le peintre sur marqueterie, architecte et sculpteur Giocondo da Verona (ca 1434-1525) [41], le moraliste Saba de Castiglione (1480-1554) [42] ou le peintre Hans Holbein (1498-1543) [43]. Enfin, c'est à noter, dans un traité italien de calligraphie publié en 1540, on trouve un spécimen d'écriture en miroir intitulé *Lettera mancina*, « Lettre gauchère [44] ».

Il est dans l'histoire d'autres exemples fameux d'écriture en miroir : celle du poète français Vincent Voiture (1597-1648), celle du grammairien français Pierre Restaut (1696-1764), celle du mathématicien Tyssot de Patot (1655-1738) (voir ci-après), celle du zoologiste américain Edward Morse (1838-1925) [45] ou encore celle de l'écrivain britannique Lewis Carroll (1832-1898).

Ce dernier, s'accorde-t-on généralement à dire, était un gaucher contrarié. Selon Henri Parisot, c'était là une particularité qu'il partageait... avec ses dix frères et sœurs [46] ! Il semble cependant qu'on chercherait en vain un document contemporain en attestant formellement. Nulle part dans son œuvre l'écrivain n'y fait la moindre allusion, non plus qu'aucun de ses proches n'en porte témoignage. En fait, cette tradition repose sur deux indices assez probants, qui sont le bégaiement et l'écriture en miroir. En effet, Lewis Carroll a souffert tout au long de sa vie d'un bégaiement chronique. Lui-même en parle à plusieurs reprises dans son *Journal* et fait à un moment donné état du traitement qu'il entreprend pour s'en défaire [47]. Or, on l'a vu, le bégaiement est un des symptômes les plus caractéristiques de la gaucherie contrariée. Bien qu'on ne connaisse qu'un seul exemple d'écriture en miroir chez Carroll (une lettre adressée à Edith Hall, datée du 6 novembre 1893), il est évident que ce type de manifestation latente de la gaucherie lui était coutumier. En effet, comme l'a montré Florence Becker Lennon [48], et d'autres après elle, l'esthétique de Carroll repose pour beaucoup sur les jeux spéculaires, les palindromes, les symétries, les symboles de gémellité, les inversions logiques. Par exemple, le second volet des histoires d'*Alice au pays des merveilles* s'intitule *De l'autre côté du miroir*. L'héroïne de Carroll passe au travers du miroir pour se retrouver dans « le monde à l'envers » où rien n'est comme dans le monde normal, où les mots se lisent à rebours et où la main droite et la main gauche se substituent l'une à l'autre. Selon le témoignage d'Alice Raikes, l'idée de cette fable fantastique était venue à l'écrivain dans les circonstances suivantes :

> « Quand nous étions enfants, nous séjournions à Onslow Square et jouions dans le jardin situé à l'arrière des bâtiments. Charles Dogson [véritable nom de Lewis Carroll] séjournait là chez un vieil oncle à lui, et arpentait, les mains derrière le dos, le bout de la pelouse. Un jour, entendant prononcer mon nom, il m'appela et me dit : "Tu es donc une autre Alice. J'aime beaucoup les Alices. Veux-tu que je te montre

quelque chose d'assez bizarre ?" Nous le suivîmes dans sa maison [...] et entrâmes dans une pièce pleine de meubles, avec un grand miroir installé dans un coin. "Eh bien", dit-il en me donnant une orange, "dis-moi d'abord dans quelle main tu la tiens." — "La droite", répondis-je. "Et maintenant", me dit-il, "va te placer devant ce miroir, et dis-moi dans quelle main la tient la petite fille que tu y vois. Après avoir regardé un moment, un peu perplexe, je dis : "La main gauche". — "Exactement", me répondit-il, "et comment expliques-tu cela ?" Je ne savais comment l'expliquer, mais, comprenant qu'il attendait une solution, je risquai celle-ci : "Si j'étais de l'autre côté du miroir, est-ce que l'orange ne serait pas toujours dans ma main droite ?" Je me rappelle encore son rire. "Bravo, petite Alice", me dit-il. "C'est la meilleure réponse que j'aie reçue à ce jour". Je n'entendis plus parler de rien, mais des années plus tard, on me dit qu'il avait déclaré que c'était ce qui lui avait donné l'idée de *De l'autre côté du miroir*[49]. »

Dans une lettre à son éditeur du 24 janvier 1868, alors que l'ouvrage était en préparation, Carroll demande : « Avez-vous un moyen quelconque, ou pouvez-vous en trouver un, d'imprimer, dans le prochain volume d'*Alice,* une page ou deux *à l'envers*[50] ? » Assurément, Lewis Carroll était un être à part, obéissant à des schémas de pensée originaux, à rebours de la normalité. S'il n'est pas prouvé qu'il fut vraiment gaucher par le corps, concédons-lui au moins de l'avoir été par l'esprit.

Il était encore beaucoup d'autres circonstances lors desquelles les gauchers ont pu légitimement se prévaloir de leur différence. Dans certains cas précis, leur présence s'avérait même bien utile. Ainsi, Victor Hugo, décrivant le Paris de la Révolution de 1848, fait-il ce commentaire :

« Rien n'est plus curieux qu'une barricade qui se prépare à un assaut. Chacun choisit sa place comme au spectacle. On s'accote, on s'accoude, on s'épaule. Il y en a qui se font des stalles avec des pavés. Voilà un coin de mur qui gêne, on s'en éloigne ; voici un redan qui peut protéger, on s'y abrite. Les gauchers sont précieux ; ils prennent les places incommodes aux autres[51]. »

Un autre exemple : autrefois, dans l'armée, les *sapeurs* désignaient les soldats du génie chargés du travail de *sape*. Leur tâche consistait à creuser des tranchées, à ciel ouvert (sapes volantes) ou souterraines (sapes russes), pour permettre aux troupes d'approcher à couvert des lignes ennemies. Très exposés, ces sapeurs œuvraient dans des conditions extrêmement difficiles, bien souvent couchés dans la boue ou à genoux. Or, pour les droitiers, il était dès lors particulièrement pénible de saper à droite, c'est-à-dire du côté du bras qui donne l'impulsion à la pioche. Les gauchers, capables de suppléer la « déficience » de leurs homologues droitiers, étaient donc très recherchés et très appréciés ; ils formaient un corps particulier, dit des *sapeurs de droite,* pour la raison qu'eux seuls étaient aptes à creuser avec rapidité de ce côté-là de la tranchée[52]. Il paraît en outre qu'autrefois, dans le bâtiment et les travaux publics, on rémunérait davantage les terrassiers gauchers, car, grâce à leur aptitude à pelleter à droite, ils permettaient d'augmenter la cadence des chantiers.

Pareillement, il y a une quarantaine d'années, à une époque où l'idée d'ergonomie des tâches ouvrières n'était encore que naissante, un rapport de la Médecine du travail montrait que la plupart des entreprises industrielles trouvaient beaucoup d'avantages à l'embauche des gauchers[53]. Soit ceux-ci étaient affectés à des postes où l'orientation de la machine comme l'organisation particulière de l'atelier réclamaient un plus grand effort à gauche, soit ils formaient avec les droitiers des équipes particulièrement efficaces, les tâches se partageant en fonction des dispositions naturelles de chacun.

Mais si les gauchers ont réussi à se distinguer sur le plan professionnel, ce n'était pas seulement grâce à la complémentarité que leur main gauche offrait avec la main droite de leurs collègues. Contraints dès leur plus jeune âge à réfréner leur instinct et à adopter les usages de l'humanité dominante, nombre d'entre eux étaient en effet parvenus à acquérir une compétence inattendue. Un peu à la manière des émigrés qui parlent couramment deux langues, celle de leur pays d'origine et celle de leur pays d'adoption, les gauchers contrariés — du moins les plus doués d'entre eux — pouvaient faire preuve, pourrait-on dire, d'une double culture : par la force des choses, ils étaient devenus *équimanes*[54], c'est-à-dire capables de se servir indifféremment de leur main gauche ou de leur main droite. Il s'ensuivait chez eux ce que Wilson appelait plaisamment « une dextérité exceptionnelle[55] ».

Cette aptitude est sans doute un des aspects de leur personnalité dont les gauchers, sans doute par revanche sur l'adversité, se sont montrés le plus fiers (on se souvient de Montelupo écrivant de la main gauche devant une assistance ébahie et, avec une jubilation évidente, passant la plume dans la main droite pour terminer sa tâche). C'est en tout cas ce qui leur permit, en dépit de l'hostilité dont ils étaient quotidiennement l'objet, de se tailler parfois un franc succès en société. Ainsi, en 1867, un journaliste américain, publiant le compte rendu d'un colloque de l'*American Association for the Advancement of Science,* rapportait cette anecdote :

> « Nous ne devons pas oublier de mentionner l'extraordinaire habileté dont le professeur Morse [56] a fait preuve au tableau pour illustrer sa conférence, usant de l'une ou l'autre main avec la même facilité, mais se servant surtout de la main gauche. La rapidité, la clarté et le remarquable fini de ses croquis lui ont valu les plus chaleureux applaudissements de son auditoire [57]. »

Des témoignages tout à fait étonnants nous sont également parvenus à propos des artistes peintres. Chez eux, pour des raisons qu'on explicitera plus loin, l'ambidextrie semble avoir été très fréquente et très marquée. Ainsi Adolph Menzel (1815-1905) dessinait-il de la main gauche (les milliers de dessins qu'il a laissés en témoignent), mais, selon ses propres dires, ne peignait jamais que de la main droite [58]. L'inverse exact se constatait chez Paul Delaroche (1797-1856). Henri Regnault (1843-1871), lui, a toujours exercé son art de la main gauche, mais n'a jamais écrit que de la main droite [59]. Au dire de Vasari, Amico Aspertini (ca 1475-1552) « peignait des deux mains à la fois, tenant dans l'une le pinceau des tons clairs, dans l'autre celui des tons obscurs [60] ». Luca Cambiaso (1527-1585) était lui aussi réputé pour sa capacité à œuvrer simultanément de la main droite et de la main gauche [61]. Un de ses dessins porte même l'inscription *Luca Cambiagio dipingeva con due mani* [62]. Un certain Michel Serre (1658-1733) avait, nous apprend un contemporain, « la plus grande facilité de peindre et un génie prêt à tout embrasser. Comme le Cangiage [Luca Cambiaso], on eût pu le voir peindre des deux mains à la fois, car il est vrai qu'on le vit quelques fois peindre et jouer aux dames en même temps, et sans qu'une occupation nuisît à l'autre [63] ». Grandville (1803-1847), lui, « avait l'étrange faculté d'écrire et de dessiner des deux mains ; son crayon ou sa plume passait alternativement de l'une à l'autre sans la moindre difficulté [64] ». Dominique Papety (1815-1849), qui était gaucher de naissance, avait, dit-on, développé le don singulier de « dessin[er] des deux mains, pareil à un virtuose du piano qui exprime clairement sa pensée au moyen de la main droite et qui s'accompagne harmonieusement avec l'autre [65] ». Le peintre britannique Edwin Landseer (1769-1852) était doué, pour sa part, d'une forme d'ambidextrie plus extraordinaire encore : son biographe et contemporain Frederick George Stephens raconte, en effet, qu'il était capable de réaliser *simultanément* deux dessins *différents* avec chacune de ses deux mains [66] !

L'exemplarité des scævola

Dans son journal à la date du 15 décembre 1870, l'écrivain britannique Thomas Carlyle (1795-1881), souffrant d'hémiplégie, se lamentait de la sorte :

> « Ai perdu ma main droite pour écrire — c'est un terrible préjudice. Jamais je ne me résoudrai à dicter mes textes, je m'en rends bien compte. Hélas ! Hélas ! Je pourrais toujours m'occuper un peu si j'avais encore ma main, mais la nuit tombe pour l'homme privé d'activité [67]. »

Disons-le d'emblée, ce témoignage pathétique est un parfait contre-exemple. L'histoire est en effet peuplée de manchots de la main droite qui, au contraire de Carlyle, ont gaillardement surmonté leur handicap. Contraints par la force des choses à utiliser cette main gauche qu'ils avaient jusqu'alors négligée, ils s'apercevaient que celle-ci n'était pas, loin s'en faut, dépourvue de qualités. Avec un peu d'habitude et de persévérance, ils recouvraient, bien souvent même au-delà de leur espérance, leur habileté d'antan, montrant ainsi à la face du monde que la gaucherie n'avait, en définitive, rien à envier à la droiterie.

Nous désignerons ces convertis à la gaucherie, apostats malgré eux à la religion droitière, par le nom de *scævola,* par référence à l'antique légende de Gaius Mucius telle qu'on la trouve chez divers auteurs latins [68]. Gaius Mucius était un guerrier romain du VIe siècle av. J.-C., qui, pour montrer au roi des Étrusques envahisseurs de sa patrie de quelle résistance les siens étaient capables, s'était volontairement mutilé la main droite sur un brasier ardent… Depuis ce jour, « on le surnomma Scævola, ce qui veut dire gaucher[69] ».

Si Gaius Mucius, alias Scævola, est le premier droitier converti à la gaucherie qui nous soit connu, il n'est pas, cependant, le premier à être passé à la postérité en raison de ses prouesses gauchères (car l'histoire ne dit pas ce qu'il advint de lui après sa mutilation). Le premier du genre est un certain Marcus Sergius, autre soldat romain dont Pline l'Ancien nous dit que sa main gauche avait si bien suppléé sa main droite impotente que non seulement sa force en resta intacte, mais sa bravoure s'en trouva accrue[70]. Quelque mille cinq cents ans plus tard, pareil prodige figurait encore parmi les « choses mémorables » de l'Histoire :

> « Cestui cy fut si vaillant homme, qu'ayant perdu la main droite à la bataille il s'adestrit si bien de la gauche […] qu'un iour il defia quatre ho[m]mes au champ de bataille l'un apres l'autre, & les vainquit[71]. »

Pour peu qu'elle fût suffisamment *adestrée,* la main gauche pouvait donc rivaliser avec la main droite, sinon la surpasser. Somme toute, même si cela allait à l'encontre du sens commun, il n'y avait pas de différence fondamentale entre un droitier et un gaucher. Dans une certaine mesure, l'avantage revenait même au second.

Les hauts faits de Marcus Sergius et de Gaius Mucius étaient-ils connus de Götz de Berlichingen (1480-1562) ? Rien là d'impossible. Quoi qu'il en soit, ce célèbre mercenaire de l'Empire à l'époque de la Réforme avait partagé leur expérience. En effet, il devait son surnom, *Main-de-fer*, à la prothèse qu'il portait en guise de main droite, perdue lors d'une expédition. Comme ses antiques prédécesseurs, cette invalidité ne lui fut jamais un handicap ; à tout le moins n'entrava-t-elle jamais son ardeur au combat : en 1544, à soixante-quatre ans, Berlichingen portait encore les armes au service de Charles Quint ; une bravoure qui allait bien plus tard inspirer à Goethe ce dialogue emphatique :

> « Martin : Pourquoi m'offrez-vous la main gauche ? Ne suis-je pas digne de la plus noble, la droite ?
>
> Götz : Quand vous seriez l'empereur, il faudrait vous contenter de celle-ci. Ma droite, bien qu'elle puisse servir à la guerre, est insen-

sible à une étreinte amicale. Elle ne fait qu'un avec son gantelet, tenez, c'est du fer.

Martin : Vous êtes donc Götz de Berlichingen ! Merci, mon Dieu, de me l'avoir fait voir, cet homme que les princes détestent, le recours des opprimés. (*Il lui prend la main droite.*) Ne retirez pas cette main, permettez que je la baise[72]. »

Outre qu'ils étaient à même de se distinguer dans la carrière militaire, les *scævola* pouvaient également faire preuve de remarquables compétences dans les domaines pacifiques, comme la littérature ou l'art. Le cas du peintre français Jean Jouvenet (1644-1717) en est, à cet égard, une parfaite illustration.

À un âge déjà avancé, Jouvenet fut l'objet d'une crise d'apoplexie qui lui paralysa complètement le bras droit. Désespéré de voir ainsi sa carrière achevée, il se retira chez lui, parmi les siens. Or le biographe Dézallier d'Argenville raconte qu'alors que le vieux maître

> « [...] s'amusoit à voir peindre son neveu, [il] voulut un jour lui faire corriger quelqu'endroit d'un tableau, & ne pouvant s'expliquer, il prit le pinceau de la main paralytique pour retoucher une tête, qu'il gâta ; sa vivacité ne put supporter ce triste effet de sa maladie ; il essaya de réparer de la main gauche, l'accident causé par la droite ; &, à son grand étonnement, cette main qui n'avoit nulle habitude d'obéir à la tête exécuta fidélement sa pensée. C'est ainsi qu'il s'apperçut de ce nouveau prodige, qui, par le fréquent usage qu'il en fit, cessa de l'être[73]. »

Jouvenet s'engagea bientôt dans une seconde carrière et, de cette main gauche qu'il pensait si impuissante par le passé, cultiva son art « avec la même hardiesse & le même feu qu'il auroit pu faire de la main droite[74] ». Il réalisa alors des tableaux où non seulement « rien ne s'y ressent[ait] de l'exécution de la main gauche[75] », mais qui, à la surprise générale, « ne différ[ai]ent point de ceux qui les avoient précédés[76] ». À l'instar de Santolini qui, on s'en souvient, avait écrit « *manu sinistra scripsit* » à la fin de son ouvrage, Jouvenet signa une de ces œuvres : *J. J., deficiente dextra, sinistra pinxit* (« Jean Jouvenet, dont la main droite était déficiente, a peint ceci de la main gauche[77] »). Mieux qu'assumée, sa nouvelle identité de *scævola* était donc orgueilleusement revendiquée.

Bien sûr, le « prodige » réalisé par Jouvenet ne manqua pas de susciter l'ébahissement des contemporains. Dézallier d'Argenville raconte ainsi que le régent, le duc d'Orléans, vint en personne rendre visite au vieux maître pour lui « témoign[er] sa surprise & son admiration[78] ». Pareillement, « Sébastien Ricci, fameux peintre Vénitien, qui passoit par Paris pour se rendre à Londres, vint le voir travailler de la main gauche[79] ». Dans le *Mercure galant* de juillet 1730, soit dix-sept ans après la mort de Jouvenet, on parle encore de l'affaire comme quelque chose de « bien remarquable, & peut-être sans exemple[80] ». Plus tard encore, l'*Encyclopédie* de Diderot s'en fera toujours l'écho et ira jusqu'à prétendre que le « tableau de la *Visitation* qu'on voit à Notre-Dame », réalisé par Jouvenet dans sa période gauchère, « est un des plus beaux qui soit sorti de ses mains *[sic]*[81] ». On voit par là combien cette conversion réussie à la gaucherie a pu frapper les esprits. Certes, l'opiniâtreté du peintre de l'Académie était digne d'être saluée, mais il est fort à croire que d'autres types de victoire sur l'adversité n'eussent pas donné lieu à une telle publicité. Il y avait dans l'épreuve surmontée par Jouvenet comme une remise en question de l'ordre habituel des choses... *deficiente dextra, sinistra pinxit*, tout l'extraordinaire de la situation réside, si l'on ose dire, dans cette *abjuration*. Une main gauche experte se substituant à une main droite défaillante, au point même de la surpasser : il y avait assurément là de quoi balayer tous les vieux préjugés.

Bien qu'elle soit moins célèbre que celle de Jouvenet, l'histoire de Pierre Restaut (1696-1764) n'en est pas moins très proche. Le personnage était un homme de lettres et jurisconsulte français fort réputé, auteur de plusieurs traités portant sur la grammaire, l'orthographe, les règles de versification. En 1751, dans la force de l'âge et à l'apogée de sa carrière, Restaut fut soudain frappé d'un « tremblement continuel » de la main droite qui le rendit « incapable de tenir la plume[82] ». Pour remédier au handicap, il engagea un commis chargé d'écrire sous sa dictée. Mais, outre que ce pis-aller s'avéra trop onéreux, le fait de déléguer ainsi une tâche à laquelle il avait consacré son existence lui causait une insupportable frustration. En désespoir de cause, Restaut se résolut à recourir à sa main gauche. Chose merveilleuse, cette dernière obtempéra presque immédiatement, d'une manière toutefois bien particulière :

> « Il commence ses lignes de droite à gauche, & renverse ses lettres, qui, présentées au miroir, se redressent & se lisent fort aisément. Par

un bonheur inattendu, il se trouve que M. Restaut forme plus correctement ses lettres de sa main gauche, qu'il n'avoit jamais fait auparavant de la main droite [83]. »

Peu gêné par l'anomalie, Restaut se remit à l'ouvrage avec la même vaillance que par le passé.

> « Il est mort en 1764, à soixante & dix ans. Il a conservé son activité au travail pendant les treize dernières années de sa vie, grâce à sa main gauche instruite [84]. »

Quelques décennies plus tôt, l'écrivain et mathématicien Tyssot de Patot (1655-1738) avait eu une expérience similaire à celle de Restaut. Privé temporairement de l'usage de la dextre, il avait surmonté l'obstacle en déléguant son travail à la « main du cœur ». Bonne fille, celle-ci s'acquitta de ses nouvelles responsabilités avec succès… n'était que sa façon d'écrire en miroir (à la Léonard) rendait les relations épistolaires assez problématiques. Dans une lettre galante, Tyssot de Patot s'en excuse de manière si ingénieuse et si charmante qu'on se fait un devoir de la citer ici :

> « Un accident, qui m'est arrivé à la main droite, m'oblige à me servir de la gauche [...]. Ne pensez pas que ce soit un pretexte pour vous embarasser, & vous empêcher de faire la lecture de ma lettre. Ne vous imaginez pas non plus qu'à cause que vous êtes ma Commere [mon amie], j'aie tant de defférence pour vous que je ne me veuille plus servir que de la main du cœur, pour vous exprimer mes pensées. C'est bien du meilleur de cette partie la plus noble de l'homme, que je vous parle assurément, mais je ne pense pas pour cela que dans toutes les fonctions de la vie, on soit indispensablement obligé d'employer les organes qui en sont les plus voisins, lors que de plus éloignez y sont plus propres [85]. »

Il est beaucoup d'autres cas de passage réussi à l'écriture gauchère. L'un d'eux, contemporain au précédent, est d'autant plus remarquable qu'il s'effectua sans que le sujet concerné ne souffrît de la moindre invalidité au côté droit. Vers 1740, en effet, une petite société de libres penseurs, « qui avait agréablement reçu le titre d'académie », s'était formée à Troyes dans la semi-clandestinité. Pour faire parler d'elle, cette académie entreprit pendant un certain temps de glisser dans l'incognito des lettres sous quelques portes de la ville. Pour ce faire, un de ses membres, prénommé David, « s'apprit à écrire de la main gauche » afin de garantir l'anonymat de l'entreprise. Or quel ne fut pas son étonnement de constater qu'il obtenait de cette façon « une écriture aussi belle et aussi légère que son écriture ordinaire était maigre et chiffonnée [86] ». Autrement dit, sa main gauche, non contente de répondre aussitôt à l'appel, lui offrait contre toute logique un service de meilleure qualité que la main droite.

Le même phénomène eut lieu pour Jacques Sablet le Jeune, dit « le peintre du soleil » (1749-1803). Se blessant à la main droite au cours de son apprentissage, l'artiste se vit contraint d'exercer son métier de la mauvaise main. Son talent n'en fut cependant pas altéré, bien au contraire : selon son biographe, « l'habitude qu'il en contracta fut telle que, malgré qu'il pût faire autrement par la suite, il continua toute sa vie à peindre de la main gauche [87] ».

Un autre *scævola* célèbre est l'amiral britannique Horatio Nelson (1758-1805), dont le bras droit fut emporté en 1797 devant Santa Cruz de Tenerife. Bien qu'on lui prête cette sentence empreinte d'une abnégation toute militaire : « un amiral gaucher ne peut être d'aucune utilité [88] », Nelson n'allait pas moins réaliser après son amputation ses plus mémorables exploits. Il devait notamment sortir victorieux de la bataille d'Aboukir contre Bonaparte, le 1er août 1798 et, surtout, infliger à la flotte franco-espagnole la si cuisante défaite de Trafalgar, le 21 octobre 1805. D'autre part, Nelson ne connut lui non plus aucune difficulté pour manier la plume de la main gauche. Autant son écriture de droitier était informe, presque illisible, autant son écriture de *scævola* se révéla élégante, souple et déliée [89].

Encore une fois, la main gauche montrait toute la *dextérité* dont elle était capable. Non seulement elle pouvait assumer les traditionnelles prérogatives de la main droite, mais elle était douée de l'insolente faculté de s'en acquitter mieux qu'elle. D'ailleurs, certains ne rapportaient-ils pas, à l'époque, « que la nature est si peu ennemie des mains gauches, qu'on a vu des enfans naître sans bras droit, et se servir si bien de l'autre, qu'ils auroient pu défier en dextérité les escamoteurs les plus habiles [90] » ? L'histoire n'aura de cesse de le confirmer.

Prenons ainsi le cas de Robert Schumann (1810-1856). Désireux de faire une carrière de virtuose, le jeune pianiste mit au point une technique de travail consistant à jouer en immobilisant mécaniquement le troisième doigt de la main droite pour mieux exercer les autres. Un procédé dont l'usage abusif n'aboutit, à l'automne 1831, qu'à lui paralyser la main[91]. Bien qu'il fût d'une santé mentale fragile, Schumann ne s'en désespéra pas pour cela. Il allait même écrire, presque enthousiaste : « À Zwickau, je me remettrai au violoncelle pour lequel on n'a besoin que de la main gauche[92]. » Délaissant son rêve de jeunesse (que sa femme Clara allait réaliser pour lui en devenant une des plus grandes pianistes de son temps), il se lança corps et âme dans la composition, noircissant le papier à musique de sa plume gauchère pour léguer à la postérité quelques-unes des plus belles partitions du répertoire romantique.

L'histoire de Daniel Vierge (1851-1904) est encore plus édifiante que celle de Schumann. Cet artiste, surnommé « le Verdi de l'illustration » tant son talent était fécond et inventif, fut en effet lui aussi atteint de paralysie du bras droit au début de l'année 1881, soit à l'âge de trente ans. D'une grande force de caractère, il s'astreignit alors à des exercices quotidiens de la main gauche, dans l'espoir que celle-ci suppléât sa dextre désormais impotente. « Indocile d'abord, cette main gauche, par le vouloir du maître, [fut] bientôt domptée, cheval rétif obéissant à l'écuyer tenace[93]. » Le 27 janvier 1883, dans *le Monde illustré,* paraissait son premier dessin de *scævola*. Des centaines d'autres, parmi les chefs-d'œuvre de l'art moderne, allaient suivre pendant vingt ans[94].

Miss Hannah Barlow (1851-1916) était pour sa part sculpteur sur terre et ornemaniste. Frappée d'une soudaine paralysie à la main droite, les médecins lui annoncèrent qu'elle devait renoncer à son art. C'était ignorer son obstination... À force d'exercices, elle parvint à éduquer sa main gauche, laquelle, notait un contemporain, « devint d'une adresse encore plus parfaite que la droite ». Et d'ajouter que « ses derniers travaux sont plus beaux peut-être que les précédents[95] ».

Le cas de l'écrivain Blaise Cendrars (1887-1961) n'est pas moins remarquable. Cendrars a fait partie de ces innombrables soldats de la Grande Guerre retournés à la vie civile délestés de leur main droite. Longtemps, cette privation fera de lui un *homme foudroyé,* incapable d'assumer sa nouvelle identité de manchot. Quoique sa main gauche se soit docilement prêtée à l'exercice de l'écriture, le Cendrars d'aujourd'hui ne se reconnaît plus comme le Cendrars d'hier et en éprouve une constante nostalgie. Ainsi, le 19 février 1918, il griffonne son autoportrait sur un bout de papier qu'il adresse à son fils Odilon : « Voici comment je t'écris. De me voir derrière dans une armoire à glace, ma main gauche devient ma droite. C'est saisissant[96]. » Peu à peu, cependant, l'écrivain panse les plaies de son âme droitière et entreprend ce « voyage vers la gauche », afin de se réconcilier avec ce Moi inconnu ; un parcours initiatique qui marquera désormais chacune des pages de son œuvre[97].

Plus extraordinaire encore est l'aventure vécue par le pianiste autrichien Paul Wittgenstein, dont, par coïncidence, les dates biographiques recoupent celles de Cendrars : lui aussi naquit en 1887, lui aussi perdit son bras droit en 1915 (sur le front russe), lui aussi mourut en 1961. Néanmoins, à la différence de l'écrivain, son handicap constituait *a priori* un empêchement absolument irrémédiable. Pouvait-on imaginer un instant un pianiste privé de main droite, lors même que le simple fait d'être gaucher était alors considéré par les musiciens comme une « infirmité[98] » ? Pourtant, Wittgenstein refusa d'abandonner son instrument et, avec l'énergie du désespoir, développa sa technique de la main gauche et acquit une vélocité suffisante pour mettre à sa portée une partie du répertoire. Ordinairement cantonnée au rôle d'accompagnatrice, la main gauche prouvait ainsi qu'elle pouvait jouer aussi bien que la droite. Mieux encore : moyennant quelques aménagements de la partition, elle jouait presque comme deux mains. Dès la fin 1916, Wittgenstein se produisait à nouveau à Vienne, accompagné d'un orchestre symphonique. Émus par tant de courage devant l'adversité, mais sans doute aussi attirés par la gageure que cela constituait pour eux, nombre de grands compositeurs, dont Richard Strauss, Serge Prokofiev, Maurice Ravel ou Benjamin Britten, allaient lui destiner des pièces spécialement adaptées. Parmi elles figure le fameux *Concerto pour la main gauche* pour piano et orchestre, de Ravel (1931), dont l'éblouissante partition soliste ne laisse presque rien deviner de sa restriction. Après une tournée aux États-Unis, Wittgenstein s'installa à New York où il fonda l'École pour la main gauche[99].

Jeune étudiant en architecture, Jean Carlu (1900-1997) entreprit par un beau jour d'automne 1918 de participer au concours d'affiche du Glycodont. Une décision qui devait marquer à tout jamais son existence. Voici les événements tels que lui-même en fit le récit :

> « J'ai fini l'affiche dans la nuit et je l'ai fait porter au jury pendant que je me rendais à mon travail [...]. Comme j'étais en retard, j'ai

essayé d'attraper le tram en marche, j'ai glissé et j'ai eu le bras sectionné. Pendant ce temps-là le jury se réunissait et me décernait le prix. C'était le 28 octobre 1918. On est venu m'annoncer la nouvelle sur mon lit d'hôpital.

— *Vous vous trouvez donc à dix-huit ans avec un prix mais avec votre bras droit en moins.*

Exactement — J'étais vraiment très droitier et ma rééducation n'a pas été une mince affaire. Mon entourage craignait, étant donné les difficultés que j'avais à dessiner de la main gauche, que j'aie de la difficulté à manier les instruments d'architecte — le T et l'équerre, par exemple. La crainte était inexacte, mais c'est un peu le prétexte qui m'a permis de me détourner de la voie tracée par mon père [100]. »

En effet, délaissant les études d'architecture — qu'il n'affectionnait guère —, Carlu devint bientôt un affichiste des plus doués, formant avec Cassandre, Paul Colin et Charles Loupot ceux qu'on a appelés « les mousquetaires de l'art déco ». Les publicités qu'il réalisa pour les marques Monsavon, Perrier ou Larousse font désormais partie de notre patrimoine culturel. Qui pourrait deviner qu'elles furent dessinées par la main gauche d'un droitier ?

Un dernier *scævola* de renom est à trouver chez l'écrivain Henri Vincenot (1912-1985). À la différence des précédents, son épreuve fut bénigne et provisoire. Il en fut cependant suffisamment marqué pour en publier le récit :

« J'appartiens à une génération qui a été élevée dans le culte de la main droite et je ne suis pas bien sûr que ma bonne grand-mère ne considérait pas comme immoral le fait de se servir de sa gauche pour porter sa cuillerée de bouillie à la bouche. J'ai longtemps admis ces bizarreries de savoir-vivre sans discuter jusqu'au jour où, m'étant démis le bras droit, je dus me servir exclusivement, pendant un temps, de cette pauvre main gauche qui, petit à petit, se révéla aussi... adroite que sa sœur jumelle [101]. »

Comme tous les droitiers qui, avant lui, s'étaient vus, à leur corps défendant, privés de leur « bonne main », Vincenot en arrivait à cette évidente conclusion : « La gauche vaut la droite » (c'est le titre de son article).

Il y aurait sans doute quelque erreur à considérer ces histoires de *scævola* comme de simples anecdotes sans valeur, car elles ont sans doute beaucoup fait pour conférer à la gaucherie une certaine forme de prestige. Elles démontraient en effet que la main gauche pouvait sans faillir suppléer la droite, le cas échéant s'y substituer définitivement. Dans bien des cas, elle s'avérait même plus douée et le *scævola* parvenait à réaliser grâce à elle des prouesses dont il n'eût peut-être pas été capable du temps de sa droiterie. De toute évidence, la main gauche n'était pas aussi « mauvaise » qu'on se plaisait à le dire. Les *scævola,* ces droitiers convertis à la gaucherie, symétriques en quelque sorte des gauchers contrariés, en étaient la preuve vivante : l'honorabilité, le talent, la force, l'héroïsme ne sont pas affaire de latéralité, mais de tempérament. L'éminence s'accommode fort bien d'être gauchère.

II. LE PANTHÉON GAUCHER

Tout ouvrage traitant de la question des gauchers comporte invariablement un chapitre sur « les gauchers célèbres ». Si l'exercice est légitime, il est en revanche, ne craignons pas de le dire, réalisé bien souvent avec un grand manque de soin et d'esprit critique. Les affirmations invérifiables succèdent aux contre-vérités manifestes, les erreurs se disputent aux oublis ; bref, l'arbitraire et la fantaisie règnent en maîtres. À cet égard, la palme de la désinvolture peut être attribuée aux nombreux sites Internet que nous avons eu le loisir de consulter. Là, des listes interminables de noms se déroulent à l'écran, sans justification aucune, sans le moindre semblant de preuves. Dans certains cas, les « visiteurs » du site sont invités à ajouter un nom de leur connaissance sans qu'on leur demande de préciser leurs sources !

On comprendra qu'il n'est pas dans notre intention de joindre notre voix à cette joyeuse cacophonie. L'intérêt que nous portons aux gauchers est un intérêt d'historien, non pas celui d'un collectionneur maniaque. Il est hors de question de faire à notre tour l'énumération des célébrités gauchères, sachant que cet exercice ne pourrait pas plus prétendre à l'exhaustivité qu'à l'exactitude et, surtout , à la pertinence. Qu'importe en effet de savoir que tel ou tel préférait sa main gauche à sa main droite si l'on ignore en quoi cela a pu jouer un rôle dans sa vie, influencer son œuvre d'une façon ou d'une autre, ou seulement modifier le regard que les contemporains portaient sur lui (le cas des *scævola* auquel nous avons consacré les pages précédentes nous paraissait ainsi digne d'intérêt en ce que, précisément, il mettait en lumière tous ces aspects). En revanche, nous souhaitons le montrer, dresser la liste des artistes gauchers constitue sans doute une tâche bien loin d'être inutile. Pour ce faire, cependant, il est nécessaire d'appliquer une méthode très précise.

Les artistes

Parmi les membres de la gent gauchère qui ont permis à celle-ci de s'illustrer, les artistes occupent sans aucun doute une place prépondérante. Leur aptitude à créer de la beauté avec cette main répugnante vouée d'habitude aux basses besognes a, en effet, toujours beaucoup frappé les esprits et nous avons déjà eu sur ce point l'occasion de citer des témoignages assez éloquents [102].

Sur le plan historique, une intéressante question se pose : comment peut-on savoir si un artiste était gaucher [103] ? Nous nous proposons ici d'établir un *protocole diagnostique,* ainsi qu'un *répertoire cumulatif* (cf. annexe) qui tiendra compte de toutes les données que nous avons rassemblées au cours de ces dernières années.

Le dépistage de la gaucherie d'un artiste nécessite l'examen croisé : 1) des données biographiques, 2) des spécificités graphiques, 3) des indices subsidiaires.

• CRITÈRE 1. DONNÉES BIOGRAPHIQUES

Les sources constituent bien sûr la matière première de toute investigation historique. Elles doivent être dépouillées méthodiquement et recoupées autant que faire se peut. Elles se composent des témoignages écrits [104] et des témoignages figurés (portraits peints, portraits dessinés et portraits photographiques [105]).

• CRITÈRE 2. SPÉCIFICITÉS GRAPHIQUES

Ainsi que Giovanni Morelli et Bernard Berenson ont sans doute été les premiers à en faire la remarque [106], un graphisme de gaucher peut de façon très sensible se démarquer d'un graphisme de droitier.

La principale divergence concerne les hachures obliques que le dessinateur griffonne en certains endroits de son œuvre pour rendre les ombres et les reliefs. L'angle que forme son outil grapheur (crayon, pointe sèche, plume, fusain, sanguine, pierre noire, etc.) sur le plan du support variera selon sa latéralité (ill. 13 et 14).

13. Dessin de droitier
Louis Roland Trinquesse
(1745-1800).

14. Dessin de gaucher
Johann Heinrich Füssli
(1741-1825).

Un droitier obtiendra naturellement des traits orientés selon la diagonale haut/droite à bas/gauche et réciproquement.

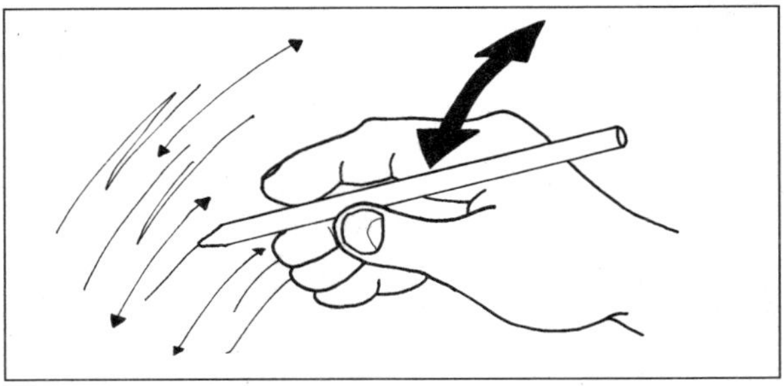

15. Hachures obliques de droitier.

Un gaucher, pour sa part, réalisera plus spontanément des obliques inverses, soit de haut/gauche à bas/droite et vice versa.

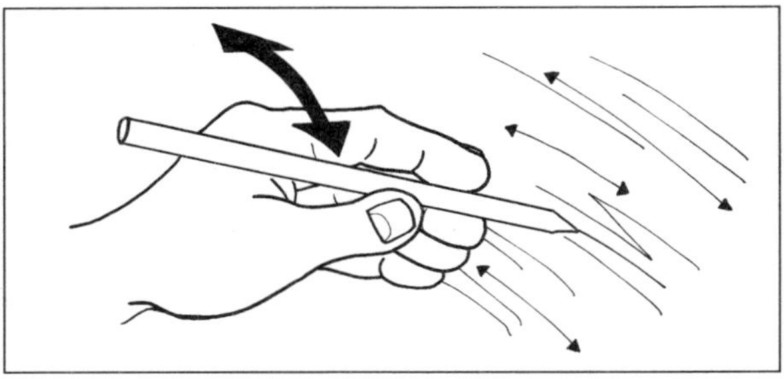

16. Hachures obliques de gaucher.

Bien sûr, pour peu que le motif le réclame (pente d'un toit, déclivité d'un sol, inclinaison d'un objet quelconque, indication de la lumière, évocation du vent ou de la pluie, etc.), il sera loisible à chacun, moyennant un effort très réduit, de modifier l'orientation de son trait[107].

À cet égard, les hachures obliques doivent être considérées comme révélatrices de la latéralité dans la seule mesure où la direction du trait n'a pas ou peu de valeur sémiotique. Dès lors qu'elle ne joue de rôle ni dans la forme ni dans la structure du motif concerné, l'inclinaison des hachures est déterminée par le mouvement naturel de la main ; il existe dans ce cas une relation quasi mécanique entre la latéralité et le graphisme. Des hachures toujours ou presque toujours tracées de haut/gauche à bas/droite, comme c'est le cas chez Léonard de Vinci (1452-1519), Hans Holbein

(1498-1543), Raffaello de Montelupo (ca 1505-1566) [108], Adolph Menzel (1815-1905), Joseph Pennel (1857-1926) [109] et bien d'autres [110], permettent donc de conclure avec une relative certitude à la gaucherie de leur auteur.

Encore doit-on nuancer la règle. Si l'on s'en tenait simplement à l'orientation des hachures, on s'exposerait à de graves méprises. Celle de croire, par exemple, que l'école de la Renaissance allemande était peuplée d'artistes gauchers ou ambidextres [111]. L'*Étude de têtes* de Baldung Grien (1464-1545), au Louvre, est un cas typique (ill. 17). Comme bien souvent chez cet artiste, la quasi-totalité des hachures offre une orientation dite « gauchère [112] ». Pourtant, si l'on y regarde bien, on remarque que les coups de plume sont presque partout légèrement renflés vers la gauche. C'est ici la marque évidente d'un geste droitier.

17. Baldung Grien, *Étude de têtes* (détail), ca 1505.
Plume et encre brune (29 x 18 cm), Paris, musée du Louvre.

En effet, lorsqu'une main rapide trace un trait, elle a tendance à creuser celui-ci vers son milieu.

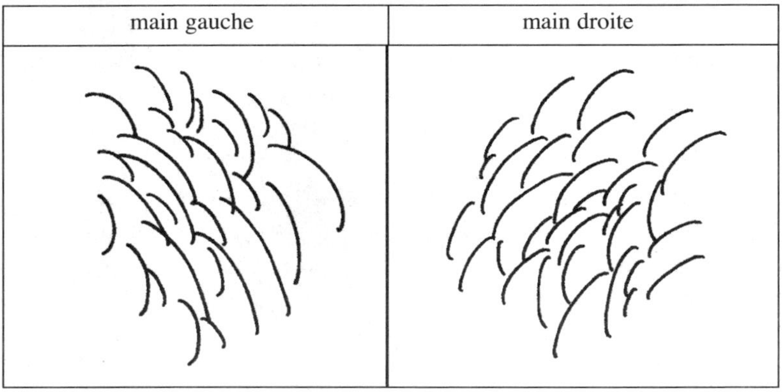

18. Incurvation des hachures en fonction de la latéralité.

Ainsi, une oblique de gaucher se reconnaît-elle non seulement à ce qu'elle s'incline de gauche à droite, mais à ce qu'elle s'incurve bien souvent vers la droite. Une oblique de droitier, pour sa part, s'incurvera sensiblement vers la gauche [113]. Dans le cas d'une incurvation contradictoire à l'orientation, comme dans l'*Étude de têtes* de Baldung, c'est l'incurvation qui prime dans le diagnostic de la latéralité. La feuille a simplement été inclinée au moment du hachurage et/ou le poignet mis en flexion (ill. 19) [114].

Moyennant la prise en compte de certains paramètres particuliers à chaque forme d'art, les spécificités graphiques de la gaucherie pourront être également recherchées dans le dessin sous-jacent [115], la touche picturale [116], ou la gravure [117].

• CRITÈRE 3. INDICES SUBSIDIAIRES

Divers éléments, enfin, permettront soit de présumer la gaucherie soit de la corroborer lorsque le premier ou/et le deuxième critère auront été satisfaits. Appartiennent à ce troisième groupe : les autoportraits de l'artiste [118], sa façon d'écrire, de signer [119], de composer son œuvre ou d'orienter ses profils [120], les témoignages de seconde main [121], etc. [122]. En l'absence d'autres arguments que ceux-là, on restera bien évidemment dans le domaine de l'hypothèse, plus ou moins recevable selon la pertinence des indices repérés, leur répétition ou leur accumulation.

19. Pseudo-hachures « gauchères » de Baldung Grien.
L'incurvation demeure « droitière ».

Le diagnostic de la gaucherie d'un artiste est donc une entreprise longue et minutieuse, aléatoire dans bien des cas, réclamant la prise en compte et le recoupement de critères très divers. La prudence voudra qu'on marche à pas comptés, en évitant de se montrer trop catégorique soit pour ajouter un nom à la liste, soit pour l'y retirer. La plupart du temps, la gaucherie ne s'imposera pas comme une manifestation formelle, mais comme une tendance, plus ou moins prononcée, sinon plus ou moins contradictoire. Par exemple, aussi paradoxal que cela puisse paraître de prime abord, la mise au jour de spécificités graphiques droitières chez tel ou tel ne saurait signifier à coup sûr qu'il fût droitier. Il faut en effet toujours garder à l'esprit que la gaucherie épanouie, telle qu'on la rencontre désormais, était rare par le passé. Comme on l'a vu précédemment, les pressions sociales qui pesaient sur le gaucher ont bien souvent fait de lui soit un droitier total, soit un ambidextre, c'est-à-dire un gaucher capable d'utiliser parfaitement sa main droite. Nul doute que ces deux cas de figure étaient monnaie courante chez les peintres, dont le métier, avec ses procédés codifiés, ses traditions d'école, sa discipline d'atelier, réclamait un long apprentissage — souvent très précoce [123] — mis sous la férule d'un maître que rien n'obligeait à se montrer permissif. Autrement dit, jusqu'à une époque récente, un artiste, quelque gaucher qu'il pût être, possédait pour ainsi dire nécessairement un savoir-faire de droitier.

On comprend par là que la question des peintres gauchers offre à la fois de grandes nuances et de nombreuses incertitudes et qu'elle ne saurait être traitée de manière trop manichéenne (gaucher ≠ droitier). Les quelques cas particuliers que nous nous proposons d'examiner ci-après sont à cet égard tout à fait caractéristiques.

• CAS N° 1 : NICOLAS MIGNARD

Le Français Nicolas Mignard (1606-1668), tenu par la critique comme « l'un des meilleurs dessinateurs de son siècle [124] », était, sans l'ombre d'un doute, un gaucher véritable. Félibien, contemporain du peintre, notait en effet :

> « Il y a une chose remarquable en Nicolas Mignard, c'est qu'il peignoit de la main gauche : semblable au † Chevalier Romain, dont il est parlé dans l'Histoire [125]. Il étoit fort habile à tirer de la même main ; car il avoit beaucoup aimé la chasse, & en faisoit son divertissement pendant qu'il demeuroit en Avignon [126]. »

À ce témoignage s'ajoute celui de Paul Mignard, fils et élève de Nicolas, qui a peint en 1672 un portrait de son père en gaucher [127]. Enfin, comme cela a été régulièrement remarqué depuis la redécouverte du peintre il y a trente ans, la plupart des dessins de Mignard trahissent une évidente technique gauchère [128].

Tous les critères sont donc réunis pour inscrire sans risque d'erreur le nom de Mignard dans la liste des gauchers avérés.

• CAS N° 2 : MICHEL-ANGE

Les gauchers, toujours prompts à se réclamer de patronages illustres — peut-être par revanche sur l'histoire ou bien pour se rassurer sur leurs aptitudes —, comptent volontiers Michel-Ange au nombre des leurs. Espérons qu'ils ne nous en voudront pas de les décevoir…

Premier point. On a vu plus haut que Raffaello de Montelupo, son contemporain, prétendait que Michel-Ange était « gaucher de naissance » ; mais de préciser qu'il « ne se servait jamais de sa main gauche sinon pour les travaux de force ». Il se serait donc agi d'un *gaucher absolument contrarié,* autrement dit, dans les faits... d'un *droitier absolu.*

Second point. Comme un récent auteur l'a fait observer [129], il est curieux que la particularité congénitale de Michel-Ange n'ait pas été relevée par ses deux élèves et biographes, Giorgio Vasari et Ascanio Condivi. Ce à quoi il est aisé de rétorquer que, le maître s'étant, précisément, toujours comporté comme un droitier (*dixit* Montelupo), il n'y avait aucune raison que son entourage ne le juge pas comme tel. Seul Montelupo, lui-même gaucher (peut-être qu'en sa présence Michel-Ange s'était-il senti porté à la confidence), eut le privilège de recueillir cette information de la bouche même de l'intéressé.

Ne nous croyant pas en droit de récuser un témoignage de première main, fût-il sujet à caution, nous nous en tiendrons donc à une position mesurée et, jusqu'à plus ample informé, classerons Michel-Ange dans la catégorie des *gauchers contrariés.* En tout état de cause, force nous est de reconnaître que Michel-Ange n'a sans doute jamais exercé son art autrement que de la main droite (ce que confirme l'examen de ses dessins)... Vouloir, comme on y est souvent tenté, faire de lui un porte-drapeau de l'éminence gauchère serait donc pour le moins abusif.

• CAS N° 3 : RAOUL DUFY

Raoul Dufy (1877-1953) était-il aussi gaucher qu'on est accoutumé de le prétendre ? Si l'on en croit quelques historiens d'art contemporains du peintre, sa gaucherie n'eût jamais été qu'artificielle, c'est-à-dire volontairement adoptée pour tempérer son excès de dextérité et « dépasser la tentation de la facilité et de l'automatisme [130] ». Alfred Werner se montre même très précis quant à la chronologie de cette singulière démarche artistique :

> « Les années passées à Paris à l'école des Beaux-Arts [à partir de 1900] ont sans aucun doute développé l'habileté de Dufy. En fait, il acquit une telle virtuosité avec sa main droite qu'il se mit délibérément à utiliser la gauche, jusqu'alors inexpérimentée, et il lui arrivait parfois de la préférer à la droite [131]. »

Disons-le, cette fable d'un Dufy droitier converti à la gaucherie ne nous convainc guère, en cela que ses dessins de jeunesse, vers 1895-1898, laissent à penser qu'il utilisait déjà sa main gauche exclusivement [132]. Il est plus plausible que Dufy, doué d'ambidextrie [133], se fût longtemps montré droitier en société (on a vu combien son époque était intolérante...). Ce n'est qu'avec l'âge, son talent reconnu et sa personnalité affermie, qu'il aurait enfin assumé sa véritable nature, laissant penser aux observateurs qu'il s'essayait à quelque procédé expérimental. Comme le suggère Ph. Lanthony, c'est peut-être « pour couper court aux ineptes commentaires des spectateurs droitiers qui le regardaient peindre qu'il inventa cette admirable raison que s'il travaillait de la main gauche c'était par goût de la difficulté [134] ».

Plutôt que de le considérer comme un gaucher occasionnel, nous inclinerons donc à ranger Dufy parmi les ambidextres avérés, c'est-à-dire parmi ces innombrables personnes que l'éducation droitière, si forcenée fût-elle en cette fin du XIXᵉ siècle, n'avait jamais réussi à vraiment « dégauchir ».

• CAS N° 4 : PAUL DELAROCHE

À s'en tenir à l'examen graphique, Paul Delaroche (1797-1856) était un parfait droitier : les hachures de tous ses dessins courent en effet de droite à gauche, révélant ainsi un usage exclusif de la main droite. Pourtant, si l'on en croit Charles Blanc [135] et Eugène de Mirecourt, ses contemporains, l'artiste était gaucher. Le second notait ainsi :

> « Personne n'a jusqu'ici mentionné un fait assez curieux : Delaroche peignait de la main droite et dessinait de la main gauche. Sans doute il était de l'avis de beaucoup d'hommes sages et condamnait cet aveugle entêtement de l'éducation qui persiste à laisser une de nos mains inactive, tandis que l'autre est chargée de toute la besogne [136]. »

Notons que Mirecourt commet un lapsus : au vrai, Delaroche utilisait sa main droite pour dessiner, et sa gauche pour peindre [137].

• CAS N° 5 : JAN VAN EYCK

L'hypothèse de la gaucherie de Jan Van Eyck (v. 1400-1441) découle d'un constat banal. Dans *La Vierge au chanoine van der*

Paele (Bruges, 1436), le bouclier rutilant de saint Georges, agissant comme un miroir, dévoile la présence, hors champ, d'un personnage anonyme. Le grand historien d'art Erwin Panofsky avait en son temps démontré que, compte tenu de la position et de la courbure du bouclier, ce personnage occupait à peu près la place du peintre. Observant en outre que celui-ci semble se tenir debout, le bras droit levé, comme le ferait un artiste posté devant son chevalet, tous les commentateurs ont, avec Panofsky, admis qu'il fallait y reconnaître Van Eyck lui-même en train de peindre son tableau. Curieusement, personne ne semble pour autant en avoir tiré l'imparable conclusion qui suit : si, dans le reflet, Van Eyck lève le bras droit comme quelqu'un qui est en train de peindre (un auteur écrit : « il tient dans la main droite levée ce qui ressemble à un pinceau [138] »), il s'ensuit, en bonne logique, qu'il effectuait son tableau de la main gauche. Malheureusement, les choses n'étant jamais aussi simples qu'on les voudrait, il s'avère que les rares dessins attribuables à Van Eyck dénotent une technique plutôt « droitière ». Il nous faut donc croire que l'artiste, là encore, avait spécialisé chacune de ses mains à des tâches différentes. Nous classerons donc Van Eyck au nombre des probables artistes ambidextres [139].

• CAS N° 6 : AUGUSTE RENOIR

Comme l'a récemment révélé Ph. Lanthony, l'illustre Auguste Renoir (1841-1919) a appartenu lui aussi, mais provisoirement, à la famille des artistes non droitiers. À deux reprises (en 1880 et en 1897), en effet, il se cassa le bras droit, ce qui le contraignit à peindre avec sa « mauvaise main » (puisqu'il était droitier). Fait étonnant, celle-ci se révéla bien plus douée que prévu. Dans une lettre à Duret, Renoir se déclarait même très satisfait du résultat, jugeant ses tableaux bien meilleurs que par le passé. Et d'ajouter : « Je crois que j'ai bien fait de me casser le bras » !... Un avis que semblait partager Camille Pissarro lorsqu'il écrivait à son fils Lucien : « Renoir, quand il s'est cassé le bras droit, a fait de ravissants tableaux de la main gauche [140]. »

• CAS N° 7 : LOUIS-EDOUARD RIOULT

À l'instar de Jouvenet, dont nous avons étudié la légende plus haut, Louis-Edouard Rioult (1790-1855) fut ce qu'on appelle ici un *gaucher d'adoption*. Son cas est aussi avéré que celui de son illustre prédécesseur, encore que les circonstances exactes de sa maladie nous soient mal connues. Charles Gabet, son contemporain, nous apprend seulement que Rioult fut en 1820 « privé de sa main droite par une affection nerveuse », et qu'il a depuis « peint de la main gauche toutes ses compositions [141] ». Théophile Gautier, qui avait dans sa jeunesse caressé le projet de devenir peintre, était passé par l'atelier de Rioult. C'était, raconte-t-il, « un homme d'une laideur bizarre et spirituelle, qu'une paralysie forçait, comme Jouvenet, à peindre de la main gauche, et qui n'en était pas moins adroit [142] ».

Nous ne voyons pas, dans son autoportrait du Louvre, que Rioult fût d'une « laideur » particulière ; en revanche, nous constatons que son pinceau est bel et bien confié à sa main gauche. Il faut croire également que la « paralysie » de la dextre dont parle Gautier n'était pas totale puisque l'artiste s'en sert pour tenir l'appuie-main (ce petit bâton qu'on posait en travers du chevalet pour éviter la contraction du poignet)... étrange destinée, d'ailleurs, que celle de cette main droite, jadis maîtresse, aujourd'hui simple servante.

• Cas n° 8 : Jérôme Bosch

La question de la gaucherie de Jérôme Bosch (ca 1450-1516) est une question litigieuse qui sera probablement très difficile à trancher de manière définitive. Elle constitue à cet égard un cas d'école particulièrement intéressant.

Le premier à l'avoir abordée est sans doute Frits Lugt en 1968. Cet éminent connaisseur des arts graphiques remarquait, en effet, non sans perplexité que, tandis que les dessins attribués à Bosch paraissaient faits de la main droite (hachures obliques courant de droite à gauche), les dessins sous-jacents offraient très souvent des spécificités gauchères [143]. Lugt de qualifier ce phénomène de « curieux », sans chercher à l'expliquer [144].

Peu de temps après, Michelin Sonkes [145] et Patrick Reuterswärd [146] réitéraient le constat. Dans son analyse technique du panneau de *La Nef des fous,* Sonkes faisait ainsi ce commentaire :

> « Le dessin est abondamment ombré par des hachures disposées selon la diagonale qui va du coin supérieur gauche vers le coin inférieur droit ; [...] ces hachures trahissent un gaucher. Toute la surface de la barque en est couverte ; dans les parties les plus éclairées, elles se réduisent à des traits interrompus, à des tirets et dans la partie sur

laquelle la planche projette son ombre, elles se resserrent jusqu'à devenir une surface presque noire. Ces hachures couvrent des personnages entiers, sans s'interrompre pour marquer les crêtes des plis : c'est le cas de l'homme placé entre la béguine et le moine. Elles sont renforcées par des hachures plus courtes, mais orientées dans la même direction, qui donnent leur volume à ces personnages complètement dans l'ombre [147]. »

En 1973, la question de la gaucherie du maître de Bois-le-Duc donna même lieu à une thèse d'université américaine [148]. L'auteur, analysant méthodiquement tous les dessins sous-jacents des œuvres dont l'attribution ne fait aucun doute, démontrait que « le caractère gaucher » constituait « un aspect essentiel du style de Bosch [149] ». En effet, non seulement ses hachures courent volontiers de gauche à droite, mais les hachures inverses (qualifiées trop rapidement par certains de « droitières ») offrent une incurvation trahissant également l'intervention de la main gauche [150].

Sur ces bases, deux hypothèses se présentent [151] :

1. L'artiste, gaucher congénital, était devenu ambidextre. Il dessinait de la main droite, mais peignait de la gauche (un cas de figure, on l'a vu, tout à fait envisageable).

2. L'artiste était gaucher. Les dessins, droitiers dans leur immense majorité, sont des faux, des copies ou des œuvres d'atelier [152].

Jusqu'à plus ample informé, on fera figurer Jérôme Bosch au nombre des artistes non droitiers parmi les cas de type indéterminé.

On le voit, la latéralité d'un artiste est loin d'être un détail insignifiant pour la connaissance et la compréhension de son œuvre. Il s'agit même souvent d'une donnée déterminante pour les questions d'attribution. En affinant au besoin la méthode de dépistage que nous proposons, en précisant et en complétant le répertoire que nous avons établi (cf. annexe), l'histoire de l'art et l'expertise s'offriraient sans nul doute un outil scientifique des plus utiles.

Les génies

Platon, César, Léonard de Vinci, Pascal, Napoléon, Franklin, Chopin, Freud, Einstein, Picasso. Si un sondage d'opinion était réalisé pour savoir quelles personnalités ont incarné le mieux le génie humain, nul doute que ces quelques noms figureraient parmi les mieux placés. Or il se trouve que chacun d'eux figure aussi dans la plupart des fameuses listes de célébrités gauchères que nous évoquions précédemment. Fait significatif, coïncidence ou fantaisie ? Nous inclinons pour la troisième solution.

En effet, parmi les huit cas mentionnés ci-dessus, un seul est avéré, celui de Léonard de Vinci. Le cas de Freud est incertain — sans doute le personnage faisait-il partie, on l'a vu, des gauchers qui s'ignorent. En revanche, pour ce que nous savons d'eux, nous avons toute raison de croire que ni Platon, ni César, ni Pascal, ni Napoléon, ni Franklin, ni Chopin, ni Einstein, ni Picasso, n'ont été gauchers [153]. Comment dès lors la rumeur publique qui court à leur sujet s'explique-t-elle ? Ou plutôt : d'où provient cette tendance à associer le génie à la gaucherie ?

En fait, il semblerait que deux facteurs entrent ici en jeu. Le premier facteur est ce qu'on pourrait appeler le *syndrome Léonard*. Dans l'imaginaire populaire, Léonard de Vinci est non seulement le parangon du génie universel, mais il est aussi le porte-drapeau des gauchers. Ces deux particularités, l'intelligence puissante et la gaucherie invétérée, possédées avec tant d'éclat et d'évidence par un même individu, ont certainement beaucoup fait pour que l'opinion publique établisse dans l'absolu un rapport de causalité entre elles. Léonard était hors normes à tout point de vue et le fait qu'il fût un *mancino* semble ajouter au prodige. Chez lui, la gaucherie est non seulement superlative, mais elle est, pourrait-on dire, consubstantielle au génie. Par extrapolation, quiconque offrira une imagination créatrice ou un intellect à ce point extraordinaires sera volontiers soupçonné d'être gaucher lui aussi. Il suffira, comme dans le cas des personnalités mentionnées plus haut, d'un simple détail suggestif pour que la légende naisse et perdure au mépris de la réalité historique.

Le second facteur est beaucoup moins flatteur pour les gauchers que le précédent. Il consiste à ne voir dans le génie qu'une forme aberrante de la nature humaine, une sorte de difformité monstrueuse de l'intelligence. La gaucherie ne deviendrait alors, conformément aux sempiternels préjugés dont nous avons eu loisir de vérifier la prégnance, que son sinistre corollaire. Cette idée fut théorisée à la fin du XIXe siècle par Cesare Lombroso. Dans un ouvrage de 1888, *L'Uomo di genio,* Lombroso s'intéressait en effet à ce qui constituait selon lui un certain type de dégénérescence : le génie. L'homme génial, disait-il, ne diffère pas fondamentalement du fou. Simplement, lorsque celui-ci s'enferme dans un système de pensée stérile et délétère, celui-là possède la capacité de sublimer sa folie pour faire œuvre de création. Ainsi qu'il l'avait fait pour les criminels, Lombroso avait établi une grille nosologique des génies, autrement dit un inventaire des symptômes qui leur sont propres. Ils ont, remarquait-il, outre une physiologie qui les distingue du commun, une « pathologie » spécifique. On trouve notamment chez eux des « caractères dégénératifs » plus ou moins marqués, au nombre desquels — faut-il s'en étonner ? — la préférence pour la main gauche et la sensibilité accrue à gauche (le fameux « mancinisme » lombrosien) figurent assez souvent [154]. Dans ce cas, la gaucherie ne serait plus à considérer comme un surcroît d'originalité, mais comme le stigmate irréductible de cette manière de gibbosité mentale que constitue le génie. Cette thèse fit de nombreux adeptes à la Belle Époque. Les contempteurs de la gaucherie la mettaient fréquemment en avant pour justifier leur détestation. Le fait qu'il fût prétendument vérifié que la gaucherie atteignait aussi bien les sous-doués que les surdoués prouvait à leurs yeux le caractère foncièrement anormal de cette particularité. Citons à nouveau les propos de Ioteyko en 1916, par lesquels nous introduisions notre deuxième partie, « Les gauchers méprisés » :

> « [...] les gauchers s'écartent plus ou moins de la généralité des hommes pour entrer dans cette classe à laquelle Morel et Magnan ont donné le nom de dégénérés, et Lombroso a exprimé la même opinion sous cette forme : la gaucherie est un caractère atavistique et dégénératif. Les gauchers [...] ont fréquemment une hérédité lourde à porter ; la gaucherie coexiste fréquemment avec l'épilepsie, elle est fréquente chez les aliénés, chez les criminels, et enfin... on la rencontre aussi chez les génies [155]. »

Ainsi, aujourd'hui, lorsqu'on fait preuve de tant de zèle et de si peu d'exactitude à énumérer les *gauchers illustres,* croyant par ce biais restituer au *mancinisme* ses lettres de noblesse (« il n'y a pas que des malades dans la famille », écrivait non sans humour un récent auteur [156]), on ne fait sans le savoir que réactiver le vieux discours ostraciste des droitiers bien-pensants. Plus précisément, on remplace des préjugés par d'autres préjugés. Or les gauchers ne méritent pas plus l'admiration qu'ils ne méritent le mépris. Ils ne forment ni plus ni moins qu'une variété de la nature humaine, disons une catégorie, dont l'histoire a connu nombre d'aléas avant que ne lui soit reconnu le droit si simple d'exister. Aujourd'hui, les gauchers n'ont plus rien à revendiquer si ce n'est, éventuellement, le droit à l'indifférence.

NOTES

1. L'expression fait le titre de l'ouvrage de D. Pignon, *La Main sauvage, op. cit.*

2. M. Baudouin, « Les inscriptions en miroir de l'époque gallo-romaine », *Revue scientifique,* t. XX, n°10, 5 sept. 1903, pp. 289-296.

3. Le cas n'est pas unique. Un recueil d'Ovide de 1461 de la British Library stipule que la copie a été effectuée « *per Mathiam quendam manu sinistra* ». Un autre manuscrit latin du XVe siècle (Sydney, Public Library of New South Wales) porte pour sa part l'inscription : *Egbertus Naet, alias Trajecti, scripsit hunc librum manu sinistra*.

4. M.-C. Garand, « Ductus de gaucher », in R. Lejeune & J. Deckers, éd., *Clio et son regard,* Liège, P. Margada, 1982, pp. 279-292.

5. *Vita di Raffaello di Bartolomeo Sinibaldi da Montelupo,* texte autographe (Magliabechiana, cl. XVII, n°25), ca 1560 ; éd. G. Gaye in *Carteggio inedito d'artisti dei secoli XIV, XV, XVI,* Florence, G. Molini, 1855, t. III, pp. 581-594 (p. 582).

6. *Ibid.,* p. 583.

7. *Ibid.*

8. Pline L'Ancien, *Histoire naturelle, op. cit.,* livre XXXV:vii. D'ailleurs, si l'on en croit Joseph Meder (*Die Handzeichnung. Ihre technik und entwicklund,* Vienne, 1919, p. 580, n. 5), Pline se trompait déjà en affirmant que Turpilius était le premier peintre gaucher de l'histoire, puisqu'un certain Caius Fabius Pictor, au IVe siècle av. J.-C., présentait lui aussi cette particularité. Nous n'avons pas été en mesure de vérifier la justesse de ses dires.

9. C. van Mander, *Le Livre de peinture,* éd. R. Genaille, Paris, Hermann, 1965, p. 117.

10. *Vita di Raffaello da Montelupo, op. cit.,* ca 1560, p. 586.

11. V. Voiture, *Poésies,* éd. H. Lafay, Paris, M. Didier, 1971, pp. 26 sq. Précisons pour être tout à fait honnête que nous n'avons pas réussi à trouver de document attestant formellement que Voiture était gaucher. Il est donné comme tel par certains auteurs modernes, probablement sur la foi de ces fameuses *Stances escrites de la main gauche*. Voyant mal comment l'on peut être l'auteur de pareils exercices sans être gaucher, nous faisons nôtre cette hypothèse.

12. J. de Coligny, *Petits mémoires [...] écrits par lui-même sur les marges du missel de sa chapelle au château de La Motte-Saint-Jean,* 1685, in *Mémoires du comte de Coligny-Saligny,* éd. M. Monmerqué, Paris, Société de l'Histoire de France (31), 1844, p. XLIII. Dans ses *[Grands] Mémoires*, rédigés quelques années plus tôt (1678), Coligny note, à propos d'un duel dans lequel il s'était engagé en 1641 : « Il

[l'adversaire] me portat un coup qui me décousit toute la peau de l'estomac, et si je n'eusse fort prestement quarté [esquivé], il me donnoit dans le cœur, car je suis gaucher. » (*ibid.*, p. 14).

13. R. A. Lithgow, « Left-handedness », art. cité, p. 660.

14. Cité par Ph. Lanthony, *Les Peintres gauchers,* L'Âge d'Homme, 2005, p. 92.

15. A. Beaunier, *Souvenirs d'un peintre* [Georges Clairin], Paris, E. Fasquelle, 1906, p. 81 (cf. aussi p. 84).

16. Ph. Lanthony, *Les Peintres gauchers, op. cit.*, p. 21.

17. M. Brisard, in « Discussion des communications sur les gauchers », art. cité, p. 143.

18. J. Roubinovitch, *ibid.*, p. 144 (pour la forme réelle de cette assertion, cf. notre citation p. 82).

19. R. Piédelièvre, M. Dérobert & M. Fourault, « Gauchers et droitiers », art. cité, p. 922.

20. Célèbre maître d'armes.

21. E. Olivier, in « Discussion des communications sur les gauchers », art. cité, pp. 143-144.

22. Le jeu de mots était le même en latin : *scævola—>scævus—>dexter.*

23. Suétone, *Vies des douze Césars, op. cit.*, t. II, p. 53.

24. G. Flaubert, *Dictionnaire des idées reçues,* Paris, Librio, 1997, p. 41.

25. Jean Nicot, *Thresor de la langue francoyse,* Paris, D. Douceur, 1606, art. « Gauche ».

26. W. Irving, *Les Contes de l'Alhambra, op. cit.*, p. 235.

27. L'*Encyclopédie,* art. « Escrime » (« Observations sur les gauchers »), recueil de planches, t. XXI, 1765.

28. *Ibid.*

29. A. Duchesne, *Sur les élèves ambidextres, op. cit.,* pp. 10-11.

30. R. A. Lithgow, « Left-handedness », art. cité, p. 660.

31. L. Maillot, *Je sais m'servir de la main gauche, op. cit.,* § 7.

32. Littré, *Dictionnaire de la langue française,* 1863-1872, art. « Gaucher ».

33. Ainsi le médecin allemand Lentilius Rosinus (1657-1733) signalait le cas d'une hystérique *quæ autem sit ratio miræ scriptionis aliis hactenus inquirendum* (*Ephemerides German.,* ann. VI, dec. II, p. 201 ; cité par M. Baudouin, « Les inscriptions en miroir », art. cité, p. 289).

34. Le vieux préjugé aura en effet du mal à disparaître. On lira par exemple au début du siècle : « [...] le fait d'écrire spontanément en miroir de la main gauche ne s'observe que chez les idiots et, en général, chez tous les malades chez lesquels les centres intellectuels, atteints plus ou moins profondément, n'interviennent plus » (A. Bertillon, « Main gauche et main droite », *Archives d'anthropologie criminelle, de médecine légale et de physiologie normale et pathologique,* XXV, 1910, pp. 88-90 [p. 90]).

35. C. Vogt, « L'écriture considérée au point de vue physiologique », *Revue scientifique,* 52, 1880, pp. 1221-1232 (p. 1229). Bertillon précisera néanmoins que « l'écri-

ture en miroir est l'écriture naturelle de la main gauche *abandonnée à elle-même* » (« Main gauche et main droite », art. cité, p. 89).

36. Citons G. Ballet, « L'écriture de Léonard de Vinci. Contribution à l'étude de l'écriture en miroir », *Nouvelle iconographie de La Salpêtrière,* XIII, 1900, pp. 597-614 ; M. Baratta, « Perchè Leonardo da Vinci scriveva "a rovecio" », in *Curiosità vinciane,* Turin, Fratelli Bocca, 1905, pp. 1-55 ; L. Beltrami, *La « Destra mano » di Leonardo da Vinci e le lacune nella edizione del Codice Atlantico,* Milan, Rome, Alfieri & Lacroix, 1919 ; *id., Leonardo, Cecilia e la « destra mano ». A proposito di una Nota Vinciana del Prof. Antonio Favaro,* Milan, 1920 ; G. Favaro, « Como scriveva Leonardo », *Rivista di storia delle scienze mediche e naturali,* XXI, 11-12, nov.-déc. 1930, pp. 330-334 ; *La Mano « stanca » di Leonardo,* Modène, Società tipografica modenese, 1930 ; « Scrittura vinciana », *Sapere,* XVII, 15 déc. 1938, p. 423 ; A. Venturi, « L'uso della mano sinistra nella scrittura e nei disegni di Leonardo da Vinci », *L'Arte,* vol. XLII, 1939, pp. 167-173.

37. G. Ballet, « L'écriture de Léonard de Vinci », art. cité, p. 614.

38. « Scrivesi ancora alla rovescia e mancina che non si posson leggere se non con lo specchio, ovvero guardando la carta del suo rovescio contro alla luce, come so m'intendi senz'altro dica, e come fa il nostro Leonardo da Vinci, lume della pittura, qu'al mancino, come piu volte et detto. » (L. Pacioli, *De viribus quantitatis* [1510], Bologne, Biblioth. de l'Université, Codice 250 ; cité par E. Müntz, *Léonard de Vinci, op. cit.,* p. 16).

39. G. Vasari, *Les Vies, op. cit.,* t. 5, p. 41.

40. « Soleva il Vinci scrivere alla mancina, secondo l'uso degli Ebrei [...] et essendo il carattere buono si leggeva assai facilmente mediante uno specchio grande » (cité par G. Favaro, *La Mano « stanca » di Leonardo, op. cit.,* p. 8).

41. Cf. Enrico di Geymüller, *Cento disegni di architettura d'ornato e di figure di frà Giovanni Giocondo,* Florence, 1882, pp. 51-52 ; *id.,* « Trois albums de dessins de fra Giocondo », *Mélanges d'archéologie et d'histoire de l'École française de Rome,* XI, 1891, p. 22.

42. Charles Ravaisson-Mollien, *Les Manuscrits de Léonard de Vinci,* Paris, 1881, t. I, p. 2 ; G. Favaro, *La Mano « stanca » di Leonardo, op. cit.,* pp. 7-8 ; Carlo Maccagni, « Considerazioni preliminari alla lettura di Leonardo », in *Leonardo e l'età della ragione,* Milan, 1982, pp. 62 & 67, n. 50.

43. Holbein a en effet signé de cette manière un projet de vitrail « *MVCIVSFEZ* » *(Mucius Fec[it])* (cf. O. Bätschmann & P. Griener, *Hans Holbein,* Paris, Gallimard, 1997, pp. 22-24). La dénomination Mucius est d'ailleurs très révélatrice : Mucius Scævola est ce valeureux guerrier de l'Antiquité romaine qui s'était rendu gaucher en se mutilant la main droite par le feu (Scævola, qui signifie *gaucher* en latin, est le surnom qu'on lui donna après cette aventure) (cf. p. 196).

44. G. B. Palatino, *Libro nuovo d'imparare a scrivere,* Rome, 1540. La planche est reproduite dans Carla C. Marzoli, *Calligraphy 1535-1885,* Milan, 1962, p. 37.

45. Selon D. Wilson (*The Right hand : left-handedness, op. cit.,* p. 144), le personnage était capable de rédiger une même lettre en alternant l'écriture de la main

droite, l'écriture de la main gauche et l'écriture spéculaire. Voir notice biographique *infra* n. 56.

46. Henri Parisot, *Lewis Carroll,* Paris, Seghers, 1952, pp. 11-12.

47. Cf. Jean Gattégno, *Lewis Carroll, une vie,* Paris, Points/Seuil, 1974, chap. « Bégaiement », pp. 45-47.

48. Fl. B. Lennon, *Victoria through the looking-glass. The life of Lewis Carroll,* New York, 1945, pp. 11-14, 174, 182 & *passim.*

49. Cité par Jean Gattégno, notice à *De l'autre côté du miroir,* in Lewis Carroll, *Œuvres,* Paris, Gallimard, NRF, coll. « La Pléiade », 1990, pp. 1681-1682.

50. Cité *ibid.,* p. 1681.

51. V. Hugo, *Les Misérables,* 1862, V:I:vii, II (éd. Y. Gohin, Paris, Gallimard-Folio, 1995, pp. 571-572).

52. Cf. L. Jobert, *Les Gauchers comparés aux droitiers, op. cit.,* p. 25. Il faudra bien admettre cependant que, de façon générale, la vie militaire a toujours constitué un milieu peu propice à l'épanouissement de la gaucherie. Après s'être vu imposer des règles contre nature durant sa scolarité et durant l'apprentissage de son métier, le jeune gaucher, lorsqu'il était appelé sous les drapeaux, pénétrait cette fois un monde qui, par essence, se refusait à tenir compte des particularités individuelles, *a fortiori* de la sienne. En effet, la discipline militaire a toujours impérativement réclamé qu'on se serve de la main droite. Garde-à-vous, salut, maniement des armes, utilisation des engins de guerre, etc. : le quotidien du soldat était — et, que nous sachions, le reste encore dans une large mesure — réglé sur la prééminence droitière (cf. G. M. Gould, « The origin of right-handedness », art. cité, p. 599). Cette convention s'avérait d'ailleurs bien souvent indispensable au bon déroulement des opérations. On sait ainsi que la gaucherie était radicalement proscrite chez les grenadiers des XVIe et XVIIe siècles, ces soldats d'élite chargés, en avant des colonnes d'assaut, de lancer par salves des grenades à main dans les rangs ennemis. La gêne occasionnée par un grenadier gaucher à son voisin droitier aurait pu être fatale à l'un comme à l'autre (cf. G. Blœdé, *Les Gauchers, op. cit.,* p. 62). Toujours est-il qu'un gaucher invétéré incorporé dans un bataillon de droitiers se heurtait à des difficultés sans nombre. Le peintre Georges Clairin en témoigne lorsqu'il fait le récit de son engagement dans la guerre de 1870, en compagnie de son camarade Regnault : « Nous n'avions [...] jamais tenu un fusil ; la manœuvre de la tabatière nous échappait. En outre, nous étions, tous les deux, gauchers. Notre maladresse était ridicule, comique et désolante. » (A. Beaunier, *Souvenirs d'un peintre, op. cit.,* p. 149).

53. L. Christiaens, P.-R. Bize & P. Maurin « Les gauchers au travail », art. cité, pp. 86-91 & *passim.*

54. Le terme d'*équimane,* plus juste que celui d'*ambidextre,* a été proposé par les auteurs mentionnés ci-avant. Il n'a cependant pas eu de succès.

55. D. Wilson, *The Right hand : left-handedness, op. cit.,* p. 147.

56. Edward Sylvester Morse (1838-1925), célèbre biologiste américain et spécialiste de la civilisation japonaise. Sera élu membre de l'Académie des sciences en 1876 et président de l'*American Association for the Advancement of Science* dix ans plus tard.

57. Cité par D. Wilson, *The Right hand : left-handedness, op. cit.*, p. 142. Morse s'est lui-même exprimé sur son ambidextrie : « Mes instituteurs se sont efforcés de contrecarrer ma gaucherie, mais en vain. Cela n'a eu pour seul résultat que de m'apprendre à utiliser ma main droite aussi. À faible distance, je suis capable de viser avec la même précision de la main droite que de la main gauche. Par contre, lorsqu'il s'agit de lancer un objet au loin, j'utilise toujours la main gauche. Cela m'est plus naturel. Il n'y a guère que deux choses qui me soient impossibles de la main droite, c'est planter un clou et couper au couteau. » (*ibid.*, p. 143). Les témoignages de ce type sont pléthore : cf. R. A. Lithgow, « Left-handedness », art. cité, p. 660 ; O.-M. Lannelongue, « Gaucherie et droiterie », art. cité, p. 504 ; F. Tilney dans *Archives of neurology and psychiatry, op. cit.*, pp. 897-898.

58. Cf. P. Reuterswärd, « Left-handedness in master drawings », *Nationalmuseum bulletin*, vol. 17, n°2, 1993, pp. 1-10 (p. 7).

59. Selon les témoignages conjoints de ses amis proches H. Baillière (*Henri Regnault, op. cit.*, p. 3) et H. Cazalis (*Henri Regnault, sa vie et son œuvre*, Paris, A. Lemerre, 1872, p. 16).

60. G. Vasari, *Les Vies, op. cit.*, « Vie de Bartolommeo de Bagnacavallo et autres peintres romagnols », t. 6, p. 201.

61. Selon le témoignage de G. B. Armenini, *De' veri precetti della pittura*, 1587 (éd. M. Gorreri, Turin, G. Einaudi, 1988, p. 134).

62. Cf. B. Suida Manning & W. Suida, *Luca Cambiaso. La vita e le opere*, Milan, 1958, p. 190 & fig. 200.

63. P.-J. Mariette, *Abecedario, op. cit.*, t. V, p. 206.

64. Ch. Blanc, *Grandville*, Paris, G. Havard, 1855, p. 83. Édouard Charton, ami de Grandville, disait : « Grandville travaillait péniblement ; non qu'il lui fût difficile d'imaginer des sujets intéressants ou de dessiner rapidement des figures plaisantes de toutes sortes. Loin de là : il était doué d'une intarissable verve d'invention, et son crayon obéissait avec une merveilleuse promptitude à tous ses caprices. Il s'était même exercé à dessiner de la main gauche aussi bien que de la droite, et nous l'avons vu se servir de l'une et de l'autre à la fois, pour improviser, tout en causant, une variété incroyable de personnages et de scènes comiques, au grand divertissement de sa famille et de ses amis. » (« Grandville », *Le Magasin pittoresque*, 23, 1855, p. 356).

65. Ferdinand Servian, *Papety d'après sa correspondance, ses œuvres et les mœurs de son temps*, Marseille, P. Ruat, 1912, p. 27.

66. Frederick George Stephens, *Memoirs of Sir Edwin Landseer*, Londres, G. Bell, 1874, p. 74. Il semble néanmoins que Landseer ait surtout exercé son art en droitier. Tous les dessins que nous avons pu voir de lui présentent en effet des hachures droitières. Il existe en outre une photo qui le montre en train de dessiner de la main droite (repr. in Richard Ormond, *Sir Edwin Landseer*, cat. expo. Philadelphia Museum of art, 25 oct. 1981-3 janv. 1982, Londres, Tate Gallery, 10 fév.-12 avril 1982, p. 1).

67. Th. Carlyle, *Journal*, éd. J. A. Froude, *Carlyle. A history of his life in London. 1834-1881*, vol. II, Londres, Longmans, Green, 1884, p. 407. Cet accident amènera néanmoins Carlyle à méditer de la sorte : « Il est curieux de considérer la prééminen-

ce de la main droite parmi tous les hommes ; c'est probablement la plus ancienne institution qui soit, et la plus indispensable à la coopération entre les individus. Qui a vu trois faucheurs, dont un gaucher, travailler ensemble et n'y parvenant pas a été le témoin de l'inefficacité foncière dans laquelle aurait sombré toute activité humaine si l'on ne s'était pas accordé à distinguer la main droite d'avec la main gauche. J'ai souvent pensé à tout cela, mais jamais aussi nettement que tout à l'heure, lorsque, misérable et sans sommeil, j'errais dans le vent et le soleil du matin. Ancienne institution ? Que dis-je ! Aussi vieille que le monde, plutôt. Je me demande même s'il a jamais existé un peuple assez barbare pour ne point admettre cette distinction entre les mains ; l'humanité n'eût jamais vu le jour sans elle. Les anciens Hébreux, qui écrivaient de droite à gauche, l'agréaient autant que nous. Quant à savoir pourquoi la main droite a précisément fait l'objet d'élection, c'est là une question insoluble [...]. » (*ibid.*, pp. 407-408).

68. Tite-Live, *Histoire romaine, op. cit.*, II:12-13 ; Sénèque, *Lettres à Lucilius*, éd. F. Préchac & H. Noblot, Paris, Les Belles Lettres, s.d., III:4-5 ; Plutarque, *Vies*, éd. R. Flacerière, E. Chambry & M. Jumeaux, Paris, Les Belles Lettres, 1961, t. II, « Publicola », XVII:2.

69. Plutarque, *Vies, op. cit.*

70. Pline L'Ancien, *Histoire naturelle, op. cit.*, VII:104-106.

71. Pedro Mexià, *Les Diverses leçons de Pierre Messie gentil homme de Seville, contenans la lecture de variables histoires, & autres choses memorables*, Paris, Lougis, 1552, f°224v°.

72. Goethe, *Götz de Berlichingen*, 1772 (éd. F. Aubier, Paris, 1932, p. 12).

73. A.-J. Dézallier d'Argenville, *Abrégé de la vie des plus fameux peintres*, Paris, 1745-1752, éd. de Bure, Paris, 1762, t. IV, pp. 209-210. L'auteur démarque plus ou moins un texte manuscrit anonyme (publié par L. Dussieux & al., *Mémoires inédits sur la vie et les ouvrages des membres de l'Académie royale de peinture et de sculpture*, Paris, J. Dumoulin, 1854, t. II, pp. 23-32). Cf. aussi D.-P.-J. Papillon de La Ferté, *Extrait des différens ouvrages publiés sur la vie des peintres*, Paris, Ruault, 1776, t. II, p. 527.

74. A.-J. Dézallier d'Argenville, *Abrégé, op. cit.*, t. IV, p. 210.

75. *Ibid.*, p. 211.

76. D.-P.-J. Papillon de La Ferté, *Extrait des différens ouvrages, op. cit.*, t. II, p. 527.

77. Cette signature était portée sur le plafond du Parlement de Rouen (cf. F.-N. Leroy, *Histoire de Jouvenet*, Paris, Rouen, Caen, 1860, p. 38).

78. A.-J. Dézallier d'Argenville, *Abrégé, op. cit.*, t. IV, p. 210.

79. *Ibid.*, p. 212.

80. M. Dubois de Saint-Gelais (?), « Mémoire pour servir l'Histoire de la Peinture. Vie de feu M. Jouvenet », *Mercure galant*, juillet 1730, pp. 1484-1494 (pp. 1491-1492).

81. L'*Encyclopédie*, article « Peinture », t. XII, 1765. Au XIXe siècle, l'histoire de Jouvenet fait encore l'admiration des lecteurs des gazettes populaires. On signale ainsi

que le tableau de la *Visitation* « doit surtout sa réputation à la circonstance d'avoir été peint de la main gauche » (*Journal des jeunes personnes,* VIII, 1840, pp. 119-120).

82. A. Duchesne, *Sur les élèves ambidextres, op. cit.,* p. 6.

83. *Ibid.,* p. 7. « J'ai reçu plusieurs de ses lettres, continue l'auteur, elles font plaisir à voir dans la glace. Je les conserve soigneusement. Un jour je m'avisai, dans la Galerie de Versailles, d'en présenter une à M. le Marquis de Marigni. Il en lut fort couramment quatre lignes de suite ; il me dit : Cela est écrit de la main gauche, & bien écrit ; je luis répondis : & fort bien lu. Il m'apprit qu'au Collège il s'étoit exercé à lire l'écriture ainsi renversée. »

84. *Ibid.,* p. 8. L'auteur prétend en outre la chose suivante : « Je suis témoin que M. Restaut, passant quelques jours chez moi, à Versailles, a composé & mis au net, de sa main gauche, l'*Abrégé de sa Grammaire Françoise.* »

85. *Lettres choisies de Mr Simon Tyssot de Patot,* t. 1, La Haye, M. Roguet, 1727 (Lettre XLV « À Mademoiselle D. »).

86. Témoignage de Pierre Jean Grosley en 1744 (cité par F. Regnault, « Les explications biologiques de la droiterie », art. cité, p. 1365).

87. Marquis De Granges du Surgères, « Les Sablet, peintres, graveurs et dessinateurs », 2e partie, *Revue historique de l'Ouest,* 5e année, 1889, p. 64.

88. Cité par D. Choumatcher, *Dictionnaire à l'usage des gauchers et de leurs amis,* s.l., 1981, art. « Nelson ».

89. Cf. Ch. Reade, « The coming man », art. cité, p. 174 ; J. Jackson, *Ambidexterity, op. cit.,* p. 119 (lequel publie deux extraits de lettres de Nelson, avant et après l'amputation).

90. J.-B. Salgues, *Des erreurs et des préjugés, op. cit.,* p. 105.

91. Cf. Louis Schneider & Marcel Mareschal, *Schumann, sa vie et ses œuvres,* Paris, 1905, pp. 70-73. Notons que cette expérience avait déjà été vécue — mais pour des raisons de maladie — par Haendel (1685-1759).

92. Cité par J. Adam, *Les Gauchers en médecine légale, op. cit.,* p. 46. En effet, le maniement par la main droite de l'archet ne réclame souplesse que dans le poignet et le bras.

93. J. de Marthold, *Daniel Vierge, sa vie, son œuvre,* Paris, Floury, 1906, p. 101.

94. Un cas contemporain à celui de Vierge est à trouver chez l'artiste américain Joseph Pennel (1857-1926), contraint de se convertir à la gaucherie à la suite d'une fracture du bras droit lors de son plus jeune âge (cf. E. R. Pennel, *The Life and letters of Joseph Pennel, op. cit.,* vol. I, p. 11).

95. Dr Herber, « Henri Regnault était-il gaucher ? », *La Chronique médicale,* n° 8, 15 avril 1913, p. 222.

96. Dessin reproduit p. 153 de Cl. Leroy, *La Main de Cendrars,* Villeneuve-d'Ascq, Presses univ. du Septentrion, 1996.

97. Sur cet aspect de l'œuvre de Cendrars, cf. l'ouvrage remarquable de Cl. Leroy *(supra),* notamment les pp. 113-151.

98. C'était du moins l'avis de Camille Saint-Saëns, tel qu'il a été recueilli par F. Regnault (« De la droiterie considérée au point de vue sociologique », *La Presse médi-*

cale, n°54, 8 juillet 1931, pp. 1035-1036 [p. 1035]). Saint-Saëns prétendait en outre repérer les compositeurs gauchers à leur façon particulière d'alléger le travail de la main droite au piano. Nous avouons ignorer s'il y eut jamais de grands musiciens gauchers par le passé. Les noms de Jean-Sébastien Bach (1685-1750), Ludwig van Beethoven (1770-1827), Niccolo Paganini (1782-1840), Frédéric Chopin (1810-1849), Maurice Ravel (1875-1937), Sergueï Rachmaninov (1873-1943) sont parfois cités, mais les preuves semblent inexistantes. La légende de la gaucherie de Ravel, par exemple, ne tient sans doute qu'à ce fameux *Concerto pour la main gauche*. Si l'on en croit le *Dictionary of music and musicians* de Grove (éd. 1889), Carl Philipp Emmanuel Bach (1714-1788), fils de Jean-Sébastien, était toutefois gaucher. Un passage de sa notice biographique vaut d'ailleurs d'être rapporté, tant il témoigne d'une conception réductrice de la gaucherie : « Bien qu'il fût gaucher [...], sa précocité musicale était remarquable. »

99. Cf. Alain Pâris, *Dictionnaire des interprètes et de l'interprétation musicale,* Paris, R. Laffont, 1989, t. II, p. 888. Notons aussi le cas surprenant, rapporté par le magazine *Lecture pour tous* de novembre 1900, d'un certain Théophile Debucquoy, pianiste ajoutant au handicap d'être aveugle, celui d'être manchot de la main droite. « Quelle souplesse, dit l'article, ne lui faut-il pas pour donner avec sa seule main gauche l'illusion qu'il joue des deux mains ? Et c'est vraiment un spectacle curieux que de voir cette main gauche aller, venir, se lancer sur le clavier, exécuter les accords les plus étourdissants, les arpèges les plus hardis. » (cf. P.-M. Bertrand, *Dictionnaire des gauchers,* Paris, Imago, 2004, p. 215).

100. *Rétrospective Jean Carlu,* Paris, Musée de l'Affiche, 26 nov. 1980-29 mars 1981 (non paginé).

101. H. Vincenot, « La gauche vaut la droite », *La Vie du rail,* 7 janv. 1952, pp. 13-14 (p. 13)

102. Nous ne résistons pas au plaisir d'ajouter un texte contemporain sur le peintre Karel Appel lequel, bien que droitier, n'entend s'adonner à son art qu'avec la main gauche. On mesurera par là le chemin parcouru entre ces temps de nos pères, empreints de tabous et de superstitions, et le nôtre, ce cher « monde moderne », qui se persuade volontiers que la vérité première des choses ne doit émerger qu'en faisant table rase des valeurs du passé : « Appel se sert électivement de la main gauche quand il peint [...]. Oui, pour Appel le coloriste, la couleur est l'affaire de la "patte sud", la mauvaise, la maudite, la *maladroite*. Privilégier la gauche quand on est droitier dans un univers de droitiers comme le nôtre est un choix fondamental, pour ne pas dire ontologique. On en décèle les effets dans toute l'œuvre d'Appel. Privilégier la gauche implique aussi que l'on rejette le manichéisme général selon lequel les valeurs positives de volonté et de conscience sont réservées à la droite, tandis que la gauche de cette polarité symbolique renforcée par des siècles d'affectivité est chargée exclusivement de connotations négatives. En conséquence quand on est comme Appel tourné vers l'action et la production, donner libre cours à la main gauche, c'est accepter-décider d'assumer sa négativité. Non pour précipiter le dépérissement de l'art (attitude des plus répandues aujourd'hui chez bien des droitiers satisfaits). Bien plutôt pour invoquer les forces de régénération qu'el-

le contient. » (Jean-Clarence Lambert, « Appel. La voie de la main gauche », *Colóquio. Artes,* n°36, mars 1978, pp. 16-23 [pp. 17-18]).

103. Quelques rares auteurs ont déjà abordé cette question, de façon très inégale. Par ordre chronologique : H. Matsch, « Linkshänder der Renaissance », *Maltechnik. Technische mitteilungen für malerei und bildpflege,* 67-68, 1961-1962, pp. 6-16 ; Richard Jung, « Über zeichnungen linkshändiger künstler von Leonardo bis Klee : linkshändermerkmale als zuschreibungskriterien », in *Semper attentus. Beiträge für Heinz Götze Springer,* Berlin, Heidelberg, 1977, pp. 190-218 ; A. Mongan, « On silverpoint drawings and the subject of left-handedness », in *Drawings defined,* New York, 1987, pp. 151-164 ; P. Reuterswärd, « Left-handedness in master drawings », art. cité ; J. E. von Borries, « "Een hoog-duytse linker-hand". Johann Heinrich Schönfeld als linkshändiger zeichner », in B. Hamacher & C. Karnehm éd., *Pinxit/sculpsit/fecit. Kunsthistorische studien,* 1994, pp. 122-129 ; Ph. Lanthony, « Les peintres gauchers », *Revue neurologique,* CLI, 3, 1995, pp. 165-170.

104. Autrement dit la correspondance de l'artiste, ses mémoires, les éloges qui lui ont été adressés (éloges académiques, éloges funèbres), les biographies écrites par des proches ou des amis, les journaux d'époque, les recueils d'anecdotes, les dépositions de toutes sortes. Il faut savoir que l'exploitation de cette masse documentaire ne donnera pas toujours de résultats. Pour remarquable qu'on pût la tenir, en effet, la gaucherie n'en restait pas moins une particularité anecdotique, secondaire de la personnalité d'un artiste et il n'y a pas lieu de s'étonner que des témoins omettent de la mentionner. Par exemple, bien que dans un texte autographe Raffaello de Montelupo stipule qu'il a toujours été gaucher (et ses dessins en attestent sans ambiguïté), Vasari, son contemporain, n'en dit rien dans la notice biographique qu'il lui consacre. Une autre difficulté pourra se présenter : un artiste est qualifié de gaucher dans un document, mais cela est contredit par d'autres arguments (des dessins de droitier, par exemple). Dans ce cas, la fiabilité du témoignage sera évaluée en fonction du sérieux de son auteur.

105. Exemples de portraits peints d'artistes gauchers : — *Portrait de Bernardino Campi,* par Sofonisba Anguissola (1528-1625), huile sur toile, 111 x 109 cm, Sienne, Pinacoteca Nazionale. — *Portrait de Nicolas Mignard,* par Paul Mignard (1638-1691), huile sur toile, 155 x 123 cm, Lyon, Musée des Beaux-Arts. — *Portrait de Charles Nicolas Cochin,* par Alexandre Roslin (1718-1793), Versailles, château. — *Portrait de Jean Restout,* par Jean-Bernard Restout (1732-1797), huile sur toile, 70 x 54 cm, Versailles, Château. Exemples de clichés photographiques de peintres gauchers : — *Portrait d'Amédée de La Patellière devant son chevalet,* cliché anonyme, repr. in Jean Alazard, *Amédée de La Patellière,* Lausanne, 1953. — *Portrait d'Adolph Menzel dessinant,* par J. Hilsdorf, 1904 (repr. in catal. expo. Paris Orsay, Washington NGA, Berlin AN, *Adolph Menzel 1815-1905. Between romanticism and impressionism,* 1996-1997, fig. 35). On se méfiera cependant des conclusions hâtives. Les premiers daguerréotypes, par exemple, inversaient en miroir la réalité. De nos jours, il est encore fréquent que les illustrations de livres d'art soient malencontreusement publiées à l'envers. Les recoupements, lorsqu'ils sont possibles, réduiront les risques d'erreur.

106. Giovanni Morelli, *Della pittura italiana,* Milan, 1897, p. 176 ; Bernard Berenson, *The Drawings of florentine painters,* Londres, 1903, t. I, pp. 149-150.

107. Notons que pour obtenir des hachures obliques inversées, il suffit soit de fléchir le poignet afin de changer l'angle d'attaque du crayon (cf. ill. 19), soit — plus simple encore — de faire pivoter la feuille de papier d'un seul quart de tour dans un sens ou dans l'autre. P. Reuterswärd (« Left-handedness in master drawings », art. cité) cite un manuel d'apprentissage du dessin du XIXe siècle où l'on indique de quelle manière « dessiner des traits dans toutes les directions ».

108. Cf. B. Berenson, *The Drawings of florentine painters, op. cit.,* pp. 254-263 ; Catal. *Zeichnungen aus der Toskana. Das zeitalter Michelangelos,* Saarland Museum Saarbrücken, 28 sept.-23 nov. 1997, Munich, Prestel-Verlag, 1997, n. 75, p. 220 ; catal. *Michelangelo and his influence. Drawings from Windsor Castle,* Washington, NG, 27 oct. 1996-5 janv. 1997, pp. 43 & 96 ; catal. *Dessins italiens du musée Condé à Chantilly,* 4 oct. 1995-8 janv. 1996, p. 150.

109. Les dessins de Pennel, très nombreux, sont sans doute parmi les plus parfaits spécimens de dessins gauchers. Ainsi, à l'examen des deux cent soixante-huit œuvres qu'il légua au Louvre en 1908, nous n'avons pour ainsi dire décelé aucun trait de type droitier. Les hachures, couvrant parfois toute la surface du dessin, forment tantôt un réseau vertical très serré, tantôt un réseau oblique courant de gauche à droite.

110. Chez Léonard, la chose est d'ailleurs si vraie qu'elle ne saurait, paradoxalement, constituer une preuve d'authenticité. Depuis le vivant du maître, en effet, les faussaires ou les simples imitateurs savent en tenir compte et, quelque droitiers qu'ils soient, prennent généralement bien soin d'incliner les traits pour simuler la gaucherie (cf. B. Berenson, *The Drawings of florentine painters, op. cit.,* p. 149 ; Michael Jaffé, *The Devonshire collection of italian drawings. Venetian and northern italian schools,* Londres, Phaidon, 1994, n°892).

111. L'examen de l'œuvre graphique d'un Albrecht Dürer, d'un Hans Leonhard Schauffelein, d'un Erhard Schön, d'un Baldung Grien, d'un Albrecht Altdorfer, d'un Jorg Breu, d'un Virgil Solis, d'un Augustin Hirschvogel, d'un Niklaus Manuel Deutsch, etc., met en effet en évidence des hachures obliques très souvent tracées de haut/gauche à bas/droite.

112. Un détail qui a amené par erreur A. Mongan (« On [...] the subject of left-handedness », art. cité) à classer Baldung au nombre des gauchers.

113. En vertu du même principe mécanique, des hachures verticales rapidement tracées pourront offrir de notables différences selon qu'elles sont effectuées par une main droite ou une main gauche.

114. Beaucoup de dessins allemands du XVIe siècle présentent cette dualité (orientation gauchère, incurvation droitière). Un artiste comme Augustin Hirschvogel, par exemple, semble n'avoir effectué que des hachures de la sorte (cf. Jane S. Peters, « Early drawings by Augustin Hirschvogel », *Master drawings,* XVII, 4, 1979, pp. 359-392). Cette curieuse aptitude des dessinateurs allemands de la Renaissance pourrait bien s'expliquer par le fait qu'ils étaient aussi (ou avant tout) des graveurs, c'est-à-dire des artistes habitués, précisément, à varier l'orientation de leur plaque pour

mieux l'inciser. Le problème est en revanche un peu différent pour Albrecht Dürer, qui semble pour sa part avoir été à même de réaliser toutes sortes de traits. Dans certains dessins, les hachures ne sont que gauchères (inclinaison et incurvation) ; dans d'autres, elles ne sont que droitières. Cette dualité nous incite fortement à penser que Dürer était ambidextre ; une hypothèse qui accréditerait la légende, qui court de livre en livre sans être jamais argumentée, selon laquelle le maître de Nuremberg était gaucher.

115. Le dessin sous-jacent, c'est-à-dire le dessin fait sur le tableau avant la pose des couleurs (appelé aussi incorrectement dessin préparatoire ou *imprimatura*), paraît *a priori* susceptible d'être soumis au même examen que le dessin proprement dit. Les techniques modernes (infrarouge, réflectographie) permettent en effet de le faire apparaître et, depuis quelques décennies, des efforts remarquables et extrêmement fructueux pour l'histoire de l'art ont été entrepris dans ce domaine. Néanmoins, sachant les usages qui pouvaient avoir cours dans les ateliers aux siècles passés, la plus grande prudence s'impose. L'image du peintre accomplissant son œuvre de bout en bout, dans la solitude de la création, est en effet une conception moderne. Jusque dans la seconde moitié du XIXe siècle, et excepté quelques cas isolés, la peinture était pour une large part un travail d'équipe. Le maître d'atelier disposait de multiples aides auxquels il déléguait nombre de tâches, plus ou moins importantes selon les compétences de chacun. Or on sait que le dessin sous-jacent, destiné par définition à disparaître sous l'œuvre achevée, était parfois confié à un collaborateur ou un apprenti. Dans ce cas, le peintre élaborait à part sa composition et laissait le soin à un subalterne de la transposer sur le tableau. Des études ont même montré que plusieurs mains pouvaient avoir été mises à contribution pour un même dessin sous-jacent. Celui-ci constituant un critère d'attribution très aléatoire, on ne saurait donc en tirer des conclusions définitives sur la manualité particulière qui pourrait s'y révéler. Le cas de Jérôme Bosch, qu'on étudiera ci-après, est exemplaire : les dessins sous-jacents de ses tableaux sont généralement ceux d'un gaucher, mais aucun de ses dessins sur papier authentifiés n'y est assimilable.

116. Lors de la phase picturale proprement dite, un peintre gaucher pourra là aussi manifester une tendance plus ou moins prononcée à orienter son pinceau de manière à obtenir des touches obliques de gauche à droite (l'examen est assez souvent possible à l'œil nu). Ainsi, au dire de P. Reuterswärd (« Left-handedness in master drawings », art. cité, p. 10), une série de toiles attribuées au Hollandais Carel Fabritius (XVIIe siècle) ou à son entourage se caractérise par une multitude de petites touches « gauchères ». L'auteur de supposer néanmoins que cette particularité est due à l'utilisation de l'appuie-main *(mahlstick)*, cette baguette sur laquelle le peintre, jusqu'au XIXe siècle, reposait sa main munie du pinceau (voir ci-après). Selon lui, ce procédé inversait totalement l'orientation de la touche. C'est également l'argument qu'il met en avant pour nier que Bosch ait été gaucher (cf. *infra*). Faisons remarquer que si l'usage de l'appuie-main contraignait une main droite à réaliser des traits de main gauche, il faudrait admettre *ipso facto* que les traits de main droite sont en fait l'œuvre d'une main gauche. Il y aurait alors un afflux considérable de peintres gauchers.

117. Des problèmes nombreux et complexes se présentent lors de l'étude de la gravure. Sachant que la technique même de cet art implique que le produit final inverse

en miroir la composition élaborée par l'artiste, il suffirait, pourrait-on être tenté de penser, de rechercher les « hachures droitières » pour repérer les graveurs gauchers. Hélas, en la matière, les choses sont autrement moins simples. Tout d'abord, il paraît très probable que la latéralité n'entre pas ou très peu en jeu pour la gravure sur bois et la gravure au burin, techniques contraignantes, mais surtout très minutieuses, où la spontanéité du geste est très réduite. Seule, éventuellement, la gravure en taille-douce, d'une technique assez libre, proche du dessin, pourrait être exploitable. Cependant, la plupart des artistes, sachant par avance que leur composition allait être inversée à l'impression, prenaient soin de reporter sur la plaque métallique non pas le dessin qu'ils avaient effectué préalablement, mais son calque (ou son reflet dans un miroir). De surcroît, durant la grande époque de la gravure en taille-douce (XVIIe et XVIIIe siècles), la production d'une gravure s'effectuait non seulement en plusieurs étapes, mais à plusieurs mains. Les planches portaient, en effet, souvent deux signatures : celle de son inventeur (le *delineavit*) et celle de son exécutant (le *fecit* ou le *sculpsit*). Parfois, une troisième signature pouvait être adjointe : celle de l'artiste dont on s'était inspiré (l'*invenit*). À qui dès lors attribuer les éventuelles traces de gaucherie qu'on y pourrait trouver ? On le voit, la multiplication des intermédiaires, qui sont autant d'interférences entre la main du créateur et sa création, font que la gravure ne saurait constituer un bon critère pour le diagnostic de la latéralité. En cela, il paraît assez raisonnable de ne pas la prendre en compte, sauf, éventuellement, pour y chercher confirmation d'un fait établi par d'autres biais. Les choses sont peut-être plus faciles pour la lithographie, qui est la reproduction par impression d'un dessin tracé sur une pierre calcaire. Là, en pratique, l'artiste maîtrise de bout en bout son œuvre, la dessinant lui-même sur la pierre, avec la même liberté de geste, la même spontanéité d'inspiration que dans le dessin. Des lithographies offrant des « hachures droitières » typiques révéleront donc, avec un fort degré de probabilité, la gaucherie de leur auteur.

118. Jusqu'à l'invention de la photographie, au milieu du XIXe siècle, l'utilisation du miroir était indispensable à la pratique de l'autoreprésentation. Or, comme chacun sait, le miroir possède la propriété étrange d'inverser latéralement l'image qu'il reflète. Ainsi une main gauche se transforme-t-elle en main droite et réciproquement. De même, un peintre droitier devient-il dans le miroir un peintre gaucher. Ces pseudo-peintres gauchers, ou gauchers *a specchio,* sont fréquents dans l'histoire de l'art ; citons, parmi des dizaines d'autres, les autoportraits de Poussin (Berlin), de David (Paris), de Cézanne (Zurich) ou Modigliani (Sao Paulo). En ne rectifiant pas l'inversion du miroir, l'artiste exprime sa volonté d'introspection. L'autoportrait en gaucher est moins destiné à magnifier l'image sociale du peintre qu'à mettre en avant l'image de l'homme qui se regarde et se juge. L'autoportrait en gaucher est un autoportrait sans fard, sans socialité, sans ostentation. C'est un autoportrait qui dépasse les apparences pour mieux scruter l'âme. Pour la même raison, les vrais gauchers n'ont pas hésité à se peindre en droitier. C'est le cas, par exemple, de Hans Holbein, gaucher avéré, qui s'est à différentes reprises portraituré muni d'un pinceau dans la main droite. Un détail qui a même fait dire à certains que, contrairement à la légende, Holbein n'était pas gaucher (cf. J. Crichton-Browne, « Dexterity and the bent sinister », art. cité, p. 638). Si l'autoportrait *a specchio* ne peut

constituer un critère fiable pour la connaissance de la latéralité d'un artiste, il en est autrement pour ce qu'il est convenu d'appeler l'*autoportrait in assistenza* et l'*autoportrait caché*. Dans l'*autoportrait in assistenza*, l'artiste ne peint pas le seul rapport de soi à soi, mais se met en scène en tant qu'artiste, généralement en compagnie d'autres figures (*L'Atelier* de Vermeer, *Les Ménines* de Velasquez, le *Portrait de fratrie* de Le Nain, *La Famille de l'Infant Don Luis de Bordón* de Goya, *L'atelier* de Courbet, pour ne citer que quelques-uns des exemples les plus célèbres). Par conséquent, il se représente non pas tel qu'il se voit dans le miroir — même s'il l'utilise —, mais tel qu'il se sait être dans la réalité, donc gaucher, le cas échéant. Ainsi, vers 1580, Luca Cambiaso réalise son autoportrait en gaucher (huile sur toile, 86,5 x 71 cm, Florence, Musée des Offices). Or, comme l'a très justement souligné Daniel Arasse (*Le Détail. Pour une histoire rapprochée de la peinture*, Paris, Flammarion, 1992, pp. 221-222), on se rend compte à l'examen que l'œuvre n'est « pas un autoportrait de l'artiste en train de se peindre, mais un autoportrait de l'artiste peignant son père » ; le regard n'est pas ici introspectif, mais *extraspectif*. C'est un regard sur soi-même porté du dehors. Il s'ensuit que Cambiaso présentait un certain degré de gaucherie ; ce que confirme l'examen des sources historiques et des dessins du maître (Cambiaso était admiré pour son ambidextrie). Curieusement, Arasse paraît ignorer cet aspect de la biographie de Cambiaso et l'analyse qu'il fait de l'autoportrait de Florence, basée sur le détail de la main gauche peignant, tombe un peu à plat. L'*autoportrait caché* est un autoportrait insinué dans le tableau, soit sous la forme d'un personnage secondaire, soit sous la forme d'un reflet. Là encore, la latéralité apparente est en principe la latéralité réelle.

119. L'écriture en miroir est cette forme d'écriture dont nous avons déjà longuement parlé, qui consiste à tracer les mots à rebours de leur sens ordinaire, ce qui leur donne l'aspect d'être lus dans un miroir. Elle correspond au mouvement naturel de la main gauche. L'écriture en miroir est en quelque sorte la symétrique gauchère de l'écriture « normale », qui est une écriture droitière. Un Léonard de Vinci, gaucher invétéré, la pratiquait quotidiennement ; un Giocondo da Verona (1434-1525) ne semble l'avoir adoptée que de façon occasionnelle ; un Hans Holbein l'utilisa au moins une fois pour signer un carton de vitrail ; un Hans Haug Balthasar (1890-1965) s'en servait pour légender ou signer ses « dessins simultané-ambidextres » (cf. *Balthasar. Dessins du cabinet des estampes de Strasbourg*, cat. expo. Château des Rohan, n°59 sq.).

120. Des enquêtes statistiques (B. Jensen, « Left orientation in profile drawing », *American journal of psychology*, 601, 1952, pp. 84-88 ; René Zazzo, « Le geste graphique et la structuration de l'espace », dans *Conduites et consciences*. I, Paris, Delachaux & Niestlé, 1962, pp. 99-117 ; Meyer Shapiro, « Sur quelques problèmes de sémiotique de l'art visuel : champ et véhicule dans les signes iconiques », *Semiotica*, I, 3, 1969 [rééd. in *Style, artiste et société*, Paris, Gallimard, 1982, pp. 7-34]) ont montré qu'à peu près 80 % des portraits, tant dans l'art occidental que dans l'art oriental, offrent des profils gauches (c'est-à-dire des profils orientés vers notre gauche et nous présentant la joue gauche). Ce phénomène, dit-on, provient de ce que la main droite est *pronatrice* ou *sénestrogyre* ; ce qui signifie que sa tendance naturelle est de tracer des cercles en tournant de la droite vers la gauche. La main gauche, *supinatrice* ou

dextrogyre, effectuerait ces mêmes cercles dans le sens opposé, c'est-à-dire dans le sens des aiguilles de la montre. Les incidences de chacune de ces tendances dans la façon dont l'artiste dessine ou peint ses profils se traduiraient de la sorte :

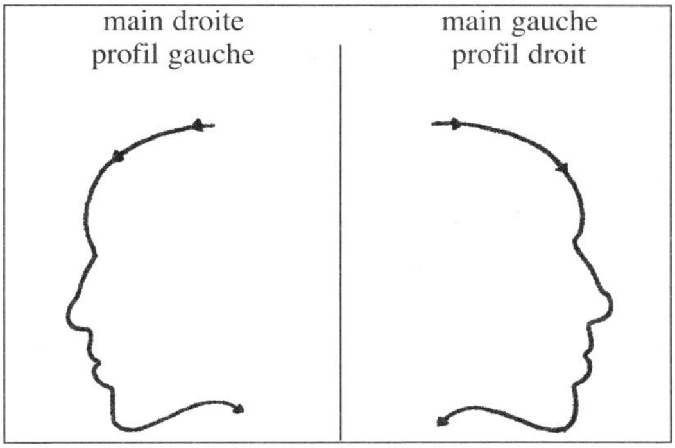

La prédominance des profils gauches serait donc corrélative à la prédominance des droitiers. On admettra néanmoins avec le psychologue René Zazzo que l'explication est un peu courte. Car si le phénomène paraît en premier lieu répondre à une exigence physiologique (celui du mouvement giratoire du poignet), il paraît dans le même temps répondre à une exigence visuelle puisque l'expérience montre que droitiers comme gauchers découvrent plus souvent et plus promptement des profils gauches dans les taches d'encre (type « test de Rorschach »). Il pourrait même en dernier lieu répondre à une exigence esthétique. En effet, jusque dans les années 1870, c'est-à-dire avant que les procédés mécaniques de gravure ne fussent employés (photogravure, similigravure, héliogravure, etc.), l'obtention d'un profil gauche en gravure supposait l'exécution par l'artiste d'un profil droit ; or les statistiques montrent que, pour les timbres postes, où les effigies sont presque toujours de profil, l'orientation à gauche est tout aussi fréquente avant qu'après 1870. D'autre part, l'examen des portraits photographiques, art exempt de toute activité manuelle, met en évidence la même particularité que dans l'art graphique. René Zazzo d'en conclure alors que si l'orientation des profils vers la gauche était sans doute à l'origine « un effet de notre motricité » (entendons celle du sujet droitier), elle était devenue « très rapidement une forme de notre sensibilité » (« Le geste graphique », *op. cit.*, p. 112). En 1965, Jean Chateau aboutissait à la même conclusion. Cet auteur pressentait également que le primat du profil gauche s'expliquait moins par le geste graphique que par des facteurs d'ordre culturel. La longue étude qu'il consacrait à la question se terminait ainsi : « C'est donc avant tout à l'influence sociale, plus ou moins implicite, qu'il faut faire appel dans ce cas comme dans d'autres. La société prend en quelque sorte le relais de l'organisme et, en prenant ce relais, elle accentue, précise, stabilise ce qui n'était qu'une légère propension de la population en général pour en faire un stéréotype gestuel ou mental. Quoique nous en voulions, il y a là un véritable effet de masse, par lequel les droitiers commandent » (Jean Chateau, *Attitudes intellectuelles et spatiales dans le dessin,* Paris, CNRS, 1965,

p. 170. Même avis chez Claude Simounet, « La droite et la gauche dans le dessin de l'enfant et de l'adulte », *Enfance,* 1, janv.-avril 1975, pp. 47-67 et chez R. Dailly & M. Moscato, *Latéralisation et latéralité chez l'enfant,* Bruxelles, P. Margada, 1984). En cela, il ne faut guère escompter repérer les artistes gauchers par l'étude des profils. Tout au plus cet examen pourra-t-il être mené comme ultime contrôle d'un fait établi. Un survol des carnets de Léonard de Vinci, par exemple, permettra de constater que les profils droits y sont en profusion (cf. P. Reuterswärd, « Left-handedness in master drawings », art. cité, p. 1). À tout point de vue, « Léonard de Vinci, gaucher célèbre entre tous, s'est obstinément refusé à sacrifier aux conventions de la majorité » (David Rosand, *La Trace de l'artiste,* Paris, Gallimard, 1993, p. 26).

121. Ceux-ci sont en général assez fréquents. Leur valeur est très variable. On pourra par exemple accorder un grand crédit à la mention de Carel van Mander selon laquelle « Holbein maniait le pinceau de la main gauche [...]. Mais s'il était gaucher, il n'était point gauche pour cela dans la pratique de son art où il procédait avec fermeté et en maître accompli » (*Le Livre de peinture* [1604], *op. cit.,* p. 117). L'anecdote est reprise par André Félibien : « Il estoit gaucher, & ne pouvoit travailler de la main droite ; ce qu'il a eu de commun avec Turpilius, cét ancien Peintre, & Chevalier Romain, qui pour cela estoit admiré de son temps » (*Entretiens sur les vies et sur les ouvrages des plus excellens peintres anciens et modernes,* 1685-1688 ; 2e éd., Paris, P. Mariette, 1696-1706, t. 1, p. 578). La gaucherie d'Holbein est également signalée par D.-P.-J. Papillon de La Ferté : « Quoique Holbein peignît de la main gauche, il a également excellé dans les différentes manieres de peindre, comme en miniature, à gouache, en détrempe & à l'huile. » (*Extrait des différens ouvrages, op. cit.,* t. II, p. 7). Pareillement, connaissant la valeur des notices de Pierre-Jean Mariette (1694-1774), on pourra admettre que l'Italien Antonio Triva (1626-1699) avait le « talent [...] de peindre de la main gauche » (*Abecedario, op. cit.,* t. V, p. 349). Enfin, le surnom de *Manciolla* (« le Gaucher ») que l'on attribua en Italie à Vincenz Leckerbetien (XVIIe siècle) constitue un témoignage indirect très précieux qui ne saurait être remis en cause.

122. L'orientation de la lumière peut constituer un critère non négligeable. Qu'on cite ici les remarques d'un amateur du XVIIIe siècle : « Une décoration de Tableaux dans un Cabinet demande des Tableaux ombrés différemment, à la droite & à la gauche des fenêtres. Quand la fenêtre est à la gauche du Peintre, le côté droit du Portrait est éclairé, le gauche est dans l'ombre ; ce Tableau se nomme à jour droit. Si vous posez ce portrait sur le mur opposé, l'ombre se trouve du côté du jour, & l'illusion ne s'y trouve plus. Ceux qui sont chargés de la décoration d'un salon, se plaignent de trouver presque tous les Tableaux à jour droit & presque point à jour gauche. D'où vient cette disette ? De la difficulté pour les Peintres de poser leurs modèles à la main droite du travailleur, & de les dessiner ou de les peindre sans que le corps du Peintre ne lui porte ombre à lui-même. Alors il est obligé de poser son modèle derrière lui ; il est ainsi dans une posture contrainte, exposé à se luxer le cou, en tournant continuellement la tête, pour regarder son modèle. Or cet inconvénient disparoîtroit, si le Peintre savoit faire usage de sa main gauche. Le modèle & le chevalet du Peintre seroient alors posés au même jour droit, & la main gauche éclairée. Le modèle seroit devant

le Peintre : l'Art cesseroit d'être manchot. On trouveroit une égale quantité de Tableaux à jour droit & à jour gauche, & la vraisemblance seroit mieux observée dans les Cabinets. » (A. Duchesne, *Sur les élèves ambidextres, op. cit.*, 1786, pp. 14-15).

123. Un document d'archives de 1425 qualifie les apprentis d'Hubert Van Eyck à Gand de *kinderen,* d'« enfants ».

124. Antoine Schnapper, catal. *Fonds Nicolas Mignard,* Paris, Paul Prouté, 1978, p. 2.

125. Allusion à Turpilius.

126. Félibien, *Entretiens, op. cit.*, t. IV, pp. 159-160. L'anecdote est reprise par A.-J. Dézallier d'Argenville (*Abrégé, op. cit.*, t. IV, p. 67), D.-P.-J. Papillon de la Ferté (*Extraits des différents ouvrages*, t. II, p. 470) et par Ch. Blanc, *Histoire des peintres de toutes les écoles. École française,* t. I, Paris, 1865, p. 4.

127. En 1934, Charles Sterling pensait, à tort, qu'il s'agissait d'une copie de Paul d'un autoportrait de Nicolas. En effet, remarquait-il, « l'attitude du peintre et son regard sont typiques pour quelqu'un qui peint en se regardant dans la glace ; il tient le pinceau de la main gauche et c'est encore un effet de réflechissement » (*Les Peintres de la réalité en France au XVIIe siècle,* cat. expo., Paris, Musée de l'Orangerie, 1934, n° 87, pp. 124-125). Sterling ignorait donc le passage de Félibien sur la gaucherie de Mignard.

128. Cf. Antoine Schnapper, *Mignard d'Avignon (1606-1668),* cat. expo., Avignon, Palais des Papes, 25 juin-15 oct. 1979, p. 124 ; Pierre Rosenberg, *Dessins français de la collection Prat. XVIIe-XVIIIe-XIXe siècles,* cat. expo., Paris, Louvre, 26 avril-24 juillet 1995, p. 66 ; *Le Dessin baroque en Languedoc et en Provence,* Toulouse, Musée Paul-Dupuy, 1992, n° 4 à 11. Remarquons néanmoins que les dessins droitiers sont assez fréquents dans l'œuvre de Mignard (exemples : Louvre, RF 36901, 36908, 36916, 36917, 36924, 36925, 36928, 42615v°). À notre sens, d'ailleurs, certaines attributions mériteraient peut-être d'être révisées.

129. Cf. Ph. Lanthony, *Les Peintres gauchers, op. cit.*, pp. 103-105.

130. Jacques Lassaigne, *Dufy,* Genève, Skira, 1954, p. 16. Voir aussi Bernard Dorival, *Les Étapes de la peinture française contemporaine,* Paris, Gallimard, 1948, p. 110.

131. Alfred Werner, *Raoul Dufy,* Paris, NEF, 1970, p. 11.

132. Cf. Fanny Guillon-Laffaille, *Raoul Dufy. Catalogue raisonné des dessins,* vol. I, 1991.

133. Le Dr Viard le vit ainsi « peindre des deux mains à la fois des sujets différents lorsqu'il réalisait la décoration de sa salle à manger » (J. Lassaigne, *Dufy, op. cit.*, p. 16).

134. Ph. Lanthony, *Les Peintres gauchers, op. cit.*, p. 21. Il est vrai que, pour un gaucher véritable, le fait d'entendre ce genre de remarque : « Je suis toujours étonné de voir Dufy peindre de la main gauche » (Pierre Courthion, *Raoul Dufy,* Genève, P. Cailler, 1951, p. 47) pouvait avoir quelque chose d'agaçant...

135. Charles Blanc, *Histoire des peintres de toutes les écoles. École française,* t. I, Paris, 1865, p. 4.

136. Eugène de Mirecourt, *Les Contemporains,* n° 11, Paris, G. Havard, 1859, pp. 88-89.

137. Dans un tableau de Louis Roux, *L'Atelier de Delaroche* (vers 1855, localisation inconnue), on voit en effet le peintre manier le pinceau de la main gauche (cf. Stephen Bann, *Paul Delaroche. History painted,* Londres, 1997, ill. 142).

138. Victor I. Stoichita, *L'Instauration du tableau,* Paris, 1993, p. 238.

139. J'ai étudié plus en détail cette question de la latéralité de Van Eyck dans un récent ouvrage : P.-M. Bertrand, *Le Portrait de Van Eyck. L'énigme du tableau de Londres,* Paris, Hermann, 2006, pp. 35-44 et pp. 127-131.

140. Lettres citées par Ph. Lanthony, *Les Peintres gauchers, op. cit.*, p. 125.

141. Charles Gabet, *Dictionnaire des artistes de l'école française au* XIXe *siècle,* Paris, Mme Vergne, 1831, pp. 896-897.

142. Théophile Gautier, *Portraits contemporains,* Paris, Charpentier, 1874, p. 6.

143. Hachures obliques courant de gauche à droite : *La Nef des fous,* Louvre ; *L'Enfant prodigue,* Rotterdam ; *La Mort et l'avare,* Louvre ; *Allégorie de la débauche et du plaisir,* New Haven ; *Le Portement de croix,* Gand ; etc.

144. Frits Lugt, *Musée du Louvre. Inventaire général des dessins des Écoles du Nord. Maîtres des anciens Pays-Bas, nés avant 1550,* 1968, pp. 25-26.

145. Micheline Sonkes, « Le dessin sous-jacent chez les Primitifs flamands », *Bulletin de l'Institut royal du patrimoine artistique,* XII, 1970, pp. 195-225.

146. Patrick Reuterswärd, *Hieronimus Bosch,* Stockholm, 1970, pp. 163-164.

147. M. Sonkes, « Le dessin sous-jacent », art. cité, p. 220.

148. J. A. Sybesma, *Hieronymus Bosch : an investigation of his underdrawings,* Bryn Mawr College, Ph. D., 1973.

149. *Ibid.*, p. 90.

150. On pourra *a priori* penser que le « caractère gaucher » des dessins sous-jacents n'implique nullement que l'artiste fût gaucher, mais seulement qu'un des ses collaborateurs le fût (cf. *supra,* n. 115). Cette possibilité est contredite par la plupart des spécialistes du peintre qui ne distinguent, malgré la diversité des manières, qu'une seule et même main à tous les stades de la réalisation des tableaux (cf. notamment Paul Vandenbroeck, « Problèmes concernant l'œuvre de Jheronimus Bosch : le dessin sous-jacent en relation avec l'authenticité et la chronologie », in *Le Dessin sous-jacent dans la peinture,* 4, actes de colloque, Univ. catholique de Louvain, 1981, éd. R. Van Schoute & D. Hollanders-Favart, Louvain, 1983). L'« anomalie » gauchère pourrait alors s'expliquer, comme le croit Reuterswärd (*Hieronimus Bosch, op. cit.*, p. 163 & « Left-handedness in master drawings », art. cité, p. 10), par l'usage de l'appuie-main *(mahlstick).* Cet accessoire, sur lequel les peintres autrefois reposaient leur main munie du pinceau, amenait, prétend cet auteur, à placer sa main de telle façon que l'orientation de la touche s'en trouvât inversée. Un droitier obtenait ainsi des traits de gaucher et vice versa. Il est fort à penser que M. Reuterswärd se trompe. D'abord, on voit mal en quoi l'usage de l'appuie-main permettrait de transmuer une diagonale gauche en diagonale droite. Ensuite, quand bien même l'inversion serait effective, cette explication ne tiendrait pas compte de ce que l'œuvre de Bosch présente, outre des hachures gauche/droite (gauchères), des hachures droite/gauche avec incurvation gauchère. Enfin, il paraît à peu près garanti que la réalisation d'un dessin sous-jacent

ne s'est jamais effectuée qu'à main levée (l'appuie-main aidait aux travaux minutieux ; il évitait la fatigue et les tremblements inopinés).

151. Cf. A. Mongan, « On [...] the subject of left-handedness », art. cité, p. 160.

152. C'est cette thèse que soutient Sybesma (*H. Bosch, op. cit.*). Comme l'indique Roger H. Marijnissen (*Jérôme Bosch. Tout l'œuvre peint et dessiné,* Paris, Albin Michel, 1987, pp. 453-463), le doute le plus absolu règne sur l'œuvre graphique de Bosch et aucune attribution n'est certaine. Ainsi, Brigitte Geerinckx (*Les Dessins de Jérôme Bosch. Révision des attributions,* mémoire de licence, Louvain-la-Neuve, 1982) ne conserve que deux dessins dans le corpus du maître, rejetant tous les autres sur des critères externes.

153. La légende de leur gaucherie repose sur des extrapolations abusives. Ainsi, si Platon est donné gaucher, c'est, semble-t-il, en raison du passage des *Lois* dans lequel il prône l'ambidextrie (Aristote lui est parfois associé pour le même motif). Que Franklin ait été l'auteur d'une *Pétition de la main gauche* et que Picasso ait réalisé une gravure intitulée *Le Picador gaucher* paraît avoir également suffi pour les qualifier de gauchers. Quant à César, Bonaparte, Pascal, Chopin et Einstein, nous avouons avoir du mal à saisir d'où provient la rumeur. Peut-être le fait que Bonaparte ait eu la manie de glisser la main droite dans son gilet et le fait que Einstein ait souffert de troubles de la parole lorsqu'il était enfant ont-ils leur part dans la légende.

154. C. Lombroso, *L'Uomo di genio,* 1888 ; éd. fr., *L'Homme de génie,* Paris, G. Carré, 1896, pp. 26-27.

155. J. Ioteyko, « Théorie psycho-physiologique de la droiterie », art. cité, p. 532.

156. J.-P. Dubois, *Éloge du gaucher dans un monde manchot,* Paris, Laffont, 1986 (éd. Poche), p. 123.

20. *Vénus de Milo*. Marbre, IIe siècle av. J.-C. (?), Paris, musée du Louvre.

Conclusion

« La Vénus de Milo est le type de la beauté idéale et normale : elle est nettement droitière [1]. »

Cette déclaration n'est ni le fait d'un humoriste, ni celui d'un surréaliste, ni même celui d'un quelconque plaisantin. Elle fut très sérieusement faite en 1902 par un certain Étienne Rollet, docteur en médecine, professeur agrégé, chirurgien de l'Hôtel-Dieu, lors de son discours d'investiture à la présidence de la Société d'anthropologie de Lyon. Nous ne résistons pas à la tentation d'ajouter, pour faire bonne mesure, que si la Vénus de Milo avait pu entendre cela les bras lui en fussent certainement, comme à nous, tombés de consternation.

Plus sérieusement, admettons que, pour abracadabrante qu'elle soit, cette petite phrase présente au moins le grand mérite de condenser des siècles entiers de préjugés discriminatoires. « Idéale, normale et droitière » : ces trois mots rapprochés disent en effet tout le poids de la pression qu'auront eu à endurer les gauchers au cours de leur histoire.

Il convient, au terme de ce travail, de replacer nos différentes données dans une perspective d'ensemble afin d'en dégager les grandes lignes directrices, les principaux mouvements de fond.

• La prééminence de la main droite est un préjugé qui a marqué nos structures mentales d'une empreinte indélébile. Où que nous portions nos regards, vers quelque domaine de la pensée, religieuse ou profane, savante ou populaire, que nous interrogions les écrivains, les poètes, les moralistes, les théologiens ou les artistes, l'axiome revient avec une remarquable insistance : à la main droite tous les honneurs, tous les privilèges, toutes les noblesses ; à la gauche tous les mépris, toutes les tâches subalternes, toutes les vilenies.

La cause en est pour beaucoup religieuse. Il paraît en effet indiscutable que le christianisme, perpétuant la pensée dualiste des religions primitives, a joué un rôle déterminant dans l'aversion dont a toujours souffert la main gauche dans nos sociétés occidentales. La Bible avait promulgué le caractère sacré de la dextre ; les théologiens s'y étaient docilement soumis :

> « Ô bon Jésus ! soyez toujours à ma droite et ne quittez jamais cette main : car je sais qu'ainsi nulle adversité ne pourra me nuire et nulle iniquité ne dominera en moi. Qu'on [...] me couvre d'injures et d'opprobres tant que l'on voudra, j'expose volontiers tout ce que représente la main gauche, pourvu que vous gardiez mon âme et restiez le défenseur de ma main droite[2]. »

Bien sûr, cette idéologie ostraciste eut de nombreuses répercussions sur la vie quotidienne des hommes d'autrefois. On a vu que nombre de lois, de traditions, de rites, de croyances, de tabous et, plus généralement, de manières d'être, de dire et de penser procédaient du principe que la main droite supplante la main gauche non seulement en adresse, mais en dignité. Dans une très large mesure, il est possible d'affirmer que pour notre ancien système de pensée la dualité main droite/main gauche a tenu lieu de catégorème, c'est-à-dire d'opposition symbolique élémentaire permettant d'ordonner la société, d'en subsumer les contradictions, d'y définir la valeur de chaque chose et la place de chacun. La civilisation occidentale a été authentiquement *dextrocrate* et *sénestrophobe*... En prétendant que la Vénus de Milo était « droitière, normale et idéale », Étienne Rollet, on l'aura compris, ne faisait rien d'autre qu'agréer ce sempiternel état de fait.

• C'est dans le cadre de ce système symbolique sociologiquement très prégnant que nous avons cru devoir placer la question de l'histoire des gauchers. Non seulement la physiologie de ces gens n'était pas conforme à la norme humaine — et l'on sait quelle hostilité peuvent susciter les différences physiques —, mais leur main gauche, cette « mauvaise main » à laquelle ils donnaient leur préférence, incarnait toutes les noirceurs de ce bas-monde. En tout état de cause, les gauchers étaient bien faits pour inspirer l'antipathie.

Tout indique pourtant que l'intolérance à leur égard ne s'est manifestée sous une forme coercitive que fort tard dans notre histoire. En effet, le Moyen Âge, pourtant peu enclin à la mansuétude envers les marginalités, a très certainement fait preuve ici d'un certain libéralisme. Certes, la gaucherie avait mauvaise réputation. Mais, étant donné qu'elle ne constituait pas une menace pour l'ordre établi, on ne pensait pas qu'elle dût être réprimée de quelque façon.

Cette nécessité ne s'est imposée qu'au début des Temps modernes après qu'il fut décrété que l'utilisation de la main droite était la seule forme convenable dans les démonstrations de civilité et dans la pratique de l'écriture. La gaucherie devenait dès lors une contravention à la règle commune, une insubordination caractérisée et un manque de savoir-vivre qu'on n'entendait plus tolérer. Ceux qui s'adonnaient à de tels agissements allaient désormais faire l'objet, s'il est permis de s'exprimer ainsi, de véritables *chasses aux sorcières*.

Il faut cependant avoir garde de forcer le trait. D'abord, la répression de la gaucherie, entreprise normative par excellence, paraît demeurer assez longtemps — au moins jusqu'au XVIIIe siècle — un phénomène élitaire, c'est-à-dire touchant avant tout les catégories sociales dominantes, lettrées, instruites des convenances et soucieuses du paraître. Le niveau de censure est ici directement proportionnel au niveau d'éducation ; le petit peuple, rural notamment, par le fait même d'avoir été tenu à l'écart des progrès de la civilisation, n'aura donc été que fort peu concerné par les oukases de la dextrocratie. Ensuite, le sort des gauchers contrariés n'est *évidemment pas* à mettre sur le même plan que celui des traditionnels bannis de l'humanité. Les persécutions qu'ils connurent — si tant est que ce terme de « persécutions » ne soit pas déjà trop fort — sont *évidemment* sans commune mesure avec celles qu'eurent à subir d'autres individus en raison de leur appartenance religieuse, ethnique, ou politique. Tout au plus les gauchers ressortissaient-ils à l'étrangeté, à la malséance, à la pathologie, à l'indiscipline et nous ne sachons pas, par exemple, qu'ils furent jamais inquiétés par l'Inquisition ou le nazisme. Néanmoins, il est frappant de constater comment ils ont pu catalyser les fantasmes obscurantistes, les sectarismes et les haines qu'on peut légitimement qualifier, au sens étymologique du terme, de *xénophobes* (le grec *xenon* signifiant « chose étrange »). La sentence implacable de Quevedo en 1608, qui nous a inspiré le sous-titre du présent ouvrage, en témoigne avec éloquence :

> « Les gauchers sont des gens qui ne peuvent rien faire de droit [...], des gens à l'envers dont on se demande s'il s'agit vraiment de gens [3]. »

Exception faite de quelques périodes de transition, l'intolérance envers les « gens à l'envers » va s'amplifiant au fil du temps, en intensité comme en étendue, à mesure qu'elle concerne des couches toujours plus larges de la population. En Europe, elle paraît culminer entre les années 1860 et la Première Guerre mondiale. À cette époque, on assiste à une radicalisation très nette des discours. Les gauchers sont plus ou moins perçus comme des sortes de sous-hommes et suscitent à cet égard la répugnance de la majorité droitière, infatuée de ses prérogatives. En ce domaine, force est de l'admettre, l'aveuglement a été bien partagé et les médecins n'ont guère plus brillé par leur bon sens que les moralistes :

> « Les races supérieures renferment très peu de gauchers. Au contraire, la gaucherie serait fréquente chez certaines races inférieures [4]. »
>
> « La théorie, que j'appelle *pathologique,* de la gaucherie montre mieux que toute autre les relations qui existent entre cette anomalie physique et les anomalies d'ordre moral, telles que la criminalité, la folie, l'épilepsie et l'idiotie, auxquelles elle est souvent associée [...]. Quand le peuple se méfie d'un gaucher et le traite d'homme sinistre, il ne fait qu'exagérer et généraliser un fait vrai au fond et que, seule, une longue observation pouvait faire connaître et confirmer [5]. »

• Fort heureusement, le tableau n'a pas toujours été aussi sombre. À y regarder de près, on se rend compte que le discours d'exclusion et de mépris n'était pas aussi universel et aussi permanent qu'on se plaît à le dire.

On aura pu voir ainsi que, pour peu qu'ils fussent capables d'exceller dans quelque domaine, les gauchers pouvaient aussi faire l'objet d'une certaine admiration, cela même aux heures les plus noires de leur histoire. Des dizaines de personnalités, certaines parmi les plus grands génies que la terre ait portés, ont entretenu l'idée que la gaucherie n'était aucunement incompatible avec le talent. Peut-être même lui était-elle proche parente. Les artistes gauchers, notamment, capables de faire naître la beauté sous cette main que les vieux adages associaient si volontiers à la laideur, ont beaucoup fait pour rehausser la réputation de leurs homologues. Mais sans doute sont-ce les *scævola,* les gauchers malgré eux, qui ont le plus servi la cause gauchère. En transférant toute l'adresse de leur « bonne main » perdue vers leur « mauvaise main », ils démontraient que celle-ci ne tenait son appellation péjorative que de préventions sans fondements.

Les gauchers illustres et les *scævola* auront-ils tempéré les jugements de la majorité droitière sur la minorité gauchère ? Auront-ils empêché que la détestation s'exerçât de façon trop brutale ? C'est très possible. Toujours est-il que, dans le concert des habituelles récriminations, certaines voix modérées se sont fait entendre. La seconde moitié du XVIIIe siècle et le premier tiers du XIXe, tout particulièrement, ont constitué une période propice à leur expression. Il s'est surtout agi, pour des esprits clairvoyants acquis à la philosophie des Lumières, de dénoncer l'absurdité de l'éducation droitière forcenée. En France, on se trouve alors en présence de deux écoles opposées : une école qu'on pourrait appeler *rousseauiste*, qui prône une collaboration harmonieuse entre les deux mains, et une école *lasallienne*, représentée par Jean-Baptiste de La Salle, qui refuse avec la plus grande énergie qu'on mette — si l'on ose dire — la main gauche sur un pied d'égalité avec la main droite. Ce débat d'idées, un des plus intéressants qu'il nous ait été donné d'observer, devait tourner à l'avantage des partisans de la dextrocratie. En 1810, on s'en souvient, Jacques-Barthélemy Salgues, qui avait détaillé les arguments respectifs des parties adverses, avait conclu son analyse par cette prévision pessimiste :

> « [...] je ne doute pas qu'il n'y ait encore longtemps des instituteurs, des abbés et des gouverneurs qui ne se fassent un devoir d'obliger leurs élèves à tenir la cuiller de la main droite[6]. »

Il faudra effectivement attendre la fin du XIXe siècle — à une époque où, paradoxalement, l'intolérance est à son comble — pour que le débat sur la légitimité de la droiterie à tous crins revienne à l'ordre du jour et que le triste sort des gauchers contrariés commence à éveiller les compassions. L'utopie ambidextre, cette mode étonnante qui se répandit en Europe et aux États-Unis à la charnière des deux siècles, n'est pas étrangère au phénomène, en cela qu'elle suscita une nouvelle prise de conscience des vertus méconnues de la « mauvaise main ». Les pays anglo-saxons, sans doute plus soucieux que ne le sont les pays latins des libertés individuelles[7], seront les premiers à abolir le diktat droitier. Le processus ne se déroulera évidemment pas sans heurts et sans retours de flamme ; néanmoins, dès les années 1930, la cause paraît être entendue.

En France, patrie des Droits de l'Homme, l'évolution des mentalités fut beaucoup plus laborieuse. La véritable émancipation des gauchers, amorcée dès après 14-18, en partie grâce à l'exemplarité des mutilés de guerre, était à peine achevée au début des années 1960. Nous avons eu loisir d'apprécier la formidable force d'inertie que pouvait alors encore exercer sur les esprits le sacro-saint dogme de la prééminence dextrale. On ne saurait bien sûr jeter la pierre à tous ceux qui se seront arc-boutés à la tradition pour justifier l'outrage social fait aux gauchers. Ils avaient d'excellentes raisons à cela. La Vénus de Milo n'était-elle pas réputée droitière ?

NOTES

1. É. Rollet, « L'homme droit et l'homme gauche », *Archives d'anthropologie criminelle, de criminologie et de psychologie normale et pathologique,* t. 17, 1902, pp. 177-183 (p. 178). L'auteur fait peut-être référence ici à une étude de C. Hasse, que nous n'avons malheureusement pas pu consulter (« Ueber gesichts-asymmetrien », *Archiv für anatomie und physiologie,* 1887).

2. Bernard de Clairvaux, *Sermo* 7 in *Psalmum « Qui habitat », op. cit.,* 15.

3. F. de Quevedo, *Sueño del infierno, op. cit.,* pp. 230-231.

4. G. Delaunay, « Sur la gaucherie », art. cité, p. 213.

5. O.-M. Lannelongue, « Gaucherie et droiterie », art. cité, pp. 508-509.

6. J.-B. Salgues, *Des erreurs et des préjugés, op. cit.,* p. 108.

7. Nous avouons ne rien savoir sur les pays nordiques, réputés permissifs en matière de mœurs.

ANNEXE

La liste ci-après recense, dans l'ordre alphabétique, les artistes occidentaux « non droitiers » nés avant 1900. On emploie ce terme de « non droitiers » parce que les cas observés s'avèrent fort disparates et rarement conformes à la définition habituelle du gaucher. Ils sont en outre assez souvent litigieux.

On a distingué sept catégories :

1. GAUCHERIE : aptitude congénitale, permanente et caractéristique de la personnalité de l'artiste.

2. GAUCHERIE CONTRARIÉE : l'artiste, gaucher de naissance, a été complètement « remis à droite » et n'exerce son art qu'en droitier.

3. AMBIDEXTRIE : latéralité gauchère s'accompagnant d'une aptitude plus ou moins caractérisée à utiliser sa main droite. *L'ambidextre est ici tenu pour un gaucher véritable.*

4. GAUCHERIE D'ADOPTION : consécutive à une hémiplégie droite permanente chez un individu droitier. Bien sûr, cette gaucherie est diversement significative selon l'âge auquel elle survient. On ne saurait, par exemple, comparer un André Bauchant, qui se met seulement à peindre de la main gauche à quatre-vingt-trois ans, à un Jean Carlu, qui perd son bras droit avant même que d'apprendre son métier.

5. GAUCHERIE TEMPORAIRE : résultant d'une obligation passagère pour un individu droitier de peindre avec sa main gauche.

6. GAUCHERIE OCCASIONNELLE : on entend par là quelque « lubie d'artiste » consistant, pour un droitier, à utiliser intentionnellement sa main gauche à des fins expérimentales.

7. TYPE INDÉTERMINÉ : tendance gauchère repérée, mais insuffisamment documentée pour entrer dans une des catégories précédentes. Son diagnostic est souvent très conjectural.

RÉPERTOIRE DES ARTISTES « NON DROITIERS » NÉS AVANT 1900

Vincent ADRIAENSSEN (1595-1675) : gaucher d'adoption avéré
Paolo ALBONI (1671-1734) : gaucher d'adoption probable
Hector ALLEMAND (1809-1886) : gaucher d'adoption avéré
Erhard ALTDORFER (1480-1538) : type indéterminé

Albert Anker (1831-1910) : gaucher d'adoption probable
Amico Aspertini (v. 1475-1552) : ambidextre probable
Balthasar (Hans Haug, dit) (1890-1965) : ambidextre avéré
Barthélemy Barbiers (1740-1808) : gaucher d'adoption probable
André Bauchant (1873-1958) : gaucher d'adoption avéré
Jérôme Bosch (v. 1450-1516) : type indéterminé
Johannes Boshamer (1800-1852) : type indéterminé
Jörg Breu (l'Ancien) (v. 1475-1537) : gaucher probable
Charles Burchfield (1893-1967) : gaucher avéré
George Bernard Butler (1838-1907) : gaucher d'adoption avéré
Luca Cambiaso (1527-1585) : ambidextre avéré
Bernardino Campi (1522-v. 1590) : type indéterminé
Georges Clairin (1843-1919) : gaucher avéré
George Clausen (1852-ap. 1912) : gaucher avéré
Charles Nicolas Cochin (1715-1790) : type indéterminé
Hawes Craven (1825-1910) : ambidextre probable
E.-A.-A. Dehodencq (1822-1882) : gaucher temporaire avéré
Auguste Delacroix (1809-1868) : gaucher d'adoption avéré
Paul Delaroche (1797-1856) : ambidextre avéré
Charles Édouard Delort (1841-1895) : gaucher d'adoption probable
William Derby (1786-1847) : gaucher d'adoption probable
Martin Disteli (1802-1844) : gaucher avéré
Marcel Duchamp (1887-1968) : gaucher occasionnel
Raoul Dufy (1877-1953) : ambidextre avéré
Pierre Dumont (1884-1936) : gaucher d'adoption probable
Albrecht Dürer (1471-1528) : ambidextre éventuel
August von der Embde (1780-1862) : type indéterminé
Maurits Cornelis Escher (1898-1972) : gaucher avéré
Jan Van Eyck (v. 1400-1441) : ambidextre probable
Carel Fabritius (1622-1654) : gaucher éventuel
Beni Ferencsy (1890-1967) : gaucher d'adoption probable
Frédéric Florian (1858-1926) : gaucher d'adoption probable
Francisco de Hollanda (v. 1519-1584) : type indéterminé
Johannes Pieter de Frey (1770-1834) : gaucher d'adoption avéré
Heinrich Füssli (1741-1825) : ambidextre avéré
Giampetrino (1493-1540) : type indéterminé
Giocondo da Verona (1434-1525) : type indéterminé
Jan van Goyen (1596-1666) : type indéterminé
Grandville (1803-1847) : ambidextre avéré
H. von Hefner-Alteneck (1811-1903) : gaucher d'adoption avéré
Robert Henri (1865-1929) : gaucher avéré
Auguste Herbin (1882-1960) : gaucher d'adoption probable

Hans HOLBEIN (1498-1543) : gaucher avéré
Jean JOUVENET (1644-1717) : gaucher d'adoption avéré
JUSTE DE GAND (1435-v. 1480) : type indéterminé
Wassily KANDINSKY (1866-1944) : gaucher occasionnel
Paul KLEE (1879-1940) : gaucher avéré
Edwin LANDSEER (1769-1852) : ambidextre probable
A.-M.-D. Dubois de LA PATELLIÈRE (1890-1932) : gaucher avéré
Michel LARIONOFF (1881-1964) : gaucher d'adoption avéré
Vincenz LECKERBETIEN († 1650) : gaucher avéré
LÉONARD DE VINCI (1452-1519) : gaucher avéré
Emil LUGO (1840-1902) : ambidextre avéré
George Benjamin LUKS (1867-1933) : gaucher avéré
John MARIN (1870-1953) : gaucher contrarié éventuel
Giuseppe MAZZOLA (1748-1838) : gaucher d'adoption avéré
A. F. E. MENZEL (1815-1905) : ambidextre avéré
MICHEL-ANGE (1475-1564) : gaucher contrarié possible
Nicolas MIGNARD (1606-1668) : gaucher avéré
Raffaello de MONTELUPO (v. 1505-1566) : gaucher avéré
Anton MOZART (1573-1625) : type indéterminé
C. R. W. NEVINSON (1889-1946) : gaucher d'adoption probable
Gilles-Marie OPPENORD (1672-1742) : type indéterminé
Dominique PAPETY (1815-1849) : ambidextre avéré
Richard PAYE (1750-1821) : gaucher d'adoption probable
Joseph PENNEL (1857-1926) : gaucher avéré
Henri REGNAULT (1843-1871) : gaucher avéré
Auguste RENOIR (1841-1919) : gaucher temporaire avéré
Jean RESTOUT (1692-1768) : ambidextre éventuel
Gerhard Wilhelm von REUTERN (1794-1865) : gaucher d'adoption avéré
Louis Édouard RIOULT (1790-1855) : gaucher d'adoption avéré
Georg Philipp RUGENDAS (1666-1742) : gaucher temporaire avéré
Johann Christian RUHL (1764-1842) : type indéterminé
Marten RYCKAERT (1587-1631) : gaucher d'adoption éventuel
Jacques SABLET le Jeune (1749-1803) : gaucher d'adoption avéré
Herman SAFTLEVEN (1609-1685) : type indéterminé
Esteban SANCHO (1720-1784) : gaucher d'adoption avéré
Hans SCHÄUFFELEIN (v. 1515-1582) : gaucher probable
Erhard SCHÖN (1491-1542) : type indéterminé
Johann Heinrich SCHÖNFELD (1609-1682) : gaucher d'adoption avéré
SEBASTIANO DEL PIOMBO (v. 1485-1547) : gaucher contrarié probable
Michel SERRE (1658-1733) : ambidextre éventuel
Giovanni A. M. dal SOLE (1606-1684) : gaucher d'adoption probable
Virgil SOLIS (1514-1562) : type indéterminé

Louis SOUTTER (1871-1942) : ambidextre avéré
Jan SWART von Groningen (1500-v. 1560) : ambidextre éventuel
William TELBIN (1815-1873) : ambidextre probable
TINTORETTO (Robusti Domenico, dit) (1560-1635) : gaucher d'adoption probable
Antonio TRIVA (1626-1699) : gaucher probable
Daniel VIERGE (1851-1904) : gaucher d'adoption avéré
Peter VISCHER le Jeune I (1487-1528) : type indéterminé
Marten de VOS (1532-1603) : type indéterminé
Charles WALCH (1896-1948) : gaucher d'adoption avéré
Louis WAIN (1860-1939) : ambidextre avéré
Konrad WITZ (v. 1400-1445) : gaucher probable

BIBLIOGRAPHIE

Nous avons distingué ici les sources (par ordre chronologique) des études modernes (par ordre alphabétique des noms d'auteur).

I. SOURCES (PAR ORDRE CHRONOLOGIQUE)

Avant l'an mil

Origène, *Peri Archon,* ca 220, éd. H. Crouzel & M. Simonetti, *Traité des principes,* « Sources chrét. » 268, Paris, Cerf, 1980.

Saint Jérôme, *Œuvres complètes,* éd. J. Bareille, Paris, L. Vivés, 1878-1885, 18 vol.

Jean Cassien, *Collationes,* éd. E. Pichery, *Conférences,* « Sources chrét. » 42, Paris, Cerf, 1955.

Saint Augustin, *Œuvres complètes,* éd. H. Barreau, Paris 1871-1873, 10 t.

Saint Isidore de Séville, *Libri etymologiarum,* éd. J.-P. Migne, *Patrol. lat.* 82, Paris, 1850.

XIe siècle

[Turold], *La Chanson de Roland,* ca 1080, éd. I. Short, Paris, Poche, 1990.

XIIe siècle

Saint Bernard de Clairvaux, *Sermo 7 in Psalmum « Qui habitat »,* éd. F. Leclercq & B. Rochais, *Sancti Bernardi Opera,* Rome, 1966, vol. IV.

Sainte Hildegarde de Bingen, *Liber de operatione Dei,* 1163-1170, éd. B. Gorceix, *Le Livre des œuvres divines,* Paris, Albin Michel, 1989.

Innocent III, *De sacro altaris mysterio libri sex,* ca 1190, éd. A. Couren, *Du sacré mystère de l'autel,* Paris, 1875.

XIIIe siècle

Chanson de Guillaume, ca 1200, Londres, British Museum, ms. Add 3866, éd. D. McMillan, 2 t., Paris, 1949-1950.

Barthélemy l'Anglais, *Liber de propriatibus rerum,* ca 1240, éd. *Le Propriétaire des choses,* Lyon, M. Hus, 1485 ; éd. *Le Propriétaire des choses tres utile et prouffitable aux corps humains…,* Paris, J. Petit & M. Le Noir, 1510.

Guillaume Durand, *Rationale divinorum officiorum,* 1284, éd. Ch. Barthélemy, *Le Rational des divins offices,* Paris, 1854, 5 t.

XIVe siècle

Gilles li Muisis, *Œuvres,* éd. K. de Lettenhove, t. I, Louvain, 1882.

XVe siècle

Thüring de Ringoltingen, *Mélusine,* 1456, éd. Cl. Lecouteux, Paris, Honoré Champion, 1999.

Les Évangiles des quenouilles, ca 1470, éd. P. Janet, Paris, 1855.

1501-1520

Livre du gouvernement des princes, ca 1510-1520, Paris, Bibliothèque de l'Arsenal, ms. 5062.

1521-1540

Didier Érasme, *De civilitate morum puerilium,* 1530, éd. A. Bonneau, *La Civilité puérile,* Paris, Liseux, 1877.

Roger de Collerye, *Rondeaux,* éd. Ch. d'Héricault, Paris, 1855.

Giovan Battista Palatino, *Libro nuovo d'imparare a scrivere*, Rome, 1540.

1541-1560

Pedro Mexià, *Silva de varia leccion,* Séville, 1543, éd. Cl. Bruget, *Les Diverses leçons de Pierre Messie gentil homme de Seville, contenans la lecture de variables histoires, & autres choses memorables,* Paris, Lougis, 1552.

Giorgo Vasari, *Le Vite de più eccelenti architettori, pittori e scultori,* Florence, 1550, éd. A. Chastel, *Les Vies des meilleurs peintres, sculpteurs et architectes,* Paris, Berger-Levrault, 2e éd., 12 vol., 1989.

Problèmes d'Aristote et aures filozofes et medecins selon la composition du corps humain…, Lyon, Jean de Tournes, 1554.

1561-1580

Claude Hours de Calviac, *La Civile honesteté pour les enfant [sic]. Avec la maniere d'aprendre à bien lire, prononcer et escrire : qu'avons mise au commencement,* Paris, R. Breton, 1560.

Raffaello de Montelupo, *Vita di Raffaello di Bartolomeo Sinibaldi da Montelupo,* texte autographe (Magliabechiana, cl. XVII, n°25), ca 1560, éd. G. Gaye in *Carteggio inedito d'artisti dei secoli XIV, XV, XVI,* Florence, G. Molini, 1855, t. III, pp. 581-594.

1581-1600

Estienne Pasquier, *La Main ou œuvres poétiques faits sur la main,* Paris, 1584.

Giovanni Battista Armenini, *De'veri precetti della pittura,* 1587, éd. M. Gorreri, Turin, G. Einaudi, 1988.

1601-1620

Carel van Mander, *Het Schilder-boeck,* Haarlem, 1604, éd. R. Genaille, *Le Livre de peinture,* Paris, Hermann, 1965.

Melchior de Santa Cruz, *Floresta española de apotehgmas [sic] o sentencias fabia y graciosamente dichas, de algunos Españoles,* Bruxelles, 1605.

Jean de La Taille, *Œuvres poétiques,* éd. R. de Maulde, Paris, L. Willem, 1878-1879.

Francisco de Quevedo, *Sueño del infierno,* 1608, éd. J. O. Grosby, in *Sueños y discursos,* Madrid, 1993.

1621-1640

Gonzalo Correas, *Vocabulario de refranes y frases proverbiales,* 1627, éd. L. Combet, Univ. de Bordeaux, CNRS, 1967.

Antoine Oudin, *Curiositez françoises,* Paris, A. de Sommaville, 1640, Genève, Slatkine *reprints,* 1971.

1641-1660

Thomas Browne, *Pseudodoxia epidemica : or, enquiries into very many received tenents, and commonly presumed truths,* Londres, E. Dod, 1646 (livre 4, ch. v, « On the right and left hand », pp. 186-193).

Vincent Voiture, *Stances escrites de la main gauche,* éd. H. Lafay, *Poésies,* Paris, M. Didier, 1971.

1661-1680

André Félibien, *Entretiens sur les vies et sur les ouvrages des plus excellens peintres anciens et modernes,* 1685-1688, 2e éd., Paris, P. Mariette, 1696-1706.

Antoine de Courtin, *Nouveau traité de la civilité qui se pratique en France parmi les honnestes gens,* 3e éd., Paris, H. Josset, 1673.

1681-1700

Nicolas Catherinot, *La Main de Scevola,* s.l., [8 juillet 1682].

Johann Rudolf Camerer, dit Camerarius, *Sylloges memorabilium medicinæ et mirabilium naturæ arcanorum centuriæ XX,* Tubingen, 1683.

Pierre Lepetit, trad., *Sermons de saint Augustin sur les pseaumes, traduits en françois,* Paris, 7 t., 1683.

Jean de Coligny, *Mémoires du comte de Coligny-Saligny,* éd. M. Monmerqué, Paris, Société de l'Histoire de France [31], 1844.

1701-1720

Jean-Baptiste de La Salle, *Les Règles de la bienséance et de la civilité chrétienne,* Troyes, Reims, 1703, *reprint* in *Cahiers lasalliens,* 19, s.d.

1721-1740

[M. Dubois de Saint-Gelais ?], « Mémoire pour servir l'histoire de la peinture. Vie de feu M. Jouvenet », *Mercure galant,* juillet 1730, pp. 1484-1494.

Thomas Browne, *Essais sur les erreurs populaires, ou examen de plusieurs opinions reçues comme vrayes, qui sont fausses ou douteuses,* trad. J.-B. Souchay, 2 t., Paris, Witte & Didot, 1733 (trad. de l'éd. de 1646).

1741-1760

Antoine-Joseph Dézallier d'Argenville, *Abrégé de la vie des plus fameux peintres,* Paris, 1745-1752, éd. de Bure, Paris, 1762.

Denis Diderot & Jean Le Rond D'Alembert, dir., *Encyclopédie ou dictionnaire raisonné des sciences, des arts et des métiers,* 35 vol., 1751-1772.

1761-1780

[Charles-Antoine-Joseph Leclerc de Montlinot], *L'Esprit de La Mothe Le Vayer,* s.l., 1763 ; chap. « Des gauchers », pp. 354-355.

Melchior de Grimm, *Correspondance littéraire, philosophique et critique, adressée à un souverain d'Allemagne, depuis 1770 jusqu'en 1782,* Paris, F. Buisson, 1812.

Pierre-Jean Mariette, *Abecedario et autres notes inédites sur les arts et les artistes,* éd. Ph. de Chennevières & A. de Montaiglon, Paris, J.-B. Dumoulin, 6 vol., 1851-1860.

Denis-Pierre-Jean Papillon de La Ferté, *Extrait des différens ouvrages publiés sur la vie des peintres,* Paris, Ruault, 1776.

Meinard Simon Du Pui, *Dissertatio medica de homine dextro et sinistro,* Leyde, 1780, éd. in J. C. T. Schlegel, *Thesaurus pathologico-therapeuticus…,* vol. I-1, Leipzig, 1789, pp. 6-180.

1781-1800

Antoine Duchesne, *Sur les élèves ambidextres, et sur la nécessité d'en former dans les arts de l'écriture et du dessin, et dans les différents métiers mécaniques par un amateur*, s.l., 1786.

Benjamin Franklin, *A petition of the left hand,* 1787, éd franç. : *Pétition de la main gauche à ceux qui sont chargés d'élever les enfants,* in *Mémoires complets, œuvres morales et littéraires,* Valenciennes, Anzin, 1842, p. 131.

M. Courmette, « Observations sur la division du corps de l'homme en deux grandes parties latérales », *Journal de médecine, de chirurgie, pharmacie &c.,* t. LXXXV, oct. 1790, pp. 32-52 & nov. 1790, pp. 224-239.

Marie-François-Xavier Bichat, *Recherches physiologiques sur la vie et la mort,* 1800, éd. C. Legallois, Paris, A. Delahays, 1855.

1801-1820

Dieudonné Thiébault, *Souvenirs de vingt ans de séjour à Berlin,* 1804 ; éd. M. Barrière, Paris, Didot, 1860, t. 2, pp. 104-105.

Jacques-Barthélemy Salgues, *Des erreurs et des préjugés répandus dans la société,* Paris, F. Buisson, 1810-1811, 2 t., (t. 1, chap. « Main droite et main gauche. La main droite est-elle préférable à la main gauche ? », pp. 100-108).

1821-1840

Joseph-Achille Comte, « Recherches anatomico-physiologiques relatives à la prédominance du bras droit sur le bras gauche » (mémoire lu à l'Académie des sciences le 25 fév. 1828), *Journal de physiologie expérimentale et pathologique,* t. 8, 1828, pp. 41-80.

L.-F. Pillon, *L'Art d'écrire de la main gauche, enseigné (en quelques leçons) à toutes les personnes qui écrivent selon l'usage, comme ressource en cas de perte ou d'infirmité du bras droit ou de la main droite...,* Paris, Roret, 1839.

1841-1860

Victor Broussonet, « Études médicales sur le dualisme humain », *Journal de la Société de médecine-pratique de Montpellier,* vol. 9, juillet 1844, pp. 161-174.

Jean-Jacques Cazenave, *De quelques infirmités de la main droite qui s'opposent à ce que les malades puissent écrire et du moyen de remédier à ces infirmités,* mémoire présenté à l'Académie royale des sciences de l'Institut dans sa séance du 7 juillet 1845, Paris, Bordeaux, 1846.

Cour d'assises du Gard. Les Crimes de Gaspard le Gaucher, Rambervillers, impr. Mejeat, [1850] [BNF 8 FM 1476].

M. Hugo, *Mémoire présenté [...] pour un procédé à l'aide duquel on peut apprendre à écrire seul de la main droite ou de la main gauche indifféremment,* Paris, Moquet, [1851].

Charles Blanc, *Grandville,* Paris, G. Havard, 1855.

Edouard Charton, « Grandville », *Le Magasin pittoresque,* 23, 1855, p. 356.

Dr Devouges & Dr Millard, « Prédominance de développement du côté droit sur le côté gauche », *Bulletin de la Société anatomique de Paris,* vol. 31, 1856, pp. 510-518.

1861-1880

Louis Perroud, « Observation d'une inégalité des deux moitiés du corps », *Mémoires et comptes rendus de la Société des sciences médicales de Lyon,* vol. 1, 1861-1862, pp. 332-334.

M. Burlet, « Observations sur une inégalité congénitale des deux moitiés du corps. Hypertrophie considérable de tout le côté droit », *Mémoires et comptes rendus des sciences médicales de Lyon,* vol. 1, 1861-1862, pp. 225-230.

A. Buchanan, « Theory of the right hand. Reply to Dr. Struthers », *Edinburgh medical journal,* vol. 9, 1863-1864, pp. 184-188.

Léopold-Louis-Xavier-Edouard Ollier, « De l'inégalité congénitale des deux moitiés latérales du corps chez l'homme », *Journal de la physiologie de l'homme et des animaux,* vol. 6, 1863, pp. 106-116

Charles Blanc, *Histoire des peintres de toutes les écoles. École française,* t. I, Paris, 1865.

R. A. Lithgow, « Left-handedness » (lettre du 17 oct. 1870), *Lancet,* 2, 1870, p. 660.

S. P., « Left-handedness », *Nature,* 9 juin 1870, pp. 101-102.

Thomas Carlyle, *Journal,* éd. J. A. Froude, *Carlyle. A history of his life in London. 1834-1881,* vol. II, Londres, Longmans, Green, 1884.

William Ogle, « On dextral pre-eminence », communication faite à la *Royal medical and chirurgical Society* le mardi 27 juin 1871 ; compte rendu dans *Lancet,* 8 juillet 1871, p. 49.

Henri Baillière, *Henri Regnault 1843-1871,* Paris, Didier, 1872.

Henri Cazalis, *Henri Regnault, sa vie et son œuvre,* Paris, A. Lemerre, 1872.

Cesare Lombroso, *L'Uomo delinquente,* 1876, éd. franç. *L'Homme criminel Criminel-né - Fou moral - Épileptique. Étude anthropologique et médico-légale,* trad. MM. Regnier & Bournet, préf. de Ch. Létourneau, Paris, F. Alcan, 1887.

Charles Darwin, « A biological sketch of an infant », *Mind,* vol. II, n° 7, juillet 1877, pp. 285-294.

Gaëtan Delaunay, *Études de biologie comparée, basées sur l'évolution organique,* 2 t. en 1 vol., Paris, Delahaye & Cie, 1878.

Charles Reade, « The coming man », *Harper's weekly,* 1878 (19 janv., pp. 50-51 ; 26 janv., p. 74 ; 2 fév., pp. 94-95 ; 2 mars, pp. 174-175 ; 23 mars, pp. 234-235 ; 18 mai, p. 394).

Charles-Albert d'Arnoux, dit Bertall, *La Comédie de notre temps,* Paris, Plon, 1880 (chap. « La main droite et la main gauche », pp. 9-12).

Gustave Flaubert, *Dictionnaire des idées reçues,* Paris, Librio, 1997 (art. « Gauchers »).

William W. Ireland, « Notes on left-handedness », *Brain,* vol. 3, 1880, pp. 207-214.

1881-1900

William W. Ireland, « On mirror-writing and its relation to left-handedness and cerebral disease », *Brain,* vol. 4, 1881, pp. 361-367.

Gaëtan Delaunay, « Sur la gaucherie », communication faite en 1882 à l'Association française pour l'avancement des sciences, section anthropologie ; résumé in *Revue scientifique de la France et de l'étranger. Revue des cours scientifiques,* 3e série, t. V, janv.-juillet 1883, p. 213.

Clémence Royer, « Comment l'homme est-il devenu droitier ? », *Bulletins de la Société d'anthropologie de Paris,* t. VI, 1883, pp. 657-664.

Cesare Lombroso, « Sul mancinismo motorio e sensorio nel sano, nel pazzo, sordomuto, cieco nato e nel criminale », *Giornale della Reale Accademia di medicina di Torino,* vol. 32, 1884, pp. 433-461.

Augustine Chudleigh, « Right and left-handedness », *British medical journal,* 12 déc. 1885, p. 1141.

Camille Dareste, « Hypothèse sur l'origine des droitiers et des gauchers », *Bulletin de la Société d'anthropologie de Paris,* 21 mai 1885, pp. 415-418.

F.R.C.S., « On left-handedness », *British medical record,* 17 octobre 1885, p. 774.

Louis Jobert, *Les Gauchers comparés aux droitiers aux points de vue anthropologique et médico-légal,* thèse de médecine, Lyon, nov. 1885.

Anonyme, « Left-handedness », *Medical record,* New York, vol. 30, n° 21, 20 nov. 1886, p. 579.

Daniel Wilson, « The right hand and the left-handedness », *Royal Society of Canada. Transactions,* section II, 1886, pp. 1-41.

Charles Debierre, « Le développement des membres du côté droit l'emporte-t-il originairement sur celui des membres du côté gauche ? », *Comptes rendus hebdomadaires des séances et mémoires de la Société de biologie,* vol. 39-1, 1887, pp. 28-31.

Dr Feltz, « Une des causes de la gaucherie », *La France médicale,* 1er sept. 1887, n° 102, p. 1224.

Victor Galippe, « La droiterie et la gaucherie sont-elles fonction de l'éducation ou de l'hérédité ? », *Gazette des hôpitaux civils et militaires,* n° 115, 24 sept. 1887, pp. 953-954 ; n° 127, 22 oct. 1887, pp. 1062-1065.

Léon Maillot, *Je sais m'servir de ma main gauche,* monologue, Paris, R. Viel, [1887].

Cesare Lombroso, *L'Uomo di genio,* 1888, éd. fr. *L'Homme de génie,* préf. de Ch. Richet, Paris, G. Carré, 1896.

Henry Duchenne, « Infériorité pathologique et physiologique de la moitié gauche du corps humain », *Gazette des hôpitaux civils et militaires,* vol. 62, 1889, p. 145.

F. Nivelet, *Étude sur le dédoublement de la motricité volontaire en corrélation avec le dédoublement des hémisphères cérébraux : droiterie - gauchisme - ambidextrie,* Commercy, Cabasse, 1889.

F. A. Seely, « Was prehistoric man left-handed ? », *The American anthropologist,* vol. IV, avril 1891, pp. 199-200.

V., « Droiterie et gaucherie d'après sir Daniel Wilson », *Revue scientifique,* 17 oct. 1891, pp. 492-495.

Daniel Wilson, *The Right hand : left-handedness,* Londres, New York, MacMillan & Co, 1891.

Fortuné Mazel, « Pourquoi l'on est droitier ? », *Revue scientifique,* vol. 49, n° 4, 1892, pp. 112-114.

F. Rozier, « Gaucherie héréditaire », *Revue scientifique de la France et de l'étranger,* t. 52, 16 sept. 1893, pp. 380-381.

Sigmund Freud, « Lettre à Fliess, Vienne, 4 janv. 1898 » ; in M. Bonaparte, A. Freud & E. Kris, éd., *La Naissance de la psychanalyse,* Paris, PUF, 1979, pp. 215-216.

Eugène Müntz, *Léonard de Vinci. L'artiste, le penseur, le savant,* Paris, Hachette, 1899.

E. Noble Smith & F.R.C.S., « Ambidexterity : a plea for its general adoption », *British medical journal,* 1er sept. 1900, pp. 579-580.

1901-1920

J. J. van Biervliet, « L'homme droit et l'homme gauche. Les ambidextres », *Revue philosophique de la France et de l'étranger,* LII, juillet-déc. 1901, pp. 429-437.

Léon Faure, *Essai d'étude comparative de l'homme droit et de l'homme gauche,* Lyon, A. Storck, 1902.

Lucien Mayet, *Études sur les dégénérés. Les stigmates anatomiques et physiologiques de la dégénérescence et les pseudo-stigmates anatomiques et physiologiques de la criminalité,* thèse présentée à la Faculté de médecine et de pharmacie de Lyon, 10 nov. 1902 (chap. « Gaucherie ou mancinisme, ambidextrie », pp. 97-98).

Étienne Rollet, « L'homme droit et l'homme gauche », communication faite à la Société d'anthropologie de Lyon, publiée dans *Archives d'anthropologie criminelle, de criminologie et de psychologie normale et pathologique,* t. 17, 1902, pp. 177-183.

Cesare Lombroso, « Left-handedness and left-sidedness », *North american review,* vol. 77, n° 3, sept. 1903, pp. 440-444.

H. D. Astley, « On ambidexterity and primitive man », *Lancet,* vol. 1, 1904, p. 1246.

John Jackson, *Ambidexterity or two-handedness and two-brainedness. An argument for natural development and rational education,* préf. de R. S. S. Baden-Powell, Londres, 1905.

Georges-Louis-Marie-Félicien Jousset de Bellesme, « Contribution à la physiologie préhistorique : de l'usage de la main droite dans les temps préhistoriques et de son influence sur le développement du cerveau », extrait du *Premier congrès préhistorique de France,* session de Périgueux, 1905.

Odilon-Marc Lannelongue, « Gaucherie et droiterie », in *Leçons de clinique chirurgicale,* Paris, Masson & Cie, 1905, pp. 497-510.

Jules Molle, *L'Homme droit et l'homme gauche au point de vue pathologique*, Paris, A. Maloine, 1905.

E. Audedino, « L'homme droit, l'homme gauche et l'homme ambidextre », *Comptes rendus du VIe congrès international d'anthropologie criminelle (Turin, 28 avril-3 mai 1906)*, Turin, Bocca, 1906, pp. 211-219.

André Beaunier, *Souvenirs d'un peintre* [Georges Clairin], Paris, E. Fasquelle, 1906.

Albert Dubus, « Contribution à l'étude de l'ambidextrie aux temps préhistoriques », extrait du *Bulletin de la Société préhistorique de France*, séance du 25 octobre 1906, pp. 1-3.

Jules de Marthold, *Daniel Vierge, sa vie, son œuvre*, Paris, Floury, 1906.

James Crichton-Browne, « Dexterity and the bent sinister », *Notices of the proceedings meetings of the members of the Royal Institution of Great Britain*, vol. 18, 1907, pp. 623-652.

George M. Gould, « The origin of right-handedness », *The Boston medical and surgical journal*, vol. CLVII, n° 18, 1907, pp. 597-601.

— « Why is a particular child right-handed or left-handed ? », *Long Island medical journal*, nov. 1907, pp. 454-458.

– *Righthandedness and lefthandedness*, Philadelphie, Londres, Lippincott, 1908.

Alphonse Bertillon, « Main gauche et main droite », *Archives d'anthropologie criminelle, de médecine légale et de physiologie normale et pathologique*, XXV, 1910, pp. 88-90.

Félix Regnault, « L'origine des gauchers », *Bulletins et mémoires de la Société d'Anthropologie de Paris*, 18 mai 1911, t. 2, pp. 180-181.

J. Deniker, [compte rendu de Karl v. Bardeleben, « Ueber rechts- und linkshandigkeit beim menschen », *Anatomischer anzeiger*, XXVII, 29 déc. 1910], *L'Anthropologie*, XXII, 1911, pp. 204-205.

Paul Godin, « L'ambidextérité » , in *Ier congrès international de pédologie tenu à Bruxelles du 12 au 18 août 1911*, Bruxelles, Librairie Misc & Thron, vol. I, 1912, pp. 96-99, 324-325.

J. Herber, « Essai d'une théorie clinique de la droiterie » (mémoire présenté à l'Académie de médecine le 12 nov. 1912), *Biologica*, 32, 15 août 1913, pp. 234-240.

H. Weisgerber, « Les gauchers dans l'armée allemande », *Bulletins et mémoires de la Société d'Anthropologie de Paris*, t. 4, 1913, p. 673.

Varia Kipiani, « Ambidextrie (étude expérimentale et critique) », *Archives internationales de neurologie*, vol. 1, 1913, pp. 158-165.

Dr Herber, « Henri Regnault était-il gaucher ? », *La Chronique médicale*, 15 avril 1913, pp. 219-223 et 1er février 1914, p. 91.

J. Herber, « La droiterie et la gaucherie trophiques », *Gazette des hôpitaux civils et militaires*, n° 32, 17 mars 1914, pp. 517-518.

Félix Regnault, « Pourquoi est-on droitier ? », *Revue scientifique,* 13 juin 1914, pp. 750-753.

Joséfa Ioteyko, « Théorie psycho-physiologique de la droiterie », *Revue philosophique de la France et de l'étranger,* LXXXI, 1916, pp. 515-543.

— « L'usage de la main gauche chez les mutilés », *Revue scientifique,* 1916, n°16, pp. 494-499.

Jules Amar, « Le prix du mouvement chez les invalides et les nouveaux gauchers », *Comptes rendus des séances de l'Académie des sciences,* t. 164, janvier-juin 1917, pp. 646-648.

Émile Galtier-Boissière, « Amputés et mutilés (rééducation des) », « Écriture de la main gauche », « Mains de travail », in *Larousse médical illustré de guerre,* Paris, Larousse, 1917.

Maurice Bourrillon, « Les méthodes de rééducation professionnelle des amputés », in Jean Camus & al., *Rééducation fonctionnelle et rééducation professionnelle des blessés,* Paris, Baillière & Fils, 1917, pp. 38-47.

Albert Charleux, *Pour écrire de la main gauche, conseils pratiques,* préf. de P.-H. Gay, Paris, A. Colin, [1918-1919].

F. Garcin, *Comment écrire des deux mains. Méthode pratique,* Paris, Nathan [1918].

Anonyme, « The problem of left-handedness », *Scientific american,* 26 janv. 1918, p. 82.

Arthur Armaingaud, « De l'opportunité actuelle d'un appel de l'Académie de médecine à la population et au Gouvernement en faveur de l'éducation et de l'utilisation égales des deux mains », *Bulletin de l'Académie de médecine,* t. LXXXI, 4 fév. 1919, pp. 151-156.

P. Le Damany, « Droitiers et gauchers », *Bulletins et mémoires de la Société d'anthropologie de Paris,* vol. 9, 1919, pp. 57-80.

1921-1940

Anonyme, « Is lefthandedness a sign of inferiority ? », *Journal of the American Medical Association,* vol. 76, n° 15, 1921, p. 1010.

Granville Stanley Hall, *Life and confessions of a psychologist,* Appelton, New York, Londres, 1923.

H. Drinkwater, « The left-handed child », *British medical journal,* juin 1924, p. 1113.

W. S. Innam, « An inquiry into the origin of squint, left-handedness and stammer », *Lancet,* 2 août 1924, pp. 211-215.

Anonyme, « Squint, left-handedness and stammer », *Lancet,* 2 août 1924, pp. 225-226, 249.

Elisabeth Robins Pennel, *The Life and letters of Joseph Pennel,* Boston, 1929.

Félix Regnault, « Les causes de la droiterie de l'homme », *La Presse médicale,* n° 42, 27 mai 1931, pp. 787-789.

— « De la droiterie considérée au point de vue sociologique », *La Presse médicale,* n° 54, 8 juillet 1931, pp. 1035-1036.

— « Les explications biologiques de la droiterie. Faut-il enseigner l'ambidextrie aux enfants ? », *La Presse médicale,* n° 74, 16 sept. 1931, pp. 1365-1368.

Grégorio Marañon, « L'inter-sexualité unilatérale gauche dans l'espèce humaine », *Revue française d'endocrinologie,* t. X, n°1, fév. 1932, pp. 1-35.

Jean-Henry Boscq, *Les Causes de la droiterie et de la gaucherie. Le mancinisme dans l'épilepsie,* thèse pour le doctorat en médecine, Univ. de Bordeaux, 1933.

F.R.S., Lettre « to the editor of the *Times* », *Times,* 7 mars 1933, p. 10.

E. Rey, « Le dépistage des faux gauchers », *Bulletin chirurgical des accidents du travail,* n° 56, juin 1933, pp. 10-12.

Charles Brisard, « Comment reconnaître et indemniser un gaucher », *Annales de médecine légale, de criminologie et de police scientifique,* t. 14, 1934, pp. 621-627.

Henri Dufour, « Trois épreuves de contrôle pour dépister a) les anesthésies simulées b) les faux gauchers c) les raideurs exagérées de l'articulation tibio-tarsienne », *Annales de médecine légale, de criminologie et de police scientifique,* t. 14, 1934, pp. 508-512.

René Piédelièvre, M. Dérobert & M. Fourault, « Gauchers et droitiers », *Annales de médecine légale, de criminologie et de police scientifique,* t. 14, 1934, pp. 915-922.

Jean Adam, *Les Gauchers en médecine légale. Étude médico-légale,* thèse de médecine, Faculté de Paris, 1935.

Anonyme, « Discussion des communications sur les gauchers », *Annales de médecine légale, de criminologie et de police scientifique,* t. 15, n° 1, 1935, pp. 142-145.

Frederick Tilney, Témoignage sans titre, publié dans *Archives of neurology and psychiatry,* vol. 36, 1936, pp. 896-902.

Véra Kovarsky, « Quelques troubles de l'intelligence et du caractère chez les gauchers », *1er congrès international de psychiatrie infantile,* Paris, 24 juillet-1er août 1937 (comptes rendus par M. Leconte), Lille, 1937, pp. 107-109.

Cyril Lodowic Burt, *The Backward child,* Londres, Univ. of London Press, 1938 (chap X : « Left-handedness », pp. 270-359).

Véra Kovarsky, « Les troubles psychomoteurs chez les gauchers », *XIe congrès international de psychologie,* Paris, 25-31 juillet 1937, Paris, Alcan, 1938, pp. 391-392.

— « Faut-il rééduquer les gauchers ? » (communication de l'auteur présentée par A. Gosset à l'Académie des sciences le 10 oct. 1938), *Comptes rendus de l'Académie des sciences,* séance du 24 oct. 1938, pp. 743-744.

— « La Gaucherie. Les troubles fonctionnels d'origine psychogénique chez les gauchers contrariés », *Annales médico-psychologiques,* t. 2, nov. 1938, pp. 545-562.

— « Faut-il rééduquer les gauchers ? », *Les Échos de la médecine,* vol. XV, n° 22, 15 nov. 1938.

L. Dubar, « Qu'est-ce qu'un gaucher ? », *Revue de pathologie comparée et d'hygiène générale,* n° 39, 1939, pp. 318-322.

Dr Lévy-Bruhl, « Quelques données sur le problème des gauchers », *Le Concours médical,* 9 juillet 1939, n° 28, pp. 1867-1868.

1941-1963

Renée Allendy, *L'Enfance méconnue, solutions pédagogiques,* Paris, 1946 (ch. XX, « L'enfant gaucher »).

Gédéon Blœdé, *Les Gauchers. Étude du comportement, de la pathologie et de la conduite à tenir,* thèse de médecine, Faculté de médecine et de pharmacie de Lyon, n° 98, 15 février 1946.

P.-F. Girard, A. Garde & P. Carrier, « Étude physiologique et pathologique de la gaucherie », *Journal de médecine de Lyon,* 1946, pp. 759-768.

Jean Thyss, *Étude bibliographique et critique du problème des gauchers,* thèse de médecine, Faculté de Paris, 1946.

Robert Georges Miault, *Les Faux gauchers par hémiparésie droite,* thèse pour le doctorat en médecine, Paris, 1947.

René Zazzo, « Plaidoyer pour les gauchers », *Vers l'éducation nouvelle,* n°2, 1948 ; rééd. in *Conduites et conscience,* I, Paris, Neuchâtel, Delachaux & Niestlé, 1962, pp. 144-149.

Véra Kovarsky, « Gauchers contrariés et phonopathies », *L'Oto-rhino-laryngologie internationale,* t. XXXII, décembre 1948.

— « Mue faussée, bégaiement et gaucherie contrariée », *Bulletin de l'Académie nationale de médecine,* séance du 22 nov. 1949, t. 133, pp. 675-676.

— « Dépistage des gauchers contrariés », *Annales d'oto-laryngologie,* t. 67, n° 2-3, fév.-mars 1950, pp. 179-182.

J. Bougnol, « Les enfants gauchers », *Cahiers de l'enfance inadaptée,* n° 15, oct.-nov. 1952, pp. 27-32.

Véra Kovarsky, « Quelques signes morpho-psycho-physiologiques de la vraie gaucherie et de la gaucherie contrariée », *Morphopsychologie humaine,* fasc. 5, n° 4, 1952, pp. 3-6.

Henri Vincenot, « La gauche vaut la droite », *La Vie du rail,* 7 janv. 1952, pp. 13-14.

Éliane Cohen, « Laissez donc faire les gauchers ! », *Constellation,* n° 57, janv. 1953, pp. 88-92.

Véra Kovarsky, « Surdité verbale et gaucherie contrariée », communication présentée à la Société française de phoniatrie, le 15 oct. 1952, extrait du *Journal français d'oto-rhino-laryngologie,* n° 3, février 1953.

— « Plaidoyer en faveur des gauchers », *Toulouse médicale,* n° 5, juin 1953, pp. 371-384.

— « Comment faciliter chez un gaucher contrarié le passage de la dextrokinésie (acquise) à la lévokinésie (innée, mais inexercée ou réprimée, donc inhabituelle), *Toulouse médicale*, déc. 1953.

Hélène Bergues, « La droiterie-gaucherie et les troubles de la parole », in *Le Niveau intellectuel des enfants d'âge scolaire*, INED, Travaux & documents, cahier n° 23, Paris, PUF, 1954, pp. 187-222.

Éric Hodgins, « Plaidoyer pour les gauchers » (condensé d'une causerie radiophonique), *Sélection du Reader's digest*, juillet 1954, pp. 23-25.

Véra Kovarsky, « La gaucherie contrariée », *Les Amis de Sèvres*, n° 24, 2e trim. 1955, pp. 64-67.

— « Cancer des cordes vocales et gaucherie contrariée », *Languedoc médical*, n° 5, sept.-oct. 1955, pp. 5-7.

Georges Menut, « L'enfant gaucher », *Revue naturiste*, 4e trim. 1955, pp. 198-215.

Maryvonne Roumajon, « Les troubles du langage chez les gauchers », *Revue de neuropsychiatrie infantile et d'hygiène mentale de l'enfance*, n°11-12, nov.-déc. 1955, pp. 567-570.

Georges Menut, « L'enfant gaucher (suite), » *Revue naturiste*, 1er trim. 1956, pp. 19-29.

Jean-Louis Dupuy & Pierre Klingebiel, « L'éducation physique scolaire doit aider les gauchers », *L'Éducation physique*, n° 9, 1er trimestre 1957, pp. 45-48.

Georges Bouquet, « L'écriture à l'école », Institut Pédagogique National, novembre 1961 (DDSI n° 4).

James Collier, « Le martyre du gaucher », *Sélection du Reader's digest*, juillet 1961, pp. 7-10.

Jean-Louis Dupuy & Pierre Klingebiel, « Un essai de rééquilibration d'enfants gauchers », *Cahiers de l'enfance inadaptée*, n° 7, avril 1961, pp. 5-10.

— « L'éducation physique corrective pour les écoliers gauchers », *Cahiers de l'enfance inadaptée*, n° 8, mai-juin 1961, pp. 15-23.

Louis Christiaens, Paul-René Bize & P. Maurin, « Les gauchers au travail », rapport fait à l'occasion des VIIe journées internationales de médecine du travail (Paris, sept. 1962), *Archives des maladies professionnelles de médecine du travail et de sécurité sociale*, t. 24, janv.-juin, 1963, n° 1-3, pp. 47-100.

A. Haim, « Psychopathologie du gaucher et du dyslatéralisé. Répercussions sur l'adaptation professionnelle », *Archives des maladies professionnelles de médecine du travail et de sécurité sociale*, t. 24, janvier-juin, 1963, n°1-3, pp. 280-283.

Pierre Klingebiel, *L'Écolier gaucher. De l'école maternelle aux grandes écoles. Examens - Portraits - Rééquilibrations. Études pratiques pour les parents et pour les maîtres*, préf. de H. Fauré, Paris, Les Éd. sociales françaises, 1963.

II. ÉTUDES (PAR ORDRE ALPHABÉTIQUE)

Guy Azémar, *L'Homme asymétrique. Gauchers et droitiers face à face,* Paris, CNRS éditions, 2003.

Gilbert Ballet, « L'écriture de Léonard de Vinci. Contribution à l'étude de l'écriture en miroir, *Nouvelle iconographie de La Salpêtrière,* XIII, 1900, pp. 597-614.

Mario Baratta, « Perchè Leonardo da Vinci scriveva "a rovecio" », in *Curiosità vinciane,* Turin, Fratelli Bocca, 1905, pp. 1-55.

Michael Barsley, *The Left-handed book. An investigation into the sinister history of left-handedness,* Londres, Souvenir Press, 1966.

Luca Beltrami, *La « Destra mano » di Leonardo da Vinci e le lacune nella edizione del Codice Atlantico,* Milan, Rome, Alfieri & Lacroix, [1919].

— *Leonardo, Cecilia e la « destra mano ». A proposito di una nota vinciana del Prof. Antonio Favaro,* Milan, 1920.

Pierre-Michel Bertrand, « La Fortune mi-partie : un exemple de la symbolique de la droite et de la gauche au Moyen Âge », *Cahiers de civilisation médiévale,* XL, 4, 1997, pp. 373-379.

— *La Symbolique de la droite et de la gauche au Moyen Âge et au début des Temps modernes. Étude d'anthropologie sociale et d'iconographie,* thèse de doctorat, dir. Ch. Prigent, Univ. de Paris I-Panthéon-Sorbonne, 2 vol., 1998.

— « Blâmés, moqués, contrariés... Le martyre des gauchers », *L'Histoire,* n° 264, avril 2002, pp. 62-67.

— *Dictionnaire des gauchers,* Paris, Imago, 2004.

Le Portrait de Van Eyck. L'énigme du tableau de Londres, Paris, Hermann, 2006 (chap. « Van Eyck était-il gaucher ? », pp. 35-44 ; Annexe 3 « Diagnostic de latéralité : le cas de Van Eyck », pp. 127-131).

Johann Eckart von Borries, « "Een hoog-duytse linker-hand". Johann Heinrich Schönfeld als linkshändiger zeichner », in B. Hamacher & C. Karnehm éd., *Pinxit/sculpsit/fecit. Kunsthistorische studien. Festschrift für Bruno Bushart,* Deutscher Kunstverlag, 1994, pp. 122-129.

C. J. Brackenridge, « Secular variation in handedness over ninety years », *Neuropsychologia,* vol. 19, n° 3, 1981, pp. 459-462.

J. Braidwood, « Terms for "left-handed" in the Ulster dialects », *Ulster folklife,* 18, 1972, pp. 98-110.

J. Chelhod, « Contribution au problème de la prééminence de la droite, d'après le témoignage arabe », *Anthropos,* vol. 59, 1964, pp. 529-545.

Stanley Coren, *The Left-hander syndrome. The causes and consequences of left-handedness,* New York, Macmillan, 1992.

Stanley Coren & Clare Porac, « Fifty centuries of right-handedness : the historical record », *Science,* vol. 198, 1977, pp. 631-632.

Joseph Cuillandre, *La Droite et la gauche dans les poèmes homériques,* thèse pour le doctorat ès lettres à la Faculté de Paris, Rennes, Imprimeries réunies, 1943.

Ursula Deitmaring, « Die bedeutung von rechts und links in theologischen und literarischen texten bis um 1200 », *Zeitschrift für deutsches altertum und deutsche literatur,* XCVIII, 1969, pp. 265-292.

Jean-Paul Dubois, *Éloge du gaucher dans un monde manchot,* Paris, Laffont, 1986 (éd. Livre de poche).

J.-B. Dumas, *La Droite et la Gauche. L'homme à la main heureuse,* 1938 (texte ronéotypé déposé à la BNF sous la cote Fol Z 1329).

Jacqueline Fagard, dir., *Droitiers/Gauchers. Des asymétries dans tous les sens,* Marseille, Solal, 2004.

Giuseppe Favaro, « Como scriveva Leonardo », *Rivista di storia delle scienze mediche e naturali,* XXI, 11-12, nov.-déc. 1930, pp. 330-334.

— *La Mano « stanca » di Leonardo,* Modène, Società tipografica modenese, 1930.

— « Scrittura vinciana », *Sapere,* XVII, 15 déc. 1938, p. 423.

Vilma Fritsch, *La Gauche et la Droite. Vérités et illusions du miroir,* Paris, Flammarion, 1967 (trad. de l'éd. all. de 1964).

Daniel Fryklund, *Les Changements de signification des expressions de droite et de gauche dans les langues romanes et spécialement en français,* thèse pour le doctorat ès lettres, Uppsala, 1907.

Michel Galobardès, *Gauchères, gauchers et parents... Ce que vous devez savoir,* Brive, Riv'Gauche distribution, 2005.

Monique-Cécile Garand, « Ductus de gaucher », in R. Lejeune & J. Deckers, éd., *Clio et son regard. Mélanges d'histoire, d'histoire de l'art et d'archéologie offerts à Jacques Stiennon,* Liège, P. Margada, 1982, pp. 279-292.

« Les gauchers célèbres », *La Chronique médicale,* 26e année, n°3, 1er mars 1919, pp. 76-77.

Michèle Gendreau-Massaloux, « Le gaucher selon Quevedo : un homme à l'envers », in J. Lafond & A. Redondo, dir., *L'Image du monde renversé et ses représentations littéraires et para-littéraires du XVIe siècle au milieu du XVIIe siècle,* Colloque internat., Tours, 1977, Paris, Vrin, 1979, pp. 73-81.

Lauren Julius Harris, « Left-handedness : early theories, facts, and fancies », in J. Herron, éd., *Neuropsychology of left-handedness,* New York, Academic Press, 1980, pp. 3-78.

Henri Hécaen, *Les Gauchers,* Paris, PUF, 1984.

Julius S. Held, « Was Abraham left-handed ? », *Print collector's newsletter,* XI, 5, 1980-1981, pp. 161-164.

Robert Hertz, « La prééminence de la main droite. Étude sur la polarité religieuse », *Revue philosophique de la France et de l'étranger,* LXVIII, déc. 1909, pp. 553-580.

Richard Jung, « Über zeichnungen linkshändiger künstler von Leonardo bis Klee : linkshändermerkmale als zuschreibungskriterien », in *Semper attentus. Beiträge für Heinz Götze Springer,* Berlin, Heidelberg, 1977, pp. 190-218.

Raoul Kourilsky & Pierre Grapin, dir., *Main droite et main gauche. Norme et latéralité,* Paris, PUF, 1968.

Philippe Lanthony, « Les peintres gauchers », *Revue neurologique,* CLI, 3, 1995, pp. 165-170.

— *Les Peintres gauchers,* Lausanne, L'Âge d'Homme, 2005.

Jirina van Leeuwen-Turnovcová, *Rechts und links in Europa. Ein beitrag zur semantik und symbolik der geschlechterpolarität,* Berlin, 1990.

Georges Lerbet, *Enfants droitiers - enfants gauchers. Étude de la latéralisation,* Paris, Ed. universitaires, 1969.

Claude Leroy, *La Main de Cendrars,* Villeneuve-d'Ascq, Presses univ. du Septentrion, 1996.

Geoffrey E. R. Lloyd, « Right and left in greek philosophy », *Journal of hellenic studies,* LXXXII, 1962, pp. 56-66.

Chris McManus, *Right hand, left hand,* Londres, Phoenix, 2003.

Hans Matsch, « Linkshänder der Renaissance », *Maltechnik. Technische mitteilungen für malerei und bildpflege,* 67-68, 1961-1962, pp. 6-16.

Agnes Mongan, « On silverpoint drawings and the subject of left-handedness », in *Drawings defined,* New York, 1987, pp. 151-164.

Henri de Montrond, *Être gaucher,* Paris, Richaudeau, Albin Michel, 1993.

Rodney Needham, dir., *Right and left. Essays on dual symbolic classification,* Chicago, Londres, 1973.

Jean-Luc Nothias, « Le Moyen Âge triomphant des gauchers », *Le Figaro,* 12 sept. 1995.

Beaufort Sims Parson, *Left-handedness. A new interpretation,* New York, Macmillan, 1924.

Michel Pastoureau, *Couleurs, images, symboles. Études d'histoire et d'anthropologie,* Paris, Le Léopard d'or, s.d. (« Rouge, jaune et gaucher. Note sur l'iconographie médiévale de Judas », pp. 69-83).

Dominique Pignon, *La Main sauvage. Les gauchers et les autres,* Paris, Ramsay, 1987.

François-Paul-Edmond Pottier, « Sinister », in *Mélanges Gaston Boissier,* Paris, A. Fontemoing, 1903, pp. 405-413.

Patrick Reuterswärd, « Left-handedness in master drawings », *National museum bulletin,* vol. 17, n° 2, 1993, pp. 1-10.

Johanna Barbara Sattler, *Links und Rechts in der Wahrnehmung des Menschen. Zur Geschichte der Linkshändigkeit,* Donauwörth, Auer, 2000.

Pierre-Maxime Schuhl, « Xavier Bichat et la théorie de la prééminence de la main droite », *Cahiers internationaux de sociologie,* I, 1946, pp. 172-175.

— « Platon et la prééminence de la main droite », *Cahiers internationaux de sociologie,* IV, 1948, pp. 172-176.

Duncan Shaw & I. C. McManus, « The handedness of Kerrs and Carrs », *British journal of psychology,* vol. 84, 1993, pp. 545-551.

James Steele & Simon Mays, « Handedness and directional asymmetry in the long bones of the human upper limb », *International journal of osteoarchaeology,* vol. 5, n° 1, 1995, pp. 39-49.

Jetske A. Sybesma (Ironside), *Hieronymus Bosch : an investigation of his underdrawings,* thèse, Bryn Mawr College, Philadelphie, 1973.

Serge Tcherkezoff, *Le Roi Nyamwezi, la droite et la gauche. Révision comparative des classifications dualistes,* Cambridge, Paris, 1983.

Adolfo Venturi, « L'uso della mano sinistra nella scrittura e nei disegni di Leonardo da Vinci », *L'Arte,* vol. XLII, 1939, pp. 167-173.

Michel de Wolf, « Sur une des formes les plus élémentaires de la symbolisation : les significations de la gauche et de la droite », *Cahiers internationaux de symbolisme,* n° 19-20, 1970, pp. 87-112.

TABLE DES MATIÈRES

Troisième partie
LES GAUCHERS TOLÉRÉS

Quatrième partie
LES GAUCHERS ADMIRÉS

Achevé d'imprimer par Présence Graphique
2 rue de la Pinsonnière - 37260 Monts
N° d'imprimeur : 080828603
Dépôt légal : août 2008
Imprimé en France